''ग़ज़ल का मिज़ाज मूलतः समर्पणवादी होता है, इसलिए उसमें कोमलकान्त पदावली का प्रयोग ही अच्छा समझा जाता है। ग़ज़ल के शे'रों में प्रयुक्त होने वाले शब्द और विन्यास का अर्थ ही नहीं, ध्वनि के लिहाज़ से भी कोमल और मधुर हों, तभी कवि की सफलता मानी जाती है।...ग़ज़ल में चूँकि एक ही शे'र में पूरी बात कह देनी होती है, इसलिए उनमें प्रतीकात्मकता का बहुत सहारा लिया जाता है और चूँकि एक-एक शब्द विभिन्न परिस्थिति ों में असंख्य वस्तुओं का प्रतीक हो सकता है, इसलिए धीरे-धीरे ग़ज़ल में व्यापकता की कला इतनी विकसित हो गयी है कि एक ही शे'र प्रतीक रूप में आध्यात्मिक, सामाजिक, राजनीतिक और व्यावहारिक जीवन में एक-सा लागू हो सकता है। इसी आधार पर दार्शनिक तथ्यों को कविता के साथ सामने लाने में ग़ज़ल का प्रयोग बहुत किया जाता है। इसलिए ग़ज़ल की परम्परा गम्भीरता और तत्वज्ञान की परम्परा बन गयी है। यही ग़ज़ल की तारीफ़ है।''

—फ़िराक़ गोरखपुरी

कारवाने ग़ज़ल

संपादक
सुरेश सलिल

राजपाल

स्थापित 1912
100 वर्षों की श्रेष्ठ प्रकाशन परम्परा
राजपाल

₹ 450

ISBN : 9789350643990

पहला संस्करण : 2017, तीसरा संस्करण : 2024

KAARVAANE GHAZAL (Anthology of Urdu Poetry)

Editor : Suresh Salil

मुद्रक : जी. एस. ऑफसेट, दिल्ली

राजपाल एण्ड सन्ज़

1590, मदरसा रोड, कश्मीरी गेट, दिल्ली-110006

फोन : 011-23869812, 23865483, 23867791

website : www.rajpalpublishing.com

e-mail : sales@rajpalpublishing.com

www.facebook.com/rajpalandsons

ग़ज़लों के इस सफ़रनामा में अमीर खुसरो से लेकर 2014 के मध्य तक जो शायर हमारे बीच रहे, उन सभी की ग़ज़लों का यह संचयन है जिसमें हिन्दी कवियों की ग़ज़लें भी शामिल हैं। इस सफ़रनामा के सभी शायरों और कवियों के उत्तराधिकारियों के प्रति हार्दिक कृतज्ञता।
...गो,

हक़ यह है कि
हक़ अदा न हुआ

क्रम

परिशिष्ट 1

बादशाहों की कही शायरी

परिशिष्ट 2

महलसरा से फूटते ग़ज़ल के सुर

भूमिका

'कारवाने ग़ज़ल' यानी ग़ज़ल का सफ़रनामा

'ग़ज़ल' अरबी ज़बान का शब्द है और इसका अर्थ बताया जाता है—माशूक़ से बातचीत। इस लिहाज़ से, मोटे तौर पर ग़ज़ल काव्य रूप को प्रेमालाप माना जाता है। मुमकिन है, कोई डेढ़ हज़ार साल पहले, जब अरब में कविता का यह रूप वुजूद में आया, तो यह आशिक़–माशूक़ के बीच बातचीत का रहा हो, लेकिन पिछली कई सदियों से 'ग़ज़ल' की पहचान आशिक़, यानी प्रेमी के मनोभावों की अभिव्यक्ति के रूप में चली आ रही है।

'ग़ज़ल' शब्द और उसकी परिभाषा को लेकर कई किंवदंतियाँ और अटकलें भी प्रचलित रही हैं। चूँकि अरबी में हिरन के बच्चे को 'ग़ज़ाला' कहते हैं, लिहाज़ा 'ग़ज़ल' का रिश्ता ग़ज़ाला से जोड़ दिया गया और इस आशय का एक शे'र भी, उर्दू शायरी में, लखनऊ के शायरों के बीच से, चल निकला—

"दावा ज़ुबाँ का लखनऊ वालों के सामने
इज़हारे–बू–ए–मुश्क ग़ज़ालों के सामने।"

एक अटकल यह कि अरब में 'ग़ज़ाल' नाम की एक जगह है, वहीं से ग़ज़ल की शुरुआत हुई, इसलिए इसे ग़ज़ल कहा गया। हिन्दी के कवि–संपादक रामनरेश त्रिपाठी के अनुसार, "अरब में 'ग़ज़ल' नाम का एक आदमी था, उसने अपनी सारी उम्र इश्क़बाज़ी में बिता दी। वह सदा इश्क़ और हुस्न की ही बातें किया करता था और उन्हीं विषयों के शे'र पढ़ा करता था। उसी समय से, जिस कविता में हुस्न और इश्क़

का ज़िक्र हो उसे, उस शख़्स की याद में, लोग 'ग़ज़ल' कहने लगे।" ऐसी कई और अटकलें भी अक्सर सुनी जाती रही हैं।

तब भी, यह तथ्य है कि इस काव्य का पहला बीज अरब की ज़मीन पर, अरबी ज़ुबान में पड़ा। लेकिन दिलचस्प बात यह भी है कि आज अरब देशों में ग़ज़ल का कोई सुगठित रूप देखने-सुनने में नहीं आता। वहाँ की जो शायरी पिछले सौ-दो सौ सालों से देखने-सुनने में आती रही है, वह 'नज़्म' के ज़्यादा क़रीब है। माना जा सकता है कि शुरू में वहाँ जो ग़ज़ल रही होगी, आज की दृष्टि से उसकी शक्ल शिकस्ता (टूटी हुई या बिखरी हुई) ग़ज़ल की रही होगी। बाद में, कोई चौदह सौ साल पहले, जब अरब का आधिपत्य ईरान पर हुआ, तो वहाँ ग़ज़ल की साज-सँवार हुई और उसे शानदार लिबास और जानदार ज़ुबान मिली। ईरान में, फ़ारसी भाषा में, दसवीं सदी में ही ग़ज़ल कही जाने लगी थी। वहीं, ग़ज़ल का सर्वश्रेष्ठ कवि 'हाफ़िज़' हुआ। हाफ़िज़ ने ही शायद पहले-पहल ग़ज़ल को, उसकी पारम्परिक छवि से उबार कर, तसव्वुफ़ (सूफ़ीवाद और अध्यात्म) की ऊँचाइयों तक पहुँचाया।

लेकिन हक़ीक़त 'मोनोलिथिक' (यकपहलू) नहीं होती। ग़ज़ल की व्यापक पहचान प्रेम और सौन्दर्य से जुड़े भावों की रंगारंग अभिव्यक्ति की ही रही है। हिन्दी और उर्दू ज़ुबान और शायरी के दरमियान पुल की भूमिका निभाने वाले कवि शमशेर बहादुर सिंह ने उर्दू ग़ज़ल के स्वरूप और संवेदना पर रौशनी डालते हुए कहा है: "ग़ज़ल वास्तव में उर्दू कविता की जान है और वह हमेशा गाने की ही चीज़ रही है; अन्यथा इसको ग़ज़ल माना ही नहीं गया है। महफ़िलें और साहित्यिक गोष्ठियों का वह ख़ास अवलम्ब रही है। इसीलिए अगर 'मर्सिये' का विचार थोड़ी देर न करें, तो आदि युग को छोड़कर, उर्दू काव्य ग़ज़ल का इतिहास मात्र रह जाता है।...दरबारी सभ्यता के चिह्न इसमें विशेष हैं—कवि एक ही भाव में दिमाग़ को नहीं उलझाता। रंग-रंग के भावचित्रों में प्रेम और सौन्दर्य की बहार दिखा कर कवि अपनी सुरुचि और रस-मर्मज्ञता का प्रमाण देता है। किसी विषय की व्याख्या करने का इसमें अवकाश नहीं। एक मार्मिक संकेत और बस, दूसरा मार्मिक संकेत और बस। एक-एक बात में एक-एक रस द्वारा हृदय को पिघलाती हुई ग़ज़ल

पूरी हो जाती है।...युग-परिवर्तन के साथ-साथ सुसंस्कृत होकर ग़ज़ल में आज प्रत्येक विषय का समावेश सम्भव हो गया है, किन्तु है यह पूर्व-परिचित शृंगारिक लक्षण के आधार पर ही, चाहे वह नाम-मात्र को ही क्यों न हो, तथापि उसका संकेत–व्यापार इतना गूढ़ हो गया है और अनुभूतियाँ ऐसी सूक्ष्माभिव्यक्ति ढूँढती जान पड़ती हैं कि प्रत्येक विशिष्ट कवि एक प्रकार के आध्यात्मिक रंग में रंग गया-सा दिखाई पड़ता है। साथ ही ग़ज़ल की सम्मानित परम्परा ने शब्द-संगठन और लोच, तथा मुहावराबन्दी और सफ़ाई का महत्त्व बढ़ाकर उसे अधिक क्लिष्ट होने से काफ़ी बचाया।''

ग़ज़ल के स्वभाव और संवेदना को लेकर कवि शमशेर के ये विचार दरअसल उर्दू साहित्य के उनके अग्रज, आलोचक सैयद एहतिशाम हुसैन और शायर फ़िराक़ गोरखपुरी की ग़ज़ल सम्बन्धी मान्यताओं का विस्तार हैं। सैयद एहतिशाम हुसैन के अनुसार ''ग़ज़ल में सरल और सरस भाषा में आन्तरिक भावों का उल्लेख होता है और कोमल व भावपूर्ण अभिव्यक्तियों की प्रमुखता होती है। प्रेमिका की सुन्दरता का वर्णन भी इसमें होता है। पर ग़ज़ल इसी में सीमित नहीं है। शृंगार रस और प्रेमभावों के अतिरिक्त इसमें तसव्वुफ, दर्शनशास्त्र, देशभक्ति, नैतिक सिद्धान्त, राजनीति इत्यादि के विचार भी सरल, भावपूर्ण, सरस और मधुर शब्दों में प्रस्तुत किये जाते हैं।...'' फ़िराक़ साहब के शब्दों में ''ग़ज़ल का मिज़ाज मूलतः समर्पणवादी होता है, इसलिए उसमें कोमलकान्त पदावली का प्रयोग ही अच्छा समझा जाता है। ग़ज़ल के शे'रों में प्रयुक्त होने वाले शब्द और विन्यास का अर्थ ही नहीं, ध्वनि के लिहाज़ से भी कोमल और मधुर हों, तभी कवि की सफलता मानी जाती है।...ग़ज़ल में चूँकि एक ही शे'र में पूरी बात कह देनी होती है, इसलिए उनमें प्रतीकात्मकता का बहुत सहारा लिया जाता है और चूँकि एक-एक शब्द विभिन्न परिस्थितियों में असंख्य वस्तुओं का प्रतीक हो सकता है, इसलिए धीरे-धीरे ग़ज़ल में व्यापकता की कला इतनी विकसित हो गयी है कि एक ही शे'र प्रतीक रूप में आध्यात्मिक, सामाजिक, राजनीतिक और व्यावहारिक जीवन में एक-सा लागू हो सकता है। इसी आधार पर दार्शनिक तथ्यों को कविता के साथ

सामने लाने में ग़ज़ल का प्रयोग बहुत किया जाता है। इसलिए ग़ज़ल की परम्परा गम्भीरता और तत्वज्ञान की परम्परा बन गयी है, यद्यपि ऊपरी दृष्टि से देखने पर उसमें आशिक़-माशूक़ के चोंचलों के अलावा कुछ नहीं दिखाई देता। यही ग़ज़ल की तारीफ़ है।''

ग़ज़ल का रचना-स्वरूप

अरबी, फ़ारसी तथा उर्दू काव्य की मूल इकाई 'मिस्रा' (हिन्दी कविता में 'चरण') है। मिस्रा शब्दों के ऐसे पद्यात्मक समूह को कहते हैं, जिसे किसी विशेष छन्द (वज़न) में संयोजित किया गया हो। एक ही छन्द में संयोजित दो मिस्रे जब परस्पर मिलते हैं तो एक 'शे'र' बनता है। किन्तु 'शे'र' के साथ यह शर्त ज़रूर है कि वह अपने में सम्पूर्ण हो, और स्वतन्त्र हो। शे'र के पहले मिस्रे को 'मिस्रा अव्वल' और दूसरे मिस्रे को 'मिस्रा सानी' कहते हैं। उर्दू शायरी में, 'ग़ज़ल' फ़ार्म में दो मिस्रों का प्रत्येक युग्म या जोड़ा 'शे'र' होता है। यहाँ यह स्पष्ट कर देना भी ज़रूरी है कि ग़ज़ल ऐसे शे'रों के संयोजन को कहते हैं, जो किसी शायर द्वारा एक ही छन्द और एक ही रदीफ़-क़ाफ़िये में रचे गये हों। यहाँ यह सवाल ज़रूर उठेगा कि रदीफ़ और क़ाफ़िया क्या चीज़ हैं?—तो इन्हें अलग-अलग समझें!

ग़ज़ल के शे'रों के अन्त में जो शब्द बार-बार आते हैं, उन्हें 'रदीफ़' कहते हैं। मिसाल के तौर पर 'ग़ालिब' की एक मशहूर ग़ज़ल के ये शे'र देखें:

कोई उम्मीद बर नहीं आती
कोई सूरत नज़र नहीं आती
मौत का एक दिन मुअइय्यन है
नींद क्यों रात भर नहीं आती
आगे आती थी हाले-दिल पे हँसी
अब किसी बात पर नहीं आती

इनमें पहले शे'र में, जिसे ग़ज़ल में 'मत्ला' कहते हैं उसके दोनों मिस्रों के अन्त में, और बाकी शे'रों के दूसरे मिस्रों ('मिस्रा सानी') के अन्त में 'नहीं आती' शब्द बार-बार दुहराये गये हैं। इन्हें इस ग़ज़ल का 'रदीफ़' कहेंगे।

अब 'क़ाफ़िया' पर आयें। ऊपर के शे'रों में रदीफ़ से पहले एक ही तुकांत के 'बर,' 'नज़र,' 'भर,' 'पर' आदि जो शब्द आये हैं, उन्हें इस ग़ज़ल का क़ाफ़िया कहा जायेगा।

यहाँ एक बात और ध्यान रखने की है रदीफ़ किसी भी ग़ज़ल में लय और संगीत-तत्व का इज़ाफ़ा तो करती है, किन्तु वह ग़ज़ल के रूपाकार की कोई शर्त नहीं है, जबकि 'क़ाफ़िया' के बिना ग़ज़ल का अस्तित्व ही असम्भव है। बिना रदीफ़ की ग़ज़लें तो बहुत मिल जायेंगी—उस्ताद शायरों के यहाँ मिल जायेंगी, किन्तु बिना क़ाफ़िया के कोई ग़ज़ल नहीं हो सकती। तब भी काव्य-गुण की दृष्टि से रदीफ़ और क़ाफ़िया हैं, ग़ज़ल की पोशाक या लिबास ही, आत्मा तो उसमें पिरोये हुए भाव हैं, रदीफ़-क़ाफ़िया सिर्फ़ ढाँचा खड़ा कर सकते हैं, जो किसी भी शिल्प में माहिर शायर के लिए बायें हाथ का खेल है, किन्तु उसमें अजर-अमर आत्मा को पिरोने का काम तो कोई सच्चा शायर ही कर सकता है—जैसे 'मीर,' 'ग़ालिब,' 'मोमिन,' 'दाग़,' 'जिगर,', फ़िराक़' आदि। इस बात को कवि शमशेर ने इन काव्य पंक्तियों में बहुत खूबसूरती से कहा है— "कबूतरों ने एक ग़ज़ल गुनगुनाई...। मैं समझ न सका, रदीफ़ क़ाफ़िया क्या थे। इतना खफ़ीफ़, इतना हल्का, इतना मीठा उनका दर्द था।"

खैर, अब आगे बढ़ें! ग़ज़ल का पहला शे'र, जिसके दोनों मिस्रों के अन्त में रदीफ़ होती है, 'मतला' कहलाता है। हालाँकि ज़्यादातर ग़ज़लें 'मतला' से ही शुरू होती हैं, लेकिन बिना मतले के भी ग़ज़ल हो सकती है। ऐसी मिसालें उर्दू शायरी में बहुत मिल जायेंगी। वहीं ऐसी ग़ज़लें भी अक्सर देखने में आ जाती हैं, जिनमें दूसरा शे'र भी मतले की तर्ज में बाँधा गया हो। सहूलियत के लिए उसे दूसरा मतला या 'मतला सानी' कह सकते हैं।

किसी भी ग़ज़ल में, 'मतला' के बाद के शे'रों में रदीफ़-क़ाफ़िया सिर्फ़ शे'र के दूसरे मिस्रे (मिस्रा सानी) में ही होते हैं, और ग़ज़ल के आख़िरी शे'र को 'मक़ता' कहा जाता है। पारम्परिक रूप से, मक़ते में शायर अपना 'तख़ल्लुस' (कवि नाम या उपनाम)

पिरोते हैं; जैसे 'ग़ालिब' की एक ग़ज़ल का मक़ता : "यूँ ही गर रोता रहा 'ग़ालिब' तो ऐ अहले-जहाँ/देखना इन बस्तियों को तुम, कि वीराँ हो गयीं।" लेकिन अब मक़ते में तख़ल्लुस देने का यह चलन धीरे-धीरे उठ रहा है। पहले भी इस तरह की कोई पाबन्दी नहीं थी।

किसी ग़ज़ल में शे'रों की संख्या को लेकर सामान्य नियम यह रहा है कि उनकी संख्या असम यानी विषम (पाँच, सात, ग्यारह आदि) हो और पाँच से कम और ग्यारह से ज़्यादा शे'र न हों। लेकिन पहले के बहुत से शायरों ने कम-से-कम तीन और अधिक-से-अधिक पच्चीस शे'र तक की ग़ज़लें कही हैं। तब भी ज़्यादातर पाँच और सात शे'रों की ग़ज़लें देखने में आती हैं। कभी-कभार तीन शे'रों की भी। लेकिन तीन शे'रों वाली ग़ज़ल की कसौटी यह मानी जाती है कि उसका हर शे'र टकसाली हो। वैसे, अब, यानी ज़दीदियत (आधुनिकता) के दौर में ये सारी पाबन्दियाँ ताक़ पर रख दी गयी हैं और बहुत से शायर चार शे'र की ग़ज़लें भी कह रहे हैं।

हिन्दुस्तान की सरज़मीं पर ग़ज़ल के पहले बोल

हिन्दी में खड़ी बोली (ब्रजभाषा की भी) कविता और ग़ज़ल की शुरुआत साथ-साथ हुई, और इसका श्रेय अमीर ख़ुसरो (1255-1324 ई.) को जाता है। किसी भी तरह के विवाद से बचने के लिए, भाषा और साहित्य की दृष्टि से, थोड़ा विचार अमीर ख़ुसरो से पहले के हालात पर कर लेना उचित होगा। हिन्दी साहित्य के विद्वानों ने कविता की शुरुआत, प्राकृत और अपभ्रंश के आधार पर नाथों और सिद्धों से मानी है और सरहपा को पहला कवि कहा है। तत्पश्चात् डिंगल बोली में रचित रासो काव्यों को स्थान दिया गया है। दूसरी तरफ़ लाहौर निवासी ख़्वाजा मसऊद साद सलमान (11वीं सदी) को भी हिन्दी का पहला कवि कई इतिहासकारों ने माना है। स्वयं अमीर ख़ुसरो ने भी उसके हिन्दी कविता संग्रह का ज़िक्र किया है और यह भी कहा है कि वह अब नहीं मिलता। साहित्यिक शोध और अकादमिक अध्ययन की दृष्टि से उपर्युक्त तथ्यों का महत्त्व हो सकता है, है भी, किन्तु जब हम दैनिक व्यवहार में आने वाली लोकभाषा की कविता पर विचार करेंगे, तब अमीर खुसरो और

कबीर को ही हिन्दी के पहले कवियों का दर्जा देना होगा। खुद अमीर ख़ुसरो ने भी स्वयं को 'हिन्दुई' जुबान का कवि कहा है :

"चु मन तूतिए-हिंदम, अर रास्त पुर्सी
ज़े मन हिंदुई पुर्स, ता नग्ज़ गोयम।"

(मैं हिन्दुस्तान का तोता हूँ। अगर तुम सचमुच मुझसे कुछ पूछना चाहते हो, तो हिन्दुई में पूछो, ताकि मैं तुम्हें नायाब बातें बता सकूँ।)

यहाँ जिसे 'हिन्दुई' कहा गया है, वही बाद की सदियों में हिन्दवी, दकनी, हिन्दी और हिन्दुस्तानी कहलाई। गौर करने की बात है कि लगभग 18वीं सदी के अन्त तक, भाषा या ज़ुबान के अर्थ में 'उर्दू' शब्द का प्रयोग कतई नहीं होता था। 'मीर' तक ने अपनी जुबान को हिन्दी कहा है। भाषा या ज़ुबान के अर्थ में 'उर्दू' शब्द का पहली बार प्रयोग 'मुसहफ़ी' (1750-1800 ई.) ने एक शे'र में किया था : "ख़ुदा रक्खे ज़बाँ हमने सुनी है मीर-ओ-मिर्ज़ा की/कहें किस मुँह से हम ऐ 'मुसहफ़ी' उर्दू हमारी है।" उससे पहले, 'हिन्दी' या 'रेख़्ता' शब्द ही जुबान के अर्थ में प्रचलित थे। 'ग़ालिब' का एक मशहूर शे'र है : "रेख़्ते के तुम्हीं उस्ताद नहीं हो 'ग़ालिब'/कहते हैं अगले ज़माने में कोई मीर भी था।" 'उर्दू' शब्द का व्यवहार तो 19वीं सदी की शुरुआत से कुछ पहले शुरू हुआ, जो बाद में हिन्दुस्तानी हो गया।...अब हिन्दुस्तानी का मसला उठता है। भाषा विज्ञान के अकादमिक पचड़े में न पड़ें, तो हिन्दुस्तानी दो शाखाओं में बँटी हुई है–एक वह, जिसमें अरबी-फारसी के शब्दों का मिश्रण होता है और जो फारसी लिपि में लिखी जाती है। उसे वर्तमान समय में उर्दू कहा जाता है। दूसरी वह, जिसमें संस्कृत शब्दों की मिलावट होती है और जो देवनागरी लिपि में लिखी जाती है। उसे हिन्दी कहते हैं। बीसवीं सदी के उत्तरार्द्ध में हिन्दी की एक ऐसी शैली का विकास हुआ, जिसमें न अरबी-फारसी के शब्दों की भरमार है, न संस्कृत के, बल्कि आम बोलचाल के शब्द हैं। इसे, हिन्दी स अलगाने के लिए, हिन्दुस्तानी कहा गया। महात्मा गाँधी इसी 'हिन्दुस्तानी' के प्रचलन के पक्ष में थे।

इसी 'हिन्दुस्तानी' स्वभाव वाली खड़ी बोली की कविता की

शुरुआत अमीर ख़ुसरो से हुई। वे महान प्रतिभाशाली व्यक्तित्व थे। उनका योगदान अनेक क्षेत्रों में है। किन्तु एक कवि के रूप में वे फारसी में तो कविता करते ही थे, उसमें देश-विदेश में बड़ा नाम था उनका, साथ ही उन्होंने खड़ी बोली हिन्दी और ब्रजभाषा में भी कविता की शुरुआत की। 'हिन्दुई' यानी उर्दू में ग़ज़ल की शुरुआत भी अमीर खुसरो ने की। भले आज हम उनकी ग़ज़ल को प्रारम्भिक दौर की ग़ज़ल मानें।

'हिन्दुई' में ग़ज़ल का बीज तो अमीर ख़ुसरो ने बो दिया था, किन्तु उसे अंकुरित होने में कई सौ साल का समय लगा। इसी बीच औघड़ निर्गुनिया सन्त कबीर (1398-1517 ई.) का हिन्दी कविता में उदय हुआ। उन्होंने सबद, रमैनी, साखी, दोहे आदि रूपों में निर्गुण भक्ति की काव्यधारा प्रवाहित की। दिलचस्प बात है कि अमीर ख़ुसरो के बाद, हिन्दी में ग़ज़ल का दूसरा उदाहरण अभी हाल में कबीर के यहाँ खोजा गया है–जिसकी पहली पंक्ति है "हमन हैं इश्क़ मस्ताना, हमन दुनिया से यारी क्या।" श्री रामनरेश त्रिपाठी ने उनके यहाँ रुबाई से मिलती-जुलती, फारसीनिष्ठ शैली में 'रेख़्ता' शीर्षक की एक कविता भी ढूँढ निकाली। कहा जाता है, पाकिस्तान में कबीर की कुछ ऐसी पोथियाँ हैं, जिनमें ग़ज़ल, रेख़्ता जैसी और भी कविताएँ हो सकती हैं। ऊपर कबीर की जिस ग़ज़ल का उल्लेख हुआ है, यदि हम उसका भाषाशास्त्रीय अध्ययन करें, तो उसमें 'दकनी' की थोड़ी चाशनी नज़र आयेगी। 'हम' और 'तुम' सर्वनामों के लिए 'दकनी' में, परम्परा से, 'हमन' और 'तुमन' शब्द व्यवहृत होते रहे हैं। कबीर चूँकि देश-दुनिया में घूमे-फिरे सन्त थे, बहुत-सी बोलियों के शब्द उनकी कविता में पिरोये हुए हैं, इसलिए हैदराबाद-औरंगाबाद आदि दक्षिणी इलाकों के शब्दों का उनकी कविता में होना हैरत की बात नहीं, तब भी यह सम्भव है कि उनके समय में दकनी हिन्दी अस्तित्व में आ चुकी हो और उसमें साहित्य-रचना होने लगी हो।

दकनी हिन्दी और ग़ज़ल

उत्तर भारत में अमीर ख़ुसरो और कबीर की उपस्थिति के बावजूद, उर्दू कविता की शुरुआत का श्रेय हैदराबाद दकन के इलाके की मिली-जुली

बोली–बानी को जाता है। यह मिली-जुली बोली–बानी अलाउद्दीन खिलजी की दक्षिण विजय और मुहम्मद तुग़लक के राजधानी परिवर्तन के परिणामस्वरूप, उत्तर और दक्खिन के लोगों के मेलजोल से अस्तित्व में आयी थी और इसमें खड़ी बोली, ब्रजभाषा, फारसी शब्दों के साथ तेलुगु, कन्नड़ और मराठी भाषा के शब्द परस्पर मिल गये थे। इसीलिए इसे 'दकनी' कहा गया।

दकनी भाषा के साहित्य का इतिहास बहुत विस्तृत है, जिसका विवरण इस संक्षिप्त लेख में सम्भव नहीं। यहाँ उद्देश्य सिर्फ़ यह बताना है कि उर्दू ग़ज़ल का व्यवस्थित विकास दकनी से ही शुरू हुआ। वहाँ के लुत्फ़ी, मुल्ला वजही, मोहम्मद क़ुली कुतुबशाह, अली आदिलशाह शाही, वली औरंगाबादी, क़ाज़ी महमूद 'बहरी,' अबुल हसन 'तानाशाह', सैयद मीराँ हाशमी, सिराज औरंगाबादी वे शायर हैं जिन्होंने उर्दू ग़ज़ल की बुनियादी ज़मीन तैयार की। इनमें क़ुली कुतुबशाह, वली औरंगाबादी तथा सिराज औरंगाबादी का दर्जा बहुत ऊँचा है। क़ुली कुतुबशाह गोलकुण्डा राज्य का बादशाह था। हैदराबाद शहर उसी ने बसाया था। लेकिन वह एक बड़ा लेखक भी था। वही उर्दू का पहला कवि था जिसने हिन्दुस्तान के रग-रेशे में पूरी तरह डूब कर शायरी की। उसका सम्पूर्ण काव्य संग्रह बहुत बड़ा है, जो अब कई खण्डों में प्रकाशित हो चुका है। उसी की एक मशहूर ग़ज़ल का मतला है :

"पिया बाज़ प्याला पिया जाय ना
पिया बाज़ यक तिल जिया जाय ना।"

प्रसिद्धि की दृष्टि से, दकनी कवियों में वली औरंगाबादी का नाम सिरमौर है। उन्हें बहुत दिनों तक उर्दू कविता का 'बाबा आदम' कहा जाता रहा। यह भी बहुत दिनों तक माना जाता रहा कि उन्होंने ही पहले-पहल अपना दीवान (काव्य-संग्रह) बनाया। लेकिन ऐतिहासिक दृष्टि से अब यह गलत साबित हो चुका है। तब भी, एक बड़े कवि के रूप में 'वली' का महत्त्व अक्षुण्ण है। उन्होंने सभी छन्द-रूपों में खूब काव्य-रचना की, लेकिन उनकी ग़ज़लों की लोकप्रियता का जवाब नहीं। उनका काव्य-संग्रह कई बार प्रकाशित हो चुका है। यहाँ तक कि प्रसिद्ध

फ्रांसीसी विद्वान गार्सां-द-तासी ने, अपनी विस्तृत भूमिका के साथ उसे अलग से भी प्रकाशित कराया।

इस बात का श्रेय 'वली' को ही जाता है कि उन्होंने दिल्ली की यात्रा करके उत्तर भारत में उर्दू कविता की परम्परा विकसित की। उनके दिल्ली आने से पहले यहाँ फारसी कविता का बोलबाला था। लोग जानते ही नहीं थे कि उर्दू में भी कविता हो सकती है। 'वली' की ग़ज़लें पढ़ और सुनकर दिल्ली के कवियों ने भी उर्दू में ग़ज़ल करने की हिम्मत जुटाई। 'वली' का दिल्ली-आगमन सन् 1700 से 1722 के मध्य एक या दो बार हुआ था।

उत्तरी भारत और ग़ज़ल

'वली' के प्रभाव से, दिल्ली में पहले-पहल उर्दू शायरी के जो बोल सुने गये वे 'आबरू,' 'हातिम,' 'मज़हर जानजानाँ,' 'नाजी,' 'यकरंग,' 'फ़ुग़ाँ,' 'ताबाँ' आदि शायरों के थे। ऐतिहासिक दृष्टि से इनका महत्त्व निर्विवाद है, लेकिन साहित्य के क्षितिज पर 'सौदा,' 'दर्द,' और 'मीर' के उदित होते ही उर्दू कविता, विशेष रूप से ग़ज़ल अपने स्वर्णिम युग में पहुँच गयी। बोलचाल की भाषा और भावों की सरस स्वाभाविक अभिव्यक्ति से युक्त 'मीर' की प्रेम-वेदना, 'सौदा' का उदात्त मानवीय स्वर और 'दर्द' की आध्यात्मिक चेतना युग-युग के लिए उर्दू ग़ज़ल का प्रतिमान बन गयी। उसी दौर में इतिहास ने पलटी खायी, दिल्ली में भयानक राजनीतिक उथल-पुथल शुरू हुई और इस सबकी वजह से, 'मीर' व 'सौदा' समेत, दिल्ली के ज़्यादातर शायरों ने लखनऊ की ओर रुख किया। लखनऊ की नवाबी आबोहवा अपने उरूज पर थी। वहाँ ऐशो-इश्रत थी, रास-रंग था, हँसी-मसखरी का आलम था। 'मीर' और 'सौदा' उस आलम में लगभग अजनबी बनकर रहे। लेकिन 'इंशा' और 'मुसहफ़ी' जैसे पायेदार आलिम, वक़्त के फेर में पड़कर, उस आलम में भी अपनी हैसियत तलाश करते नज़र आये। रंगबाज़ी और सस्ती प्रतिस्पर्धा ने उन्हें बाज़ारू मसखरी के दरमियान ले जाकर खड़ा कर दिया। किन्तु यह उनकी प्रतिभा और योग्यता ही थी कि उस पतनशील वातावरण में भी, कमोबेश, वे अपनी सच्ची साहित्यिक छाप

छोड़ने में कामयाब हुए और उसी की वजह से आज भी उन्हें याद किया जाता है। इंशा, जुरअत और मुसहफ़ी के बाद लखनऊ में 'आतिश' और 'नासिख़' का बेहतर दौर आया, तो दिल्ली में बहादुरशाह 'ज़फ़र' के शासनकाल में ज़ौक़, ग़ालिब, मोमिन की काव्य-प्रतिभा ने नया रंग बाँधा। ज़ौक़ के उस्तादाना जौहर, 'ज़फ़र' की आलंकारिक भाषा-शैली और भावों की मस्ती, ग़ालिब और मोमिन की मार्मिक भावाभिव्यक्ति, भाषा का प्रवाह और अर्थ की गहराई ने यदि ग़ज़ल का स्वभाव-विस्तार किया, तो लखनऊ में 'आतिश' ने फ़क़ीराना लबो-लहज़े और 'नासिख़' ने भाषागत कसावट से ग़ज़ल को एक अलग तरह की रंगत दी।

ये वे महान शायर हैं, जिन्हें निस्संदेह उर्दू ग़ज़ल का प्रतिमान मानना होगा। आगे चलकर इन्हीं के ज़ेरे-असर, 'दाग़,' 'अमीर मीनाई,' आसी, शाद अजीमाबादी, फ़ानी, हसरत मोहानी, असग़र गोंडवी, यगाना और जिगर ने आधुनिक दौर में ग़ज़ल को सँवारा, उसे नयी-नयी रंगतें दीं और लोकप्रियता के शिखर तक पहुँचाया। इन महान शायरों में सभी की अपनी अलग-अलग शख्सियतें हैं, और तकरीबन सभी की शिष्य-परम्पराएँ आगे के वक़्तों में सरसब्ज़ हुईं।

बीसवीं सदी का पहला चौथाई हिस्सा बीतते-न बीतते, देश की समाजी और सियासी आबोहवा में जो तब्दीलियाँ आयीं उनके परिणामस्वरूप जोश मलीहाबादी और फ़िराक़ गोरखपुरी जैसी उर्दू कविता की दो महान आधुनिक हस्तियाँ सामने आयीं, जिन्होंने अपने समय को और आगे आने वाले समय को दूर तक प्रभावित किया। जोश का उदात्त, ओजस्वी स्वर और क्लासिकी लबो-लहज़ा और फ़िराक़ का अपना विशिष्ट भारतीय परम्परा में रचा-बसा अन्दाज़, उर्दू शायरी की आधुनिक पहचान बना। इन दोनों ने प्रकृति, मानव-स्वभाव, प्रेम, आज़ादी की आकांक्षा से उर्दू ग़ज़ल को सँवारा। इन्हीं के ज़ेरे-असर जब 1936 में तरक्की-पसन्द तहरीक (प्रगतिशील साहित्य आन्दोलन) वजूद में आयी, तो फ़ैज़, वामिक जौनपुरी, मजाज़, मख़्दूम मोहिउद्दीन, जज़्बी, जाँ निसार अख़्तर, अहमद नदीम कासमी, एहसान बिन दानिश, क़तील

शिफ़ाई, कैफ़ी आज़मी, साहिर लुधियानवी, हबीब जालिब जैसे प्रगतिशील शायरों की एक पूरी जमात ने उर्दू शायरी को समृद्ध किया। इन्होंने ग़ज़ल को उसकी पारम्परिक दरबारी छवि से उबारकर मानवीय भावनाओं के धरातल पर प्रतिष्ठित किया। "बहुत मुश्किल है दुनिया का सँवरना/तिरी ज़ुल्फों का पेचोखम नहीं है" और "हम अकेले ही चले थे जानिबे-मंज़िल मगर/हमसफ़र जुड़ते गये और कारवाँ बनता गया" जैसा स्वर तरक्कीपसन्द तहरीक से पहले ग़ज़ल में न मुमकिन था, न सुना ही गया था।

सन् 1947 में मिली क़ौमी आज़ादी और साथ ही मुल्क के बँटवारे के बाद, जब उजाला दाग़ दाग़ लगा और एहसास हुआ कि 'ये सहर वो सहर तो नहीं', तो एक ओर जहाँ तरक्कीपसन्द हलकों से फिर वही अवामी स्वर उभरा, अहमद फ़राज़ जैसे नये शायर फ़ैज़ के लबो-लहज़े में बोलते हुए सामने आये, तो दूसरी ओर नासिर काज़मी ने 'मीर' की सूफ़ियाना उदासी और इब्ने इंशा ने नज़ीर अकबराबादी के अन्दाज़े बयाँ में फक्कड़ाना फ़क़ीरी सुर ग़ज़ल में गुँजाये। 1960 के आस-पास, पश्चिम से आये जदीदियत (आधुनिकतावाद) की सोच ने भी एक सीमा तक ग़ज़ल पर असर डाला और कुमार पाशी, नरेश कुमार शाद, शिकेब जलाली, फ़ज़्ल ताबिश, ज़ेब ग़ौरी, शहरयार, परवीन शाकिर जैसे नये शायरों की एक ऐसी जमात सामने आयी जिसने पूँजीवादी समाज और संस्कृति के बीच इन्सान की बौनी होती जाती हैसियत को लेकर जदीदी ग़ज़ल में एक ख़ास क़िस्म की संजीदगी पैदा की। इस संजीदगी का स्वरूप एक तरह से बेगानगी भरे असन्तोष को माना जाता है।

पारम्परिक रूप से उर्दू कविता के विकास के पाँच प्रमुख केन्द्र रहे हैं, दिल्ली, आगरा, लखनऊ, रामपुर और हैदराबाद। उन्नीसवीं सदी तक की उर्दू शायरी इन्हीं केन्द्रों से अपना खाद-पानी जुटाती रही। बीसवीं सदी शुरू होने के साथ उत्तर भारत के लगभग सभी प्रमुख शहरों में शायरी के सुर गूँजने लगे-शायरों की नयी जमातें सामने आने लगीं।

उर्दू शायरी के अनेक काव्य-रूप हैं-मर्सिया, क़सीदा, हज्व,

मस्नवी, मुस्तज़ाद, मुसद्दस, रुबाई, ग़ज़ल, नज़्म आदि। इन सबमें ग़ज़ल सर्वाधिक लोकप्रिय (कहें संक्रामक) और हर दिल अज़ीज़ काव्य-विधा रही है, अपवाद स्वरूप कुछ शायरों को छोड़कर नज़ीर, हाली, दयाशंकर नसीम, रतननाथ सरशार, अकबर इलाहाबादी, दुर्गासहाय सुरूर, इक़बाल, चकबस्त आदि सभी बड़े शायरों-अदीबों ने ग़ज़ल कही, जबकि उनकी काव्य-साधना के प्रमुख क्षेत्र दूसरे थे। और तो और, भारतेन्दु हरिश्चन्द्र, प्रताप नारायण मिश्र, सनेही, निराला, हितैषी, शमशेर, त्रिलोचन, बलबीर सिंह रंग, सर्वेश्वर दयाल सक्सेना, रघुवीर सहाय, दुष्यंत कुमार, शलभ श्रीराम सिंह आदि मूलतः हिन्दी कविता से जुड़े कवियों को भी ग़ज़ल ने आकृष्ट किया और इन सबने इस काव्य-रूप से अपने कृतित्व को समृद्ध किया। इनमें से कइयों ने तो ग़ज़लगो के रूप में अपनी पहचान भी बनायी। इस संकलन में उर्दू शायरों के साथ-साथ इन्हें भी शामिल किया गया है। इस दृष्टि से, *कारवाने गज़ल* को ग़ज़ल की कई सदियों लम्बी विकास-यात्रा का पहला मौलिक संकलन शायद माना जाये। चूँकि उर्दू-हिन्दी के ग़ज़लगो शायरों-कवियों की संख्या गणनातीत है और उन सबको किसी एक संकलन में सम्मिलित कर पाना असम्भव है, अतः इस संकलन की रूपरेखा तैयार करते हुए सिर्फ़ उन्हीं शायरों-कवियों को लिया गया जो अब हमारे बीच नहीं हैं।

कारवाने ग़ज़ल की तैयारी में उर्दू शायरी के अनेक विशेषज्ञों, सन्दर्भ ग्रन्थों, संकलनों का योगदान समाहित है, जिनका अलग-अलग उल्लेख असम्भव है। तब भी उन सबके प्रति कृतज्ञता प्रकट करने के साथ-साथ उर्दू साहित्य के मर्मज्ञ और हिन्दी लेखक डॉ. जानकी प्रसाद शर्मा तथा 'रेख़्ता' से जुड़े मित्रों के प्रति विशेष रूप से आभार व्यक्त करना चाहूँगा। इनके परामर्श और उदार सहयोग के बिना यह आयोजन इस रूप में तो नहीं ही सम्भव हो पाता।

–सुरेश सलिल

15 नवम्बर, 2016
सादतपुर, दिल्ली

अमीर ख़ुसरो

(1253–1325)

(1)

जब यार देखा नैन भर, दिल की गई चिन्ता उतर
ऐसा नहीं कोई अजब, राखे उसे समझाय कर
तू तो हमारा यार है, तुझ पर हमारा प्यार है
तुझ दोस्ती बिसयार[1] है, इक शब[2] मिलो तुम आय कर
ख़ुसरो कहे बातें ग़ज़ब, दिल में न लावे कुछ अजब?
क़ुदरत ख़ुदा की है अजब, जब जिउ दिया गिल[3] लाय कर

(2)

(दो सुख़ना[1] ग़ज़ल)

ज़े हाले-मिस्कीं मकुन तग़ाफ़ुल[2], दुराय नैनाँ बनाय बतियाँ
कि ताबे-हिजराँ न दारम ऐ जाँ[3], न लीह्यो काहे लगाय छतियाँ
शबाने-हिजराँ दराज़ चूँ ज़ुल्फ़-ब-रोज़े-वस्लत चूँ उम्र कोताह[4]
सखी पिया को जो मैं न देखूँ तो कैसे काटूँ अँधेरी रतियाँ
चूँ शम्अ-सोज़ाँ, चूँ ज़र्रा हैराँ, ज़े मेहरे आँ मह ब ग़श्तम आख़िर[5]
न नींद नैनाँ, न अंग चैनाँ, न आप आवे, न भेजे पतियाँ
यकायक अज़ दिल दो चश्म[6] जादू ब-सद-फ़रेबम[7] ब-बुर्द तस्कीं[8]
किसे पड़ी है कि जा सुनावे पियारे पी से हमारी बतियाँ
ब-हक़्क़-ए-आँमह[9] कि रोज़-ए-महशर[10] ब-दाद मारा फ़रेब[11] 'ख़ुसरो'
सपीत[12] मन के दुराय[13] राखूँ जो जाए पाऊँ पिया की खतियाँ[14]

---

(1) 1. बहुत 2. रात्रि 3. मिट्टी (2) 1. द्वि-भाषी, 2. इस ग़रीब की हालत की अनदेखी न करो 3. हे मेरी जान, वियोग सहने की शक्ति मुझमें नहीं है 4. वियोग की रातें तेरी ज़ुल्फ़ों जैसी लम्बी और वस्ल यानी मिलन के दिन और उम्र यानी आयु की भाँति छोटी हैं, 5. उस चाँद के प्रेम में जलकर आख़िर में मैं शमा की तरह जलने और ज़र्रा यानी कण की तरह हैरान रहने लगा। 6. एक दिल और दो जादू भरी आँखें 7. बहुत धोखा देते हुए 8. धैर्य छोड़ना 9. उस चाँद (पीर) के हक़ में 10. प्रलय का दिन 11. मुझे धोखा दिया 12. भेद 13. दूर 14. ख़ज़ाना

कबीर

(1440–1518)

हमन हैं इश्क़ मस्ताना, हमन को होशियारी क्या
रहें आज़ाद या जग से, हमन दुनिया से यारी क्या
जो बिछुड़े हैं पियारे से, भटकते दर-बदर फिरते
हमारा यार है हम में, हमन को इंतज़ारी क्या
ख़लक़ सब नाम अपने को बहुत कर सिर पटकता है
हमन गुरुनाम साँचा है, हमन दुनिया से यारी क्या
न पल बिछुड़े पिया हमसे, न हम बिछुड़ें पियारे से
उन्हीं से नेह लागी है, हमन को बेक़रारी क्या
कबीरा इश्क़ का माता, दुई को दूर कर दिल से
जो चलना राह नाज़ुक़ है, हमन सिर बोझ भारी क्या

लुत्फ़ी

(1482–1520)*

ख़िलवत मने[1] सजन के मैं मोम की बती[2] हूँ
एक पाँव पर खरी हूँ जलने पिरत पती हूँ
सब निस घरी[3] जलूँगी जागा सो[4] ना हिलूँगी
ना जल के क्या करूँगी, अव्वल सूँ[5] मदमती हूँ
ना तन मर हाल हलन का, ना दिल में डर गलन का
ना सिर में सद[6] जलन का, तो यू बला मती हूँ
जलते कूँ ना जलाओ, बुजने[7] पे आन लाओ
बुजूँ तो फिर जलाओ, नायक रती रती हूँ
मैं मस्त हूँ सजन की, सुद बुद सती हूँ तन की[8]
आब इश्क़ की मदन की मग़रूर मदमती हूँ[9]
जलने कूँ ना डरूँगी, ना जल के क्या करूँगी
क्यों ना जरूँ मरूँ की, ओ लती आदती हूँ[10]
'लुत्फ़ी' तेरे जलन की पाकी[11] कहां है इसमें
ज्यूँ पाँच पांडवों के खते सो दरपती[12] हूँ

---

* यह मुहम्मद शाह बहमनी के शासनकाल की अवधि है। इस दौरान 'लुत्फ़ी' मौजूद था।
1. एकांत में, शयनकक्ष में, 2. बत्ती 3. सारी रात, 4. अपनी जगह से 5. पहले से 6. फिक्र, भय 7. बुझने पर 8. तन की सुध-बुध खोकर 9. कामदेव की प्रेम मदिरा पीकर ज़िद्दी और मतवाली हो उठी हूँ 10. आदत से लती हूँ 11. पकना 12. द्रौपदी

मुल्ला वजही

(1556–1660)

पीव अपने कूँ आज मैं निस सुपन्ने देखी सोय कर
जब पीव चल्या सट सेज मुँज, तब सोती उठी रोय कर
हट बिरह अपना सार ने मुँज चंचल लाग्या मारने
ना जानूँ साईं कारने भुइँ अजूँ क्या क्या होय कर
ना पूछ बहमन जोतिषी कब मिलना पीव सूँ होए
ग़म बिरहा सब में सोयसी, ना जाने दुख यो कोय कर
क्यों टालूँ बिरहा झाल सक नईं सकती हूँ सँभाल सकी
अब क्यों कर पाऊँ लाल सकी, जो बैठी हत से खोय कर
यकता में[1] सहेली मरना, दिल दूजे पर ना धरना
उस पीव कूँ अपना करना इस पापी जीव कूँ खोय कर

---

1. अकेली

मुहम्मद क़ुली क़ुतुबशाह*

(1565–1611)

(1)

पिया वाज़[1] प्याला पिया जाय ना
पिया वाज़ यक तिल[2] जिया जाय ना
नहीं इश्क़ जिसको बड़ा क़ोर[3] है
कधीं उस से मिल बैसिया[4] जाय ना
क़ुतुबशाह न दे मुझ दिवाने को पंद[5]
दिवाने को कुछ पंद दिया जाय ना

(2)

रख एक है पर एक कधन लाख चमन है
लख जोत है हर ठार वले[1] एक रतन है
किस ठार में दिसता नहीं हर ठार है भरपूर
देखन कों सकत काँ उसे, बस एक नयन है
मुँज इश्क़ गिरी आग का इक चिनगी है सूरज
इस आग के शोले का धुआँ सात गगन है

(3)

प्यारी के मुख म्याने खेल्या वसंत
फूलाँ हौज थे चरके छिड़क्या वसंत
वसंत बास चुन-चुन के चुनरी बँधे
जो उभर के लहराँ सो आया वसंत
जोबन हौज में नौरतन रँग भरे
वसंत राग गाओ सुहाया वसंत

---

* सन् 1580 में गोलकुंडा की राजगद्दी सँभाली।

(1) 1. बिना 2. पल, क्षण 3. अंधा 4. बैठा 5. उपदेश (2) 1. किन्तु

रंगा पदमां के बँधे-गलसरी
गले गुल लड़ाँ सो दिखाया वसंत
नवी बाली कू नली कदम में भेजे
पिरत प्याले भर कर पिलाया वसंत
वसंत की ख़ुमारी नयन में भरी
हिंडोले नैन दिस डुलाया वसंत
नबी, सदके मैं हूँ 'मुहम्मद' ग़ुलाम
नवी रीत सेती रुत मिलाया वसंत

(4)

परम प्यारी का जल्वा गाओ सारे
उसे चंद-सूर सूँ परियाँ सिंगारे
सुहागाँ भाग फूल मस्तक खिले हैं
सहेल्याँ आरती तारे निवारे
रचा दो तख़्त जल्वे का खुशी सूँ
कि चौधर चौक मुतियाँ सूँ सँवारे
चढ़ाओ तेल अब सातो सुहागाँ
मशाता होके जहरा हस्त निगारे
पिला शर्बत देओ हाताँ में बीड़े
बँदाओ सारियाँ मोतियाँ किनारे
'मुहम्मद क़ुतुबशाह' होर उस परी कूँ
ख़ुदाया, रख जहाँ लग हैं तारे

अली आदिलशाह 'शाही'*

(1637–1673)

(1)

सारी रैन तेरा मदन[1] मुंज[2] तबा में भरपूर है
तुज[3] सुबह मुक के सामने दीपक सदा मख़्मूर[4] है
तुज नैन की नरमी कने मँगते हैं मोती आबरू
या रूप की तू खान है या हुस्न की समदूर है
तुज बाल काले देख कर बादल फिरें हैरान हो
तुज भाल होर[5] तिलक कने क्या चाँद होर क्या सूर है
तुज गाल की तारीफ़ सुन पंकज छिपे जा नीर में
तुज रंग के परताब सूँ[6] कंचन का मुख रंजूर है[7]
'शाही' के दिल सब हात ले मँगती मनाये नूह सूँ
पस छोड़ दे हट तट जिते भी, केती मग़रूर है

(2)

जिस दिन ते तुमन[1] सात लाग्या मनड़ा हमारा
उस दिन ते हुआ पिरत का मुंज[2] मन में पुकारा
दो नैन अव्वल धर के देखे सैन[3] तुम्हारे
लटके ते पलक मार करे इश्क़ दुबारा
फाँदे करे दो ज़ुल्फ़ घुँघरवाल ख़वाले
मुंज नैन पखेरू के बदल तिल रखे चारा
ले हात में फुलमाल गले लाल पिन्हाये
चौसार चंचल नार करे प्यार अपारा
चितचोर पिया सात भरे नेह पियाले
'शाही' सेती[4] मय पी के लगा नैन नज़ारा

---

* दक्षिण के आदिलशाही राजवंश का आठवाँ सुलतान।

(1) 1. काम भावना 2. मेरी 3. तुम्हारे 4. मदमस्त मतवाला, 5. और 6. प्रताप से 7. सोने की चमक फीकी है (2) 1. तुम्हारे 2. मेरे 3. इशारे 4. से, के हाथों

क़ाज़ी महमूद 'बहरी'

(1684–1724)

सूर[1] तुझ मुख मिसाल नैं[2] सच है
लाल तुझ लब से[3] लाल नैं सच है
धन तेरे मदमते नयन के निमन[4]
पुर्तगाली कलाल[5] नैं सच है
अब ख़ुशामद तूँ बस कर ऐ 'बहरी'
तुज पर उसका ख़याँल नैं[6] सच है

1. सूरज 2. की भाँति नहीं 3. होंठों से 4. तरह, भाँति 5. मधु-विक्रेता 6. ध्यान नहीं

'वली' औरंगाबादी

(1667–1744)

(1)

तुझ[1] मुख का रंग देख कँवल जल में जल गये
तेरी निगाहे-गरम सूँ गुल गल पिघल गये
हर यक कूँ[2] काँ[3] है ताब जो देखे तिरी तरफ़
शेराँ तिरी निगाह की दहशत सूँ[4] टल गये
साक़ी तिरे जमाल की काँ लग बयाँ करूँ
जिस पर क़दम निगाह के अक्सर फिसल गये
मरने सूँ पहले जो कि मरे इस जगत मनें[5]
तस्वीर की नमत[6] वो ख़ुदी सूँ निकल गये
पाये जो कोई लज़्ज़ते-दीं जग में ऐ 'वली'
वो हात अपस दुनिया मनें हसरत सूँ मल गये

(2)

तुझ इश्क़ की अगन सूँ सजन जल गया हूँ मैं
तेरी गली की ख़ाक सूँ जा मिल गया हूँ मैं
तुझ सोज़[1] में जल्या है जो दिल शमा की नमन
परवाना होके उसके उपर बल गया हूँ मैं
ऐ आफ़ताब[2], देख तेरे मुख की रोशनी
बेताब होके मह[3] के नमन गल गया हूँ मैं
यूँ फिर के देखना तिरा मुझ दिल पे' घात है
तेरी निगह की रम्ज़ कूँ[4] अटकल[5] गया हूँ मैं

(1) 1. तेरे 2. को 3. कहाँ 4. से 5. में 6. तरह (2)1. गरमी 2. सूरज 3. चाँद 4 इशारे को 5. अटक, रुक

तुझ दिल का देख सोज़ अधिक, ऐ 'वली' मुदाम[6]
बोला पतंग[7] हात कूँ याँ मल गया हूँ मैं

(3)

पिरित की कंठा पहने जो, उसे घरबार करना क्या
हुई जोगन जो कुई पी की, उसे संसार करना क्या
जो पीवे नीर नैनाँ का, उसे क्या काम पानी सूँ
जो भोजन दुख का करते हैं, उसे आधार करना क्या
सखी तुमना कूँ अरज़ानी ये किस्वत-ओ-ज़रीना सब[1]
वो है जो जीव सूँ बेजार, उसे सिंगार करना क्या
नहीं कोई धरमधारी जो कहे पीतम सूँ समझा कर
कि दुखियाँ कूँ बिछोही सूँ इत्ता बेजार करना क्या
महल दिल का तिरी खातिर बनाया हूँ मैं दिलो-जाँ सूँ
जुदाई सूँ उसे यकबारगी मिस्मार[2] करना क्या
सहेलियाँ जब तलक मुझ सूँ न बोलेंगी 'वली' आकर
मुझे तब लग किसू सूँ बात और गुफ़्तार करना क्या

(4)

तूँ बाँधा जब गुलाबी सर पे फेंटा
चमन सूँ बुलबुलाँ आ के झपेटा
दिया ऐसी अदा सूँ पेंच पर पेंच
कि कई आशिक़ाँ के जी उसमें लपेटा
तिरे मुख पे तजल्ली भौत दिसती[1]
मगर तूँ हुस्न का मादन[2] समेटा
'वली', मरहम नहीं उसका किसी तौर
कि जिन ने इश्क़ का खाया झपेटा

---

(2) 6. हमेशा, ल·.ार 7. पतिंगा (3) 1. सखी तुम्हारे लिए ये सब पोशाकें और गहने बेकार हैं 2. ढहाना (4) 1. नूर या आभा बहुत दिखती 2. खान, भंडार

(5)

वो नाज़नीं अदा में एजाज़ है सरापा[1]
ख़ूबी में गुलरुख़ाँ सूँ मुमताज़ है सरापा
ऐ शोख़, तुझ नयन में देख्या निगाह कर कर
आशिक़ के मारने का अंदाज़ है सरापा
जग के अदाशनासाँ[2], है जिनकी फ़िक्र आली
तुझ क़द कूँ देख बोले, यो नाज़ है सरापा
क्यों हो सकें जगत के दिलवर तिरे बराबर
तू हुस्न और अदा में एजाज़ है सरापा
मुझ पर 'वली' हमेशा दिलदार मेहरबाँ है
हरचंद हस्बे - जाहिर तन्नाज़ है सरापा[3]

(5) 1. वो नाज़नीन अपनी अदा में सिर से पैर तक करिश्मा है 2. दिल की बात जान लेने वाले 3. हर तरह सिर से पैर तक ताने कसने वाला है

सुल्तान अब्दुल हसन 'तानाशाह'*

(1624–1689)

(1)

ऐ सर्व गुलबदन तूँ जरा टुक चमन में आ
ज्यूँ गुल शगुफ़्ता हो के[1] मेरी अंजुमन में आ
कब लग रहेगा तूँ ज्यूँ तस्वीर बे सुख़न[2]
ऐ शोख़ ख़ुदपसंद तूँ टुक भी सुख़न में आ
चाहता हूँ वस्फ़ क़दमी[3] करूँ फ़िक्र व शेर की
ऐ मा'अनी बुलन्द[4] शिताबी सूँ[5] मन में आ
ऐ जान, अब्दुल हसन तूँ अछे ख़ुश लटक तसे
बंद कबाँ कूँ खोल कर[6] सदने-चमन में आ

(2)

तुज मुख कूँ कोई चंदर कते, कोई सूर तें अनवार कते[1]
कोई हुस्न का बंदर[2] कते, कोई कुछ कते कोई कुछ कते[3]
तुज लब कू कोई शकर कते, कोई शकर सूँ बरतर कते
कोई ख़िज्र जाँ परवर कते, कोई कुछ कते कोई कुछ कते
कोई जीउ की प्यारी कते, कोई सूलछन नारी कते
परियाँ में कोई न्यारी कते, कोई कुछ कते कोई कुछ कते

---

* कुतुबशाही साम्राज्य का अन्तिम सुल्तान

(1) 1. फूल की भाँति खिलकर 2. गूँगी तस्वीर 3. सँवारूँ 4. ऊँचे और गहरे अर्थ वाली 5. शीघ्रतापूर्वक 6. बेलिबास या निर्वस्त्र होकर (2) 1. सूर्य जैसा तेजवान 2. सौन्दर्य का बंदरगाह 3. कोई कुछ कहता, कोई कुछ कहता

जोबन को तुज कोई कुच कते, या दो सुनैना सज कते
या मद भरे पंकज कते, कोई कुछ कते कोई कुछ कते
रुख़सार कूँ चंदर कते, कोई हुस्न का बंदर कते
कोई ज़ेब का समुंदर कते, कोई कुछ कते कोई कुछ कते
जुल्फ़ां कूँ कोई हारा कते, कोई मुश्क के धारा[4] कते
कोई दाम[5] कोई मारां कते, कोई कुछ कते कोई कुछ कते

(2) 4. कस्तूरी की लहर 5. गांठ या फंदा

सैयद मीराँ हाशमी

(1635–1697)

(1)

प्यासा हूँ मैं कई रोज़ सो तुज मेहर के फूल-नीर का[1]
शर्बत मीठा लब सो मीठे दे हर मीठी तक़रीर का
दिल ख़ुश हो जाता है हंसा, गोरी तूँरा मुख देख कर
रंग जाफ़राँ का बाग़ तूँ[2] आनंद लेती कश्मीर का
जोबन तूँरे गालाँ थड़ी और झड़तूँ देखा है जो कोई
हरगिज़ ना लेना नाँव फिर नारँज, सेब, अंजीर का
तुज हुस्न के बाज़ार में होएगाँ उसी का ताब[3] कुच
खरचेगा जिउ का नकद हौर सौदा करे हेरफेर का

(2)

सजन आवें तो पर्दे से निकल कर बाहर बठूँगी[1]
बहाना करके मोतियों का पिरोने हार बठूँगी
उनों[2] यहाँ आव कहेंगे तो कहूँगी काम करती हूँ
अटलती हौर मटलती[3] जब घड़ी दो चार बठूँगी
निजक में[4] उनके जाने को ख़ुशी सूँ शाद[5] हूँ दिल में
वले लोगों में दिखलाने कूँ, हो बेजार बठूँगी
करूँगी ज़ाहिर चुप में गुस्सा हौर मान हट लेकिन
सरीजन[6], तूँ जीव पर अपना ये जीव मैं वार बठूँगी

---

(1) 1. कृपा के फूलों से महकता पानी 2. केसर की क्यारियों जैसा तेरा रंग, 3. लाभ, फ़ायदा (2) 1. बैठूँगी 2. ये, वो 3. इठलाती और मटकती 4. नज़दीक 5. प्रसन्न, 6. प्यारी

'सिराज' औरंगाबादी

(1714–1763)

ख़बरे तहैयुरे-इश्क़[1] सुन न जुनूँ[2] रहा न परी रही
न तो तू रहा न तो मैं रहा, जो रही सो बेख़बरी रही
शहे-बे ख़ुदी ने अता किया मुझे अब लिबासे-बरहनगी[3]
न ख़िरद की[4] बखियागिरी रही, न जुनूँ की पर्दादरी रही
चली सिम्ते-ग़ैब से[5] इक हवा, कि चमन सुरूर[6] का जल गया
मगर एक शाख़े-निहाले-ग़म[7] जिसे दिल कहें सो हरी रही
नज़रे-तग़ाफ़ुले-यार का गिला[8] किस जबाँ से बयाँ करूँ
कि शराबे-सद कदा आर्ज़ू[9] ख़ुमे-दिल में[10] थी, सो भरी रही
वो अजब घड़ी थी कि जिस घड़ी लिया दर्स नुस्ख़ए-इश्क़ का[11]
कि किताब अक़्ल की ताक़ पर ज्यूँ धरी थी यूँ ही धरी रही
तेरे जोशे-हैरते-हुस्न का[12] असर इस क़दर से अयाँ[13] हुआ
कि न आइने में जिला[14] रही, न परी की जल्वागरी[15] रही
किया ख़ाक आतशे - इश्क़ ने[16] दिले - बेनवाए - सिराज[17] कूँ
न ख़तर रहा न हज़र रहा[18], मगर एक बेख़तरी रही

---

1. इश्क़ के चकित-विस्मित होने की ख़बर 2. पागलपन 3. निर्वस्त्रता की पोशाक प्रदान की 4. बुद्धि की, कौशल की 5. परलोक की ओर से 6. नशे का बाग 7. ग़म यानी दुख से निहाल डाल 8. प्रिय की बेरुखी की शिकायत 9. सैकड़ों इच्छाओं की शराब 10. दिल के मटके में 11. इश्क़ के नुस्खे का उपदेश 12. विस्मित करने वाले सौन्दर्य की गर्मी 13. प्रकट हुई 14. चमक 15. सज-धज भरी मौजूदगी 16. प्रेमाग्नि ने 17. सिराज के गरीब दिल को 18. कोई खतरा, कोई भय नहीं रहा

'आबरू' (शाह मुबारक)

(1685–1733)

(1)

नैन से नैन जब मिलाय गया
दिल के अंदर मेरे समाय गया
निगाहे-गर्म से मेरे दिल में
ख़ुशनैन आग सी लगाय गया
तेरे चलने की सुन ख़बर आशिक़
यही कहता मुआ कि हाय, गया
'आबरू' हिज्र[1] बीच मरता था
मुख दिखाकर उसे जिलाय गया

(2)

यह रस्म ज़ालिमी[1] की दस्तूर[2] है कहाँ का
दिल छीन कर हमारा, दुश्मन हुआ है जाँ का
तुझ राह में हुआ है अब तो रक़ीब[3] कुत्ता
बू पाय कर हमारी, आ बाँधता है नाका
रुस्तम दहल के दिल में, डाले अझूँ सों[4] पानी
देखे अगर भवाँ की तलवार का झमाका
आशिक़ के दिल में डाली जब नफ़सबद[5] ने बुरकी
रजवाड़े की गली का तब जा गुबार फाँका
सब आशिक़ों में हमकूँ मज़्दा[6] है 'आबरू' का
है क़स्द[7] गर तुम्हारे दिल बीच इम्तिहाँ का

---

(1) 1. विरह (2) 1. निर्दयता 2. चलन 3. दुश्मन 4. आँसुओं से 5. बुरी आत्मा 6. खयाल, सतर्कता 7. इरादा

'हातिम' (शेख़ जहूरुद्दीन)

(1699–1783)

(1)

आबेहयात[1] जाके किसू ने पिया तो क्या
मानिन्दे-ख़िज़्र[2] जग में अकेला जिया तो क्या
शीरीं लबाँ सूँ[3] संगदिलों को असर नहीं
फ़रहाद काम कोहकुनी[4] का किया तो क्या
मुहताजगी[5] सूँ मुझको नहीं एकदम फ़राग़[6]
हमने जहाँ में नाम को 'हातिम' किया तो क्या

(2)

छुपा नहीं जा ब जा[1], हाजिर है प्यारा
कहाँ वह चश्म[2], जो मारे नज़ारा
जुदा नहिं सब सेती, तहक़ीक़[3] कर देख
मिला है सबसे, औ' सबसे है न्यारा
मुसाफ़िर, उठ, तुझे चलना है मंज़िल
बजे है कूच का हरदम नक्कारा

---

(1) 1. जीवन-जल 2. भूले-भटकों को राह दिखाने वाला एक अमर फरिश्ता 3. मधुर वचनों से 4. पहाड़ काटने का 5. विपन्नता, गरीबी 6. राहत (2) 1. यहाँ-वहाँ 2. आँख 3. जाँच, खोज

मिसाले - बहर[4], मौजें मारता है
किया है जिसने इस जग सों किनारा
सयाने ख़ल्क़ से[5] यूँ भागते हैं
कि जूँ आतिश सेती भागे है पारा
समझ कर देख सब जग, सीख माहीं[6]
कहाँ हैगा सिकंदर, कहाँ दारा
कहै हैं अहले-उर्फ़ा[7] उसको जीता
जो मर कर इश्क़ में दुनिया सूँ हारा
सफ़ा कर दिल के आईने को 'हातिम'
देखा चाहे सजन गर आशकारा[8]

(2) 4. लहरों की तरह 5. सृष्टि 6. वहीं 7. दुनिया के पहुँचे हुए लोग 8. साफ़, स्पष्ट

मज़हर जानजानाँ (शम्सुद्दीन)

(1699–1781)

(1)

चली अब गुल के हाथों से लुटाकर कारवाँ अपना
न छोड़ा हाय बुलबुल ने चमन में कुछ निशाँ अपना
य' हस्रत रह गई क्या क्या मज़े से ज़िन्दगी करते
अगर होता चमन अपना, गुल अपना, बाग़बाँ अपना
मेरा जी जलता है उस बुलबुले-बेकस की ग़ुर्बत पर[1]
कि जिसने आसरे पर गुल के छोड़ा आशियाँ[2] अपना
जो तूने की, सो दुश्मन भी नहीं दुश्मन से करता है
ग़लत था जानते थे तुझको जो हम मेहरबाँ अपना
कोई आज़ुर्दा[3] करता है सजन अपने को, ऐ ज़ालिम
कि दौलतख़्वाह[4] अपना, 'मज़हर' अपना, जानेजाँ अपना

(2)

य' दिल कब इश्क़ के क़ाबिल रहा है
कहाँ इसको दिमाग़ो - दिल रहा है
.ख़ुदा के वास्ते, इसको न टोको
यही यक शहर में क़ातिल रहा है
नहीं आता इसे तकिया पे' आराम
ये सर पाँवों से तेरे हिल रहा है

---

(1) 1. बेसहारा बुलबुल की यहाँ-वहाँ भटकन पर 2. नीड़, बसेरा 3. नाराज़, दुखी 4. भाग्य निर्माता, किस्मत बनाने वाला

नाजी (सैयद मुहम्मद शाकिर)

(जन्म-मृत्यु : अज्ञात)

देख मोहन तेरी कमर की तरफ़
फिर गया मानी अपने घर की तरफ़
जिन ने देखे तेरे लबे - शीरीं
नज़र उनकी नहीं शकर की तरफ़
है मुहाल उनका दाम में आना[1]
दिल है उन सब बुताँ[2] का ज़र[3] की तरफ़
देख रुख़सार की सफ़ाई देख
चश्मे - दाना नहीं हुनर की तरफ़[4]
हश्र में[5] पाकबाज़[6] है 'नाजी'
बद अमल[7] जायेंगे सक़र[8] की तरफ़

---

1. उनका पकड़ा जाना असम्भव है 2. रूपवान 3. दौलत 4. गुणी दृष्टि यानी कलाकार अपनी कला भूल गया 5. कयामत के वक़्त 6. पाक-साफ़ 7. बुरे लोग 8. नरक, दोज़ख

'यकरंग' (मुस्तफ़ा क़ुली ख़ाँ)

(जन्म-मृत्यु : अज्ञात)

(1)

तदबीर[1] का कुछ बस नहीं तक़दीर के आगे
तक़दीर की तहरीर[2] मिटाई नहीं जाती
क्या पूछते हो हाल शबे-वस्ल[3] का हमसे
यह बात है पर्दे की, बताई नहीं जाती
मोती की गई आब[4] उतर, चढ़ नहीं सकती
घट जाती है इज़्ज़त, तो बढ़ाई नहीं जाती
दोरंगियों के बज़्म में[5] रंगत नहीं जमती
जब तक ग़ज़ल 'यकरंग' की गाई नहीं जाती

(2)

(ब्रजभाषा में ग़ज़ल प्रयोग)

पिया को मिलन कैसे जाओगी गोरी
रूप - रंग सब जात रहोरी
ना अच्छे गुन-ढँग, ना अच्छे जोबना
मैली भई अब चुँदरी तोरी
करके सिंगार पिया घर जइयो
तब देखिहैं पिया तोरी ओरी
जाय कहो कोई 'यकरंग' पिय सों
तुम बिन या गत हो गई मोरी

---

(1) 1. प्रयत्न, कोशिश, चतुराई 2. लिखावट 3. मिलन-रात्रि 4. चमक, पानी 5. दुरंगे या नक़ली लोगों की महफ़िल में

'फ़ुग़ाँ' (अशरफ़ अली ख़ाँ)

(1725–1772)

(1)

ख़त दीजियो छुपा के मिले वो अगर कहीं
लेना न मेरे नाम को ऐ नामाबर कहीं
बादेसबा[1] तू उक़दाकशा[2] उसकी हूजियो
मुझसा गिरफ़्त दिल[3] अगर आवे नज़र कहीं
बावर[4] अगर तुझे नहीं आता तो देख ले
आँसू कहीं ढुलक गये, लख़्ते-जिगर[5] कहीं
ईज़ा[6] 'फ़ुग़ाँ' के हक़ में यहाँ तक रवा[7] नहीं
ज़ालिम ये क्या सितम है, ख़ुदा से भी डर कहीं

(2)

कहते हैं फ़स्ले-गुल तो चमन से गुज़र गई
ऐ अंदलीब, तू न क़फ़स बीच मर गई
इतना कहाँ रफ़ीक़ बसारत[1] है चश्म की
दिल भी उधर गया जिधर मेरी नज़र गई
मुझसे जो पूछते हो, तो हर हाल शुक्र है
यों भी गुज़र गई मेरी वों भी गुज़र गई

---

(1) 1. सुबह की पुरवाई 2. गांठ खोलने वाली 3. जकड़ा हुआ दिल 4. यक़ीन 5. दिल का टुकड़ा कहीं 6. दुख, क्लेश, यातना 7. उचित नहीं (2) 1. मित्र-दृष्टि

ताबाँ (मीर अब्दुल हई)

(1715–1749)

(1)

नहीं कोई दोस्त अपना, यार अपना, मेहरबाँ अपना
सुनाऊँ किसको ग़म अपना, अलम[1] अपना, बयाँ अपना
बहुत चाहा कि यार आवे, या इस दिल को सब्र आवे
न यार आया, न सब्र आया, दिया जी में नदाँ[2] अपना
क़फ़स में[3] तड़पे हैं ये अंदलीबाँ[4], सख़्त बेबस हैं
न गुलशन देख सकते हैं, न यह सब आशियाँ अपना
मुझे आता है रोना ऐसी तनहाई पे, ऐ 'ताबाँ'
न यार अपना, न दिल अपना, न तन अपना, न जाँ अपना

(2)

सुन फ़स्ले-गुल[1] ख़ुशी हो गुलशन में आइयाँ हैं
क्या बुलबुलों ने देखो धूमें मचाइयाँ हैं
बीमार है, ज़मीं से उठती नहीं असा बिन[2]
नरगिस को शायद तुमने आँखें दिखाइयाँ हैं
आईना रूबरू[3] रख औ अपनी छब दिखाना
क्या खुदपसंदियाँ हैं, क्या खुदनुमाइयाँ हैं
ख़ुर्शीद[4] गर कहूँ मैं, तो जान है वो पीला
जो मह[5] कहूँ तेरा रू[6], तो उस पे छाइयाँ[7] हैं
जब पान खाके प्यारा गुलशन में जा हँसा है
बे इख़्तियार कलियाँ तब खिलखिलाइयाँ हैं
अब मेहरबाँ हुआ है 'ताबाँ' तेरा सितमगर[8]
आहें तेरी किसी ने शायद सुनाइयाँ हैं

---

(1) 1. दुख, क्लेश 2. आह्वान, पुकार 3. जाल, पिंजड़ा 4. बुलबुलें (2) 1. वसंत 2. सहारे बिना 3. सामने 4. सूरज 5. चाँद 6. चेहरा 7. धब्बे 8. जुल्म ढाने वाला

'सौदा' (मिर्ज़ा मुहम्मद रफ़ी)

(1713–1781)

(1)

निकल के चौखट से घर की प्यारे, जो पट के ओझल ठिठक रहा है
सिमट के चट से तेरे दरस को, नयन में जियरा अटक रहा है
जिन्हों की छाती से पार बरछी हुई है रन में, वो सूरमा हैं
बड़ा वो सावंत है मन में जिसके बिरह का काँटा खटक रहा है
मुझे पसीना जो तेरे मुख पर दिखाई दे है तो सोचता हूँ
ये, क्योंकि सूरज की जोत-आगे, हर एक तारा छिटक रहा है
गुनी हो कैसा ही, ध्यान जिसका तेरे गुनों से लगा है प्यारे
गियान परबत भी है जो उसका, तो छोड़ उसको सटक रहा है
जो मैंने 'सौदा' से जाके पूछा, तुझे कुछ अपने है मन की सुध-बुध
ये रोके मुझसे कहा, किसी की लटक में लट की लटक रहा है

(2)

जोश से मेरे जुनूँ की, क्या ख़ुश आती है बहार
पैरहन में गुल के[1] न्हीं[2] फूली समाती है बहार
आशियाँ बाँधे है किस उम्मीद पर, ऐ अंदलीब[3]
आतिशे-गुल से[4] कोई दिन में जलाती है बहार
दिलफसुर्दों को[5] कहाँ ख़ूँ गर्म करता है जुनूँ
क्यों मुझे हर साल आ नाहक़[6] सताती है बहार
किसकी आँखों से, कहो, आई है मस्ती सीखकर
इस बरस नरगिस पे क्या धूमें मचाती है बहार
अब ख़ुदा हाफ़िज़ है 'सौदा' का, मुझे आता है रहम
एक तो था ही दीवाना, तिस पे आती है बहार

---

(2) 1. फूल की पोशाक में 2. नहीं 3. ऐ बुलबुल, किस उम्मीद पर घोंसला बनाया है?
4. फूल की आग से 5. निराश लोगों को 6. व्यर्थ ही

(3)

जाता है दिल, तो जाइयो हुशियार आजकल
चलती है उसके कूचे में तलवार आजकल
कोई दवा नहीं है मुआफ़िक़ बग़ैर वस्ल[1]
मरता है तेरे ग़म में, ये बीमार आजकल
गर ज़मज़मा[2] यही है हमारा, तो हमसफ़ीर[3]
होते हैं इस चमन में गिरफ़्तार आजकल
अरसा समझ बहार का, साक़ी, पहुँच शिताब[4]
जाती है इस चमन से ये गुलज़ार आजकल
मत चल तू इस लटक से[5], कि ज़ालिम क़दम तले
मल डालेगी जहाँ की ये रफ़्तार आजकल
तेरी ज़बाँ से उहदा-बर-आ क्यों के हो कोई
'सौदा' से है जो कुछ तेरी गुफ़्तार आजकल[6]

(4)

इतना सितम न कीजै मेरी जान, जान-जान[1]
यकसाँ नहीं रहेगा तेरा मान[2], मान - मान
आइना टुक[3] तो देख, कि ख़ालिक़[4] ने ख़ाक को
क्या - क्या बनाई सूरते - इंसान, सान - सान
गुज़रा है तू चमन से, कि जा-ए-तराना[5] आज
खैंचे है आह मुर्ग़ - गुलिस्तान तान - तान[6]
दुश्नाम देके[7] हाय वो जमघट का खैंचना
चुभती है मेरे दिल में वही आन[8] आन-आन[9]
पूछा किसी ने, मारा तू 'सौदा' को किसलिए
बोला, मुझे वो घूरे था अर आन, आन-आन

---

(3) 1. मुलाक़ात यानी मिलन के बिना, कोई दवा कारगर नहीं 2. शान 3. हमसफ़र, बुलबुल 4. साक़ी, बहार के आने का वक्त हो गया, जल्दी पहुँच 5. मस्तानी चाल से 6. तेरी ज़बान से कोई पार कैसे पाये, क्योंकि तेरी जो आजकल 'सौदा' से गुफ़्तगू है
(4) 1. जान-जान कर 2. घमंड 3. ज़रा 4. खुदा, ईश्वर 5. गाने की जगह 6. बाग का पक्षी तेज़-तेज़ आहें भरता है 7. गाली देकर 8. अदा 9. पल-पल

(5)

न नर्गिस की पलक तेरे तमाशे ने है झँपवाई[1]
तू वो गुल है कि जिस गुल का हर इक गुल है तमाशाई
नहीं है घर कोई ऐसा, जहाँ उसको न देखा हो
कन्हैया से नहीं कुछ कम सनम मेरा वो हरजाई
मुहब्बत के करूँ भुजबल की मैं तक़रीर[2] क्या यारो
सितम[3] परबत हो तो उसको उठा लेता है ज्यूँ राई
झँकाया था मुझे ज़ाहिद ने[4] कूचा रंजे-दुनिया का[5]
मुग़ाँ ने[6] राहते-दुनिया की मुझ को बात बतलाई
कहे है यार यूँ मुझसे अजब ही लुत्फ़ से 'सौदा'
चमन में सुम्बल-ओ-गुले-नर्गिस अबकी दे है दिखलाई

(6)

वो सूरतें इलाही किस मुल्क बसतियाँ हैं
अब जिनके देखने को आँखें तरसतियाँ हैं
बरसात का तो मौसम कब का निकल गया, पर
मिज़गाँ की[1] ये घटाएँ अब तक बरसतियाँ हैं
क़ीमत में उनके गो[2] हम, दो जग को दे चुके अब
उस यार की निगाहें तिस पर भी सस्तियाँ हैं
उनने कहा ये मुझसे, अब छोड़ो दुख़्ते-रिज़ को[3]
पीरी में[4], ऐ दीवाने, ये कौन मस्तियाँ हैं

(7)

सावन के बादलों की तरह से भरे हुए
ये वो नयन हैं जिनसे कि जंगल हरे हुए

---

(5) 1. मुँदवाई, बन्द करवाई 2. चर्चा 3. अत्याचार 4. उपदेशक ने 5. दुनिया के दुख 6. साक़ी या शराब बाँटने वाले ने (6) 1. पलकों की 2. यद्यपि 3. शराब को 4. बुढ़ापे में

बूँदों के जमघटों से वो भिड़ते हैं हम दिगर
लड़के मुझ आँसुओं के ग़ज़ब मन करे हुए
ऐ दिल, य' किससे बिगड़ी कि आती है फ़ौजे-अश्क
लख़्ते - जिगर की लाश को आगे धरे हुए

(8)

अब के भी दिन बहार के यूँ ही चले गये
फिर-फिर गुल आ चुके, पै' सजन तुम भले गये
पूछे है फूल फल की ख़बर अब तू अंदलीब
टूटे, झड़े, ख़िज़ाँ हुई, फूले, फले, गये
दिलख़्वाह कब किसी को ज़माने ने कुछ दिया
जिनको दिया कुछ, उसमें से वो कुछ न ले गये
ऐ शमा, दिल गुदाज़[1] किसी का न हो कि शब
परवाना दाग़ तुझसे हुआ, हम जले गये
'सौदा' कोई भी देवे है ऐसा दिल उनके हाथ
लाखों ही दिल क़दम तले जिनके मले गये

---

(8) 1. नर्म, कोमल

'सोज़' (सैयद मुहम्मद मीर)

(1721–1798)

(1)

अहले-ईमाँ[1] सोज़ को कहते हैं काफ़िर हो गया
आह या रब राज़े-दिल उन पर भी ज़ाहिर हो गया
दर्द से महरूम[2] हूँ, दर्मां[3] से मुझको काम क्या
यारे-ख़ातिर[4] था सो मेरा बारे-शातिर[5] हो गया
क्या मसीहाई है तेरे लाल लब में, ऐ सनम,
बात के कहते ही देखो 'सोज़' शायर हो गया

(2)

अगर मैं जानता, है इश्क़ में धड़का जुदाई का
तो महशर[1] तक न लेता नाम हर्गिज़ आश्नाई का
ख़ुदाया किसके हम बंदे कहायें, सख़्त मुश्किल है
रखे है हर सनम इस दहर में[2] दावा ख़ुदाई का
ख़ुदा की बंदगी का 'सोज़' है दावा तो ख़िलक़त को[3]
वले देखा जिसे, बंदा है अपनी ख़ुदनुमाई[4] का

(3)

आज इस राह दिलरुबा[1] गुज़रा
जी पे क्या जानिए कि क्या गुज़रा
रात को नींद है न दिन को चैन
ऐसे जीने से, ऐ ख़ुदा, गुज़रा
'सोज़' के क़त्ल पर कमर मत बाँध
ऐसा जाना है क्या गया-गुज़रा!

---

(1) 1. धर्म के पाबंद लोग 2. वंचित 3. इलाज, उपचार 4. खातिर करने वाला दोस्त 5. शातिर बोझ (2) 1. प्रलय-क्षण, कयामत 2. युग में 3. सभी को 4. आत्म-प्रदर्शन (3) 1. प्रियतम, दिल को खिला देने वाला

ख़्वाजा मीर 'दर्द'

(1721–1785)

(1)

दिल पे बेइख़्तियार होकर, आह
तू ही कह, कब तलक न उठे कराह
क्या कहूँ तुझसे हमनशीं, दिल में
बर्छी सी लगती है वो तिरछी निगाह
जो हुए हैं क़रार आपस में
मैं तेरा और तू मेरा है गवाह
हर घड़ी कान में वो कहता है
कोई इस बात से न हो आगाह[1]
'दर्द' अपनी तरफ़ से हाज़िर है
आगे फिर है तुम्हारे हाथ निबाह

(2)

जग में आकर इधर-उधर देखा
तू ही आया नज़र, जिधर देखा
जान से हो गये बदन ख़ाली
जिस तर.फ तूने आँख भर देखा
नाला फ़रियाद आह – ओ – ज़ारी
आपसे हो सका सो कर देखा
उन लबों ने न की मसीहाई
हमने सौ सौ तरह से मर देखा

---

(1) 1. सावधान, सतर्क

ज़ोर[1] आशिक़मिज़ाज है कोई
'दर्द' का क़िस्सा मुख़्तसर[2] देखा

(3)

हमने किस रात नाला सर न किया[1]
पर उसे, आह, कुछ असर न किया
सबके याँ तुम हुए करम फ़रमाँ[2]
इस तरफ़ को कभी गुज़र न किया
देखने को रहे तरसते हम
न किया तूने रहम, पर न किया
तुझसे ज़ालिम के पास में आया
जान को मैंने कुछ ख़तर न किया
क्यों भवें तानते हो बंदानवाज़
सीना किस वक़्त में सिपर[3] न किया
कितने बंदों को जान से खाया
कुछ ख़ुदा का भी तूने डर न किया
कौन सा दिल है जिसमें ख़ाना ख़राब
ख़ाना आबाद तूने घर न किया[4]
सब के जौहर नज़र में आये 'दर्द'
बे हुनर तूने कुछ हुनर न किया

(4)

जग में कोई न टुक हँसा होगा
कि न हँसने पे रो दिया होगा
हाल मुझ ग़मज़दे का जिस तिस ने
जब सुना होगा, रो दिया होगा
दिल भी, ऐ 'दर्द', क़तर-ए-ख़ूँ था[1]
आँसुओं में कहीं गिरा होगा

---

(2) 1. ज़ुल्म 2. उड़ती नज़र से (3) 1. आर्तनाद नहीं किया 2. मेहरबान 3. ढाल की तरह सामने नहीं किया 4. वह कौन सा दिल है जिसकी खुशकिस्मती को बदकिस्मती में नहीं बदल दिया (4) 1. दिल भी खून का एक बूँद हो गया था

(5)

तोहमतें[1] चंद अपने ज़िम्मे धर चले
किस लिये आये थे, औ क्या कर चले
ज़िन्दगी है या कोई तूफ़ान है
हम तो इस जीने के हाथों मर चले
शमा की मानिंद हम उस बज़्म में
चश्मतर आये थे, दामनतर चले[2]
साक़िया[3], याँ लग रहा है चल-चलाव
जब तलक बस चल सके साग़र[4] चले
'दर्द' कुछ मालूम है यह लोग हैं
किस तरफ़ से आये थे, कीधर[5] चले

---

(5) 1. इल्ज़ाम 2. हम उस महफ़िल में शमां की तरह आँसू लिये हुए आये थे, अब पूरा बदन भिगोये हुए चल दिये 3. साक़ी 4. प्याला, जाम 5. किधर

मीर तक़ी 'मीर'

(1722–1810)

(1)

पत्ता पत्ता, बूटा बूटा, हाल हमारा जाने है
जाने न जाने, गुल ही न जाने, बाग़ तो सारा जाने है
चारागरी बीमारिये-दिल की, रस्मे-शहरे-हुस्न नहीं[1]
वर्ना दिलबर-ए-नादाँ भी, इस दर्द का चारा जाने है[2]
मेहरो-वफ़ा-ओ-लुत्फ़ो-इनायत[3] एक से वाक़िफ़ इनमें नहीं
और तो सब कुछ, तंज़ो-किनाया[4], रम्ज़ो-इशारा[5] जाने है
क्या क्या फ़ितने[6], सर पर उसके, लाता है माशूक़ अपना
जिस बेदिल, बेताबो-तबाँ को[7], इश्क़ का मारा जाने है

(2)

फ़क़ीराना आये, सदा कर चले
मियाँ ख़ुश रहो, हम दुआ कर चले
जो तुझ बिन, न जीने को कहते थे हम
सो इस अहद को अब वफ़ा कर चले[1]
कोई ना उमीदाना करते निगाह[2]
सो तुम हम से मुँह भी छिपा कर चले
बहुत आर्ज़ू थी[3] गली की तिरी
सो याँ से लहू में नहा कर चले
कहें क्या, जो पूछे कोई हमसे, 'मीर'
जहाँ में तुम आये थे, क्या कर चले!

---

(1) 1. दिल की बीमारी का इलाज रूप नगर की रीत नहीं 2. नहीं तो भोला माशूक़ भी इस दर्द का इलाज जानता है 3. प्रेम, भरोसा, शिष्टाचार, दया 4. व्यंग्य, तानाकशी 5. इशारा 6. उपद्रव 7. निर्बल कमज़ोर को (2) 1. इस प्रतिज्ञा को निभा कर जा रहे हैं 2. कोई निराशा से भरकर देखता 3. बहुत इच्छा थी

(3)

हस्ती अपनी हबाब[1] की सी है
यह नुमाइश, सराब[2] की सी है
नाज़ुकी उसके लब की, क्या कहिये
पंखड़ी इक गुलाब की सी है
बार बार उसके दर पे जाता हूँ
हालत अब इज़्तिराब[3] की सी है
मैं जो बोला, कहा कि ये आवाज़
उसी ख़ाना ख़राब[4] की सी है
'मीर' उन नीमबाज़[5] आँखों में
सारी मस्ती, शराब की सी है

(4)

आज हमारा दिल तड़पे है, कोई उधर से आवेगा
या कि नविश्ता[1] उन हाथों का, क़ासिद[2] हम तक लावेगा
रंज बहुत खेंचे थे हमने, ताक़त जी की तमाम[3] हुई
अपने किये पर, याद रहे यह, वो भी बहुत पछतावेगा
आँखें मूंदे ये दिलबर जो सोते रहें सो बेहतर है
चश्मक[4] करना एक उन्होंका, सौ सौ फ़ितने[5] जगावेगा
क्या सूरत है, क्या क़ामत[6] है, दस्तो-पा[7] क्या नाज़ुक हैं
ऐसे पुतले, मुँह देखो, जो कोई कलाल बनावेगा
चितवन बेढब, आँखें फिरी हैं, पलकों से भी नज़र छोटी
इश्क़ अभी क्या जाने, हमको, क्या क्या 'मीर' दिखावेगा

(5)

हमारे आगे, तिरा जब किसू ने नाम लिया
दिले-सितमज़दा को[1] हमने थाम थाम लिया

---

(3) 1. बुलबुला 2. भ्रम, मरीचिका 3. बेचैनी 4. बेघर 5. आधी खुली (4) 1. ख़त, पत्र 2. डाकिया, पत्रवाहक 3. समाप्त 4. इशारे 5. उपद्रव 6. क़द 7. हाथ-पैर (5) 1. दुखी दिल को

ख़राब रहते थे, मस्जिद के आगे मैख़ाने
निगाहे–मस्त ने साक़ी की, इंतिक़ाम लिया
वो कज रविश[2] न मिला रास्ती में मुझसे कभू
न सीधी तरह से उनने मिरा सलाम लिया
मिरे सलीक़े से, मेरी निभी मुहब्बत में
तमाम उम्र, मैं नाकामियों से काम लिया
अगर्चे गोशा गुज़ीं हूँ[3] मैं शा'यरों में 'मीर'
प' मेरे शोर ने, रू – ए – ज़मीं[4] तमाम लिया

(6)

उल्टी हो गईं सब तदबीरें, कुछ न दवा ने काम किया
देखा, इस बीमारि–ए–दिल ने, आख़िर काम तमाम किया
अहदे–जवानी रो रो काटी, पीरी में[1] लीं आँखें मूँद
यानी रात बहुत थे जागे, सुबह हुई आराम किया
नाहक़ हम मजबूरों पर, यह तोहमत है मुख़्तारी की[2]
चाहते हैं सो आप करे हैं, हमको अबस[3] बदनाम किया
सारे रिंद, औबाश[4], जहाँ के, तुझसे सुजूद में[5] रहते हैं
बांके, टेढ़े, तिरछे, तीखे, सबका तुझको इमाम किया
सरज़द हमसे बेअदबी तो वहशत में भी कम ही हुई
कोसों उसकी ओर गये, पर सिज्दा हर हर गाम किया
किसका काबा, कैसा क़िब्ला, कौन हरम है, क्या एह्राम
कूचे के, उसके, बाशिंदों ने, सबको यहीं से सलाम किया
याँ के सुपैदो–सियह में हमको, दख़्ल जो है सो इतना है
रात को रो रो सुबह किया, या दिन को जूँ तूँ शाम किया
सुबह, चमन में, उसको, कहीं तकलीफ़े–हवा[6] ले आई थी
रुख़ से[7] गुल को मोल लिया, क़ामत से[8] सर्व[9] ग़ुलाम किया

---

(5) 2. टेढ़ी चाल चलने वाला 3. यद्यपि एकांतप्रिय हूँ 4. रक़बा (6) 1. बुढ़ापे में 2. आज़ादी का इल्ज़ाम 3. व्यर्थ, बेकार 4. पिअक्कड़ और लम्पट 5. सिज्दा में, आराधना में 6. हवाखोरी की तलब 7. चेहरे से 8. क़द से 9. सनोवर का दरख़्त जो अपनी ऊँचाई के लिए प्रसिद्ध है

साइदे-सीमीं[10] दोनों उसके, हाथ में लाकर छोड़ दिये
भूले उसके क़ौलो-क़सम पर, हाय ख़याले-ख़ाम किया[11]
काम हुए हैं सारे ज़ाया, हर साअत की समाजत से[12]
इस्तिग़ना[13] की चौगुनी उनने, जूँ जूँ मैं इब्राम[14] किया
ऐसे आहुए-रमखुर्दा की वहशत खोनी मुश्किल थी[15]
सेह्र[16] किया, ऐजाज़[17] किया, जिन लोगों ने तुझको राम[18] किया
'मीर' के दीनो-मजहब को, अब पूछते क्या हो, उनने तो
क़श्का[19] खेंचा, दैर[20] में बैठा, कब का तर्क[21] इस्लाम किया

(7)

सुना है हाल, तिरे कुश्तगाँ[1] बिचारों का
हुआ न गोर गढ़ा[2] उन सितम के मारों का
हज़ार रंग खिले गुल चमन के, हैं शाहिद[3]
कि रोज़गार[4] के सर, ख़ून है हज़ारों का
मिला है ख़ाक में किस किस तरह का आलम याँ
निकल के शहर से टुक सैर कर मज़ारों का
निगाहे - मस्त के मारे तिरे, ख़राब हैं, शोख़
न ठौर है न ठिकाना है होशियारों का
करे हैं दावा - ए - ख़ुशचश्मी, आहुवाने - दश्त[5]
टुक एक देखने चल, मुल्क उन गँवारों का
तड़प के मरने से दिल के, कि मग़्फ़िरत[6] हो उसे
जहाँ में कुछ तो रहा नाम, बेक़रारों का
तड़प कर ख़िर्मने-गुल पर[7] कभी गिर ऐ बिजली
जलाना क्या है, मिरे आशियाँ के ख़ारों का[8]

---

(6) 10. चाँदी जैसी क़लाइयाँ 11. भ्रम-जाल में फँस गये 12. हर पल की खुशामद से 13. उपेक्षा 14. आग्रह, अनुरोध 15. ऐसे बेक़ाबू हिरन की इन्सानों से भड़कने की आदत दूर करना मुश्किल था 16. जादू 17. चमत्कार 18. काबू में, वश में 19. तिलक 20. मंदिर 21. परित्याग (7) 1. क़त्ल किये गये 2. अंतिम संस्कार 3. साक्षी, गवाह 4. दुनिया 5. जंगल के हिरन ख़ूबसूरत आँखों का दावा कर रहे हैं 6. मुक्ति 7. फूलों के ढेर पर 8. मेरे घोंसले के कांटों को

(8)

राहे-दूरे-इश्क़ से[1], रोता है क्या
आगे आगे देखिये होता है क्या
सब्ज़ होती ही नहीं, यह सरज़मीं[2]
तुख़्मे-ख़्वाहिश[3], दिल में तू बोता है क्या
ग़ैरते - यूसुफ़ है, यह वक़्ते-अज़ीज़[4]
'मीर' इसको रायगाँ[5] खोता है क्या

(9)

आये हैं 'मीर', मुँह को बनाये ख़फ़ा से आज
शायद बिगड़ गई है कुछ उस बेवफ़ा से आज
साक़ी, टक एक मौसमे-गुल की तरफ़ तो देख
टपका पड़े है रंग चमन में हवा से आज

(10)

दिल की तह की कही नहीं जाती, नाज़ुक हैं असरार[1] बहुत
अंछर हैं तो इश्क़ के दो ही, लेकिन है विस्तार बहुत
काफ़िर मुस्लिम दोनों हुए, पर निस्बत[2] उससे कुछ न हुई
बहुत लिये तस्बीह[3] फिरे हम, पहना है जुन्नार[4] बहुत
हिज्र ने[5] जी ही मारा हमारा, क्या कहिए क्या मुश्किल है
उससे जुदा रहना होता है, जिससे हमें है प्यार बहुत

(11)

आज हमारे घर आया तू, क्या है याँ जो निसार[1] करें
इल्ला[2] खैंच बग़ल में तुझको देर तलक हम प्यार करें
शेवा[3] अपना बेपर्वाई, नौमीदी[4] से ठहरा है
कुछ भी वह मग़रूर दबे, तो मिन्नत हम सौ बार करें

---

(8) 1. प्रेम के लम्बे मार्ग से 2. यह धरती हरी यानी उर्वरा होती ही नहीं 3. आकांक्षाओं का बीज 4. यह मूल्यवान समय ऐसा है कि अपनी खूबसूरती के लिए मशहूर पैग़म्बर यूसुफ़ को भी इससे ईर्ष्या हो 5. व्यर्थ, बेकार (10) 1. रहस्य 2. सम्बन्ध 3. सुमिरनी 4. जनेऊ 5. वियोग ने (11) 1. न्योछावर 2. सिवा 3. चलन, तौर-तरीका 4. निराशा

(12)

यारो, मुझे मुआफ़ करो, मैं नशे में हूँ
अब दो, तो जाम ख़ाली ही दो, मैं नशे में हूँ
मस्ती से दरहमी[1] है, मिरी गुफ़्तगू के बीच
जो चाहो तुम भी मुझको कहो, मैं नशे में हूँ
या हाथों हाथ लो मुझे, मानिंदे - जामे - मैं[2]
या थोड़ी दूर साथ चलो, मैं नशे में हूँ
माजूर हूँ[3] जो पाँव मिरा बेतरह पड़े
तुम सरगिराँ[4] तो मुझसे न हो, मैं नशे में हूँ
भागी नमाज़े-जुम्आ[5] तो जाती नहीं है कुछ
चलता हूँ मैं भी, टुक तो रुको, मैं नशे में हूँ
नाजुक मिज़ाज आप क़यामत हैं 'मीर जी'
जूँ शीशा[6] मिरे मुँह न लगो, मैं नशे में हूँ

(13)

इधर से अब्र[1] उठ कर जो गया है
हमारी ख़ाक[2] पर भी रो गया है
मुसाइब[3] और थे, पर दिल का जाना
अजब इक सानिहा[4] सा हो गया है
सिरहाने 'मीर' के आहिस्ता बोलो
अभी टुक[5] रोते रोते सो गया है

---

(12) 1. उखड़ापन 2. शराब के प्याले की तरह 3. मजबूर 4. नाराज़ 5. जुमे की नमाज़ 6. शीशे की तरह, जाम या गिलास की तरह (13) 1. बादल 2. मिट्टी 3. मुसीबतें 4. हादसा 5. बस, ज़रा-सा, थोड़ा-सा

नज़ीर अकबराबादी

(1740–1830)

(1)

न सुर्ख़ी गुंचओगुल में तेरे दहन[1] की सी
न यासमन[2] में सफ़ाई तेरे बदन की सी
मैं क्यूँ न फूलूँ, कि उस गुलबदन के आने से
बहार आज मेरे घर में है चमन की सी
ये बर्क अब्र में[3] देखे से याद आती है
झलक किसी के दुपट्टे में नौ-रतन की सी
गुलों के रंग को क्या देखते हो, ऐ ख़ूबाँ[4]
ये रंगतें हैं तुम्हारे ही पैराहन[5] की सी
जो दिल था वस्ल में[6] आबाद, तेरे हिज्र में[7] आह
बनी है शक्ल अब उसकी उजाड़ बन की सी
जो अपने तन को न दे नस्तरन से अब तश्बीह[8]
भला तू देख, ये नरमी है तेरे तन की सी
तेरा जो पाँव का तलवा है नर्म मख़मल सा
सफ़ाई उसमें तो कैसी है नस्तरन की सी
'नज़ीर' एक ग़ज़ल इस ज़मीं में और भी लिख
कि अब तो कम है रवानी तेरे सुख़न की सी

---

(1) 1. मुख 2. चमेली 3. बादल में बिजली 4. ऐ सुन्दरियों 5. पोशाक 6. मिलन में 7. विरह में 8. एक विशेष फूल से उपमा

(2)

दूर से आए थे साक़ी, सुनके मैख़ाने को हम
बस तरसते ही चले, अफ़सोस, पैमाने को हम
मै भी है, मीना भी है, साग़र भी है, साक़ी नहीं
दिल में आता है लगा दें आग मैख़ाने को हम
क्यों नहीं लेता हमारी तू ख़बर, ऐ बेख़बर
क्या तेरे आशिक़ हुए थे, दर्दो-ग़म खाने को हम
हम को फँसना था क़फ़स में[1] क्या मिला सैयाद से[2]
बस तरसते ही रहे हैं आब[3] और दाने को हम
बाग़ में लगता नहीं, सहरा[4] से घबराता है दिल
अब कहाँ ले जाके बैठें ऐसे दीवाने को हम
क्या हुई तक्सीर[5] मुझसे, तू बता दे, ऐ 'नज़ीर'
ताकि शादे-मर्ग[6] समझें ऐसे मर जाने को हम

(3)

ऐश कर ख़ूबाँ में[1] ऐ दिल, शादमानी[2] फिर कहाँ!
शादमानी गर रही, तो ज़िंदगानी फिर कहाँ!
लज़्ज़तें जन्नत के मेवों की बहुत होंगी वहाँ
पर ये मीठी गालियाँ ख़ूबाँ की खानी फिर कहाँ!
सैर कर दुनिया की गाफ़िल, ज़िंदगानी फिर कहाँ!
ज़िंदगी गर फिर मिली, तो नौजवानी फिर कहाँ!

---

(2) 1. पिंजड़ा, जाल 2. बहेलिया 3. पानी 4. जंगल 5. गलती, भूल 6. मृत्यु की खुशी
(3) 1. सुन्दरियों में 2. खुशी, प्रसन्नता

सैयद इंशा

(जन्म : अज्ञात–1817)

(1)

यक तिफ़्ले-दबिस्ताँ है फ़लातूँ मेरे आगे[1]
क्या मूँ है अरस्तू जो करे चूँ मेरे आगे
क्या माल भला क़िसरे - फ़रीदूँ[2] मेरे आगे
काँपे है पड़ा गुम्बदे - गर्दूं[3] मेरे आगे
यूँ देख तो नक़्क़ार चीए - पीले - फ़लक[4] भी
नक़्क़ारे बजा कर कहे दूँ दूँ मेरे आगे
बोले है यही ख़ामा[5], कि किस किस को मैं बांधूँ
बादल से चले आते हैं मज़्मूँ[6] मेरे आगे
मुजरे को मेरे ख़ुसरौ-ओ-परवेज़[7] हों हाज़िर
शीरीं[8] भी कहे आके, बला लूँ, मेरे आगे
वो जू-ए-फ़लक काहे-कशाँ नाम है जिसका[9]
क्या दख़्ल जो बल खा के करे फूँ मेरे आगे

(2)

जिगर की आग बुझे जिससे, जल्द वो शै[1] ला!
लगा के बर्फ़ में, साक़ी, सुराहिए-मै ला!
क़दम को हाथ लगाता हूँ, उठ कहीं घर चल
ख़ुदा के वास्ते इतने तो पाँव मत फैला!
नज़ाकत उस गुलेराना[2] की देखियो 'इंशा'
नसीमे - सुबह[3] जो छू जाय, रंग हो मैला

---

(1) 1. अफ़लातून यानी प्लेटो मेरे सामने स्कूली बच्चा है 2. अद्वितीय, बेमिसाल 3. आसमान छूते गुम्बद 4. आसमानी बिजली 5. कलम, लेखनी 6. विषय, भाव 7. ईरान के प्राचीन बादशाह 8. खुसरो की खूबसूरत बीवी, जिससे फ़रहाद प्रेम करता था 9. आकाश गंगा नाम की आसमानी नहर (2) 1. चीज़ 2. पीताभ-अरुण रंगत वाला एक फूल 3. सुबह की हवा

(3)

कमर बाँधे हुए चलने को याँ सब यार बैठे हैं
बहुत आगे गये, बाक़ी जो हैं तैयार बैठे हैं
न छेड़ ऐ नकहते-बादे-बहारी[1] राह लग अपनी
तुझे अठखेलियाँ सूझी हैं, हम बेजार बैठे हैं
तसव्वुर अर्श पर है, और सर है पाए-साक़ी पर[2]
ग़रज़ कुछ ज़ोर धुन में इस घड़ी मैख़्वार बैठे हैं
बनाने नक्श पाये-रहरवाँ कू - ए - तमन्ना में[3]
नहीं उठने की ताक़त, क्या करें, लाचार बैठे हैं
य' अपनी चाल है उफ़तादगी[4] से अब, कि पहरों तक
नज़र आया जहाँ पर, सायए - दीवार[5] बैठे हैं
नजीबों[6] का अजब कुछ हाल है इस दौर में यारो
जहाँ पूछो, यही कहते हैं, हम बेकार बैठे हैं
भला गर्दिश फ़लक़ की[7] चैन देती है किसे 'इंशा'
ग़नीमत है कि हमसूरत यहाँ दो-चार बैठे हैं

---

(3) 1. वासंती सुगन्ध 2. ध्यान आकाश की ओर है सर साक़ी के कदमों पर 3. कामना की गली में राहगीरों के पैरों के निशान बनाने के लिए 4. गिरते-पड़ते, मुसीबत के मारे 5. दीवार के साये में 6. सम्भ्रांत, कुलीन 7. धुँधला या मुसीबतज़दा आसमान

'जुरअत' (शेख़ कलंदरबख़्श)

(जन्म : अज्ञात–1828)

(1)

लग जा गले से, ताब[1] अब ऐ नाज़नीं नहीं
है-है, ख़ुदा के वास्ते, मत कर 'नहीं नहीं'
पहलू में क्या कहें जिगर व दिल का क्या है रंग
किस रोज़ अश्के-ख़ूनी से[2] तर आस्तीं नहीं
फ़ुर्सत जों पाके कहिए कभू दर्दे-दिल, तो हाय
वो बदगुमाँ कहे है कि हमको यक़ीं नहीं
हैरत है मुझको क्योंकि वो 'जुरअत' है चैन से
जिस बिन क़रार जी को हमारे कहीं नहीं

(2)

जाते हैं उसके दर से, पे' जाना मुहाल[1] है
जिस का क़दम पड़े है उठाना मुहाल है
रोने में और आतिशे - उल्फ़त[2] भड़क उठी
अब इस लगी का दिल से बुझाना मुहाल है
जा बैठते थे दर पे जो उसके, वो दिन गये
उधर को अब तो आँख उठाना मुहाल है

(3)

शब को टुक[1] ख़्वाब जो आता है टुक उसका खयाल
आँख लगने नहीं पाती कि जगा देता है
लख़्ते-दिल को[2] मेरे यह अश्के-रवाँ[3] में है बहार
बर्गे-गुल जूँ[4] कोई दरिया में बहा देता है
घर में वह आवे जहाँ, मैं भी वहीं हूँ मौजूद
नहीं मालूम मुझे कौन बता देता है

---

(1) 1. धीरज 2. ख़ून के आँसू (2) 1. मुश्किल 2. प्रेमाग्नि (3) 1. रात को थोड़ा-सा 2. दिल के टुकड़े को 3. बहते आँसू 4. फूल की पंखुड़ियों की तरह

'मुसहफ़ी' (शेख़ ग़ुलाम हम्दानी)

(1750–1824)

(1)

निगाहे-लुत्फ़[1] के करते ही रंगे-अंजुमन[2] बिगड़ा
मुहब्बत में तेरी हमसे हरेक अहले-वतन बिगड़ा
तेरी मिज़्गाँ की रावत[3] बढ़ गई जब उन पे लड़ने की
पड़ी पूना के अंदर खलबली सारा दकन बिगड़ा

(2)

न गया कोई अदम[1] को दिले-शादाँ[2] लेकर
याँ से क्या क्या न गये हसरतो-अरमाँ लेकर
बाग़ वह दश्ते-जुनूँ[3] था कि कभी जिसमें से
लाला ओ गुल गये साबित न गरेबाँ लेकर[4]

(3)

आँख सीधी नहीं करता कि मुक़ाबिल हो[1] निगाह
आरसी नाज़ से देखे है[2] वो शर्माए हुए
उसके कूचे से जो उठ आते हैं हम दीवाने
फिर उन्हीं पाँवों चले जाते हैं बौराये हुए

(4)

पीरी से[1] हो गया यूँ इस दिल का दाग़ ठंडा
जिस तरह सुबह होते कर दे चिराग़ ठंडा
क्या हम टुकड़गदा[2] हैं, जो 'मुसहफ़ी' ये सोचें
है गर्म उसका चूल्हा, उसका उज़ाग़[3] ठंडा

---

(1) 1. आनन्द भरी दृष्टि 2. महफ़िल का रंग 3. तेरी पलकों की फ़ौज (2) 1. परलोक 2. अच्छा-भला, खुश दिल 3. उन्मादी वन 4. वहाँ से फूल अपना साबित (सुरक्षित) गिरेबान लेकर नहीं गये (3) 1. दृष्टि यानी नज़र सामने हो 2. गर्वित भाव से दर्पण देखता है (4) 1. बुढ़ापे से, 2. टुकड़खोर हैं 3. चूल्हा

'नासिख़' (शेख़ इमामबख़्श)

(1773–1838)

(1)

दम बुलबुले-असीर[1] का तन से निकल गया
झोंका नसीम[2] का जूँ ही सन से निकल गया
उस इश्क़े-गुल[3] के जाते ही बस आ गई ख़िज़ाँ[4]
हर गुल भी साथ बू के चमन से निकल गया
सुनसान मिस्ल वादिए-ग़ुर्बत[5] है लखनऊ
शायद कि 'नासिख़' आज वतन से निकल गया

(2)

पोछता अश्क अगर गोशए-दामाँ[1] होता
चाक करता मैं जुनूँ में, जो गरेबाँ होता
ऐ अजल[2], एक दिन आख़िर तुझे आना है, वले[3]
आज आती शबे-फ़ुर्क़त[4] में तो एहसाँ होता
ऐ बुतो, होती अगर मेहरो-मुहब्बत तुममें
कोई काफ़िर भी न वल्लाह मुसलमाँ होता

---

(1) 1. पिंजरे में बन्द बुलबुल 2. प्रातः समीर 3. प्रेम-पुष्प 4. पतझड़ 5. उजाड़ परदेस की भाँति (2) 1. कुरते का कोना 2. मृत्यु 3. लेकिन 4. विरह की रात में

ख़्वाजा हैदरअली 'आतिश'

(जन्म : अज्ञात–1847)

(1)

दहन[1] पर हैं उनके गुमाँ कैसे कैसे
कलाम[2] आये हैं दरमियाँ[3] कैसे कैसे
ज़मीने - चमन गुल खिलाती है क्या क्या
बदलता है रंग आस्माँ कैसे कैसे
तुम्हारे शहीदों में दाख़िल हुए हैं
गुलो - लाला - ओ - अरगवाँ[4] कैसे कैसे
बहार आई है, नश्शे में झूमते हैं
मुरीदाने - पीरे - मुग़ाँ[5] कैसे कैसे
अजब क्या छुटा रूह से जामए-तन[6]
लुटे राह में कारवाँ कैसे कैसे
न गोरे - सिकंदर न है क़ब्रे-दारा[7]
मिटे नामियों के निशाँ कैसे कैसे
बहारे - गुलिस्ताँ की है आमद आमद
ख़ुशी फिरते हैं बाग़बाँ कैसे कैसे
दिलो - दीदए - अहले - आलम में घर है[8]
तुम्हारे लिए हैं मकाँ कैसे कैसे
करे जिस क़दर शुक्रे - नेमत वो कम है
मज़े लूटती है ज़बाँ कैसे कैसे

---

(1) 1. मुख 2. शब्द 3. बीच में 4. विभिन्न किस्म के फूल 5. मदिरालय के बुजुर्ग प्रबन्धक के मुरीद, यानी भक्त 6. शरीर रूपी प्याला 7. न सिकंदर की कब्र, न दारा की 8. दुनिया के लोगों के दिल व आँखों में घर है

(2)

मेरे सनम का किसी को मकाँ नहीं मालूम
ख़ुदा का नाम सुना है, निशाँ नहीं मालूम
अख़ीर हो गये ग़फ़लत में दिल जवानी के
बहारे-उम्र हुई कब ख़िज़ाँ नहीं मालूम[1]
जहाँ-ओ-कारे-जहाँ से हूँ बेख़बर बदमस्त[2]
किधर ज़मीं है किधर आस्माँ, नहीं मालूम
छुटेंगे ज़ीस्त[3] के फंदे से कौन दिन 'आतिश'
जनाज़ा होगा कब अपना रवाँ, नहीं मालूम

(3)

तड़पते हैं न रोते हैं न हम फ़रियाद करते हैं
सनम की याद में हरदम ख़ुदा को याद करते हैं
उन्हीं के इश्क़ में हम नालाए-फ़रियाद करते हैं
इलाही देखिए किस दिन हमें वो याद करते हैं
शबे-फ़ुर्क़त[1] में क्या क्या साँप लहराते हैं सीने पर
तुम्हारे काकुले-पेचाँ[2] को जब हम याद करते हैं
नया यह जज़्बए-दिल[3] औ नई तासीर उल्फ़त से
हमें वो भूल बैठे हैं, जिन्हें हम याद करते हैं

---

(2) 1. पता नहीं जवानी कब बुढ़ापे में तब्दील हो गई 2. दुनिया और दुनिया के कारोबार से बेख़बर हूँ 3. ज़िन्दगी (3) 1. विरह की रात 2. छल्लेदार केश 3. दिल का हौसला

बहादुरशाह 'ज़फ़र'

(अंग्रेज़ जब बहादुरशाह ज़फ़र को गिरफ़्तार करके रंगून ले चले,
तब उन्होंने रोते हुए यह ग़ज़ल कही थी)

(1775–1862)

(1)

जलाया यार ने ऐसा, कि हम वतन से चले
बतौर शमा के, रोते इस अंजुमन से चले
न बाग़बाँ ने इजाज़त दी सैर करने की
ख़ुशी से आये थे, रोते हुए चमन से चले
जो पायबंदे सदाक़त है क़ौल से अपने[1]
कभी न ठोकरें खाये, अगर चलन से चले
मरे पे दामने – सहरा ने पर्दापोशी की[2]
बरहना[3] आये थे, लिपटे हुए कफ़न से चले

(रंगून-निर्वासनकाल की ग़ज़लें)

(2)

न किसी की आँख का नूर हूँ, न किसी के दिल का क़रार हूँ
जो किसी के काम न आ सके, मैं वो एक मुश्ते-ग़ुबार[1] हूँ
मेरा रंग-रूप बिगड़ गया, मेरा यार मुझसे बिछड़ गया
जो चमन ख़िज़ाँ[2] से उजड़ गया, मैं उसी की फ़स्ले-बहार हूँ

---

(1) 1. जो अपनी बात की सच्चाई पर दृढ़ है 2. वीराने ने अपनी चादर में लपेटा 3. निर्वस्त्र, नग्न (2) 1. मुट्ठी भर मिट्टी 2. पतझड़

पए-फ़ातिहा[3] कोई आये क्यूँ, कोई चार फूल चढ़ाये क्यूँ
कोई शमा लाके जलाये क्यूँ, मैं तो बेकसी का मज़ार[4] हूँ
न 'ज़फ़र' किसी का हबीब[5] हूँ, न 'ज़फ़र' किसी का रक़ीब[6] हूँ
जो बिगड़ गया वो नसीब हूँ, जो उजड़ गया वो दयार[7] हूँ

(3)

लगता नहीं है जी मेरा उजड़े दयार में
किसकी बनी है आलमे - नापायदार[1] में
उम्रे-दराज़[2] लाये थे दो-चार माँग कर
दो आर्ज़ू में कट गये, दो इंतिज़ार में
कितना है बदनसीब 'ज़फ़र' दफ़्न के लिए
दो गज़ ज़मीन भी न मिली कू-ए-यार[3] में

---

(2) 3. फातिहा पढ़ने, श्रद्धांजलि अर्पित करने 4. बेसहारा व्यक्ति की क़ब्र 5. मित्र 6. दुश्मन 7. बस्ती (3) 1. नश्वर संसार 2. जीवन-क्षण 3. प्रियतम की गली

'ज़ौक़' (शेख़ इब्राहिम)

(1789–1854)

(1)

ख़याल दिल में परी न लाओ, हमारे दिल में तुम्हारा घर है
तुम आते आओ नहीं न आओ, हमारे दिल में तुम्हारा घर है
ये दिल है आईना, तुम हो सूरत, नहीं यहाँ नाम को कदूरत[1]
किसी को घर में बुला बिठाओ, हमारे दिल में तुम्हारा घर है
ग़लत है, तोहमत है, इफ़्तरा है[2], कि हमने दिल और को दिया है
किसी के कहने पे तुम न जाओ, हमारे दिल में तुम्हारा घर है
गयी है रात अब बहुत ज़ियादा, किधर का करते हो तुम इरादा
न घर के जाने की अब सुनाओ, हमारे दिल में तुम्हारा घर है
यही ज़बाँ से है 'ज़ौक़' कहता, तुम्हारा है ध्यान इसमें रहता
जुदा मकान और क्यों बनाओ, हमारे दिल में तुम्हारा घर है

(2)

चुपके चुपके ग़म का खाना कोई हम से सीख जाय
जो हो जी में तिलमिलाना कोई हम से सीख जाय
अब्रे-तर[1], आँसू बहाना कोई हम से सीख जाय
बर्क़े-मुज़्तर[2], तिलमिलाना कोई हम से सीख जाय
देखकर क़ातिल को, भर लाए ख़राशे-दिल में ख़ून
सच तो है, यूँ मुस्कुराना कोई हम से सीख जाय
हमने पहले ही कहा था तू करेगा हमको क़त्ल
त्योरियों को ताड़ जाना कोई हम से सीख जाय
क्या हुआ ऐ 'ज़ौक़' हैं जूँ मर्दुमक़ हम रूसियाह[3]
लेकिन आँखों में समाना कोई हम से सीख जाय

---

(1) 1. रत्ती भर मैल नहीं 2. झूठ (2) 1. ऐ भरे हुए बादल 2. ओ बेचैन बिजली 3. हम पापी लोग आँख की पुतली की तरह हैं

(3)

मरते हैं तेरे प्यार से हम और ज़ियादा
तू लुत्फ़ में करता है सितम और ज़ियादा
दें क्योंकि न वो दाग़े-आलम और ज़ियादा
क़ीमत में बढ़े दिल के दिरम[1] और ज़ियादा
क्या होवेगा दो-चार क़दह[2] से मुझे साक़ी
मैं लूँगा, तेरे सिर की क़सम, और ज़ियादा
वो दिल को चुराकर जो लगे आँख चुराने
यारों का गया उनपे भरम और ज़ियादा
क्यों मैंने कहा, तुझ सा ख़ुदाई में नहीं और
मग़रूर हुआ अब वो समन और ज़ियादा
लेते हैं समर[3] शाख़े-समरवर[4] को झुका कर
झुकते हैं सख़ी[5] वक़्ते-करम और ज़ियादा
जो कुंजे-कनाअत[6] में हैं तक़दीर पे शाकिर[7]
है 'ज़ौक़' बराबर उन्हें कम और ज़ियादा

(4)

अब तो घबरा के ये कहते हैं कि मर जायेंगे
मर गये, पर न लगा जी, तो किधर जायेंगे
सामने चश्मे-गुहरवार[1] के, कह दो, दरिया
चढ़ के गर आये, तो नज़रों से उतर जायेंगे
ख़ाली, ऐ चारागरो[2], होंगे बहुत मरहमदान
पर मेरे ज़ख़्म नहीं ऐसे कि भर जायेंगे
पहुँचेंगे रह गुज़रे-यार[3] तलक हम क्यों कर
पहले जब तक न दो-आलम से[4] गुज़र जायेंगे

---

(3) 1. एक पुराना सिक्का 2. मटके 3. फल 4. फलों से लदी डाली 5. दानशील लोग 6. सन्तोष का कोना 7. सन्तुष्ट (4) 1. मोती बरसाती आँख 2. इलाज करने वालों 3. प्रियतम के पथ तक 4. लोक-परलोक

आग दोज़ख़[5] की भी हो जाएगी पानी पानी
जब ये आसी[6] अरक़े-शर्म से[7] तर जायेंगे
हम नहीं वह जो करें ख़ून का दावा तुझ पर
बल्कि पूछेगा ख़ुदा भी, तो मुकर जायेंगे
रुख़े-रौशन से[8] नक़ाब अपने उलट कर देखो
मेहरो-मह[9] नज़रों से यारों की उतर जायेंगे
'ज़ौक़' जो मद्रसे के बिगड़े हुए हैं मुल्ला
उनको मैख़ाने में ले जाओ, सँवर जायेंगे

(5)

लाई हयात[1], आये, क़ज़ा[2] ले चली, चले
अपनी ख़ुशी न आये, न अपनी ख़ुशी चले
बेहतर तो है यही, कि न दुनिया से दिल लगे
पर क्यों करें जो काम न बे दिल-लगी चले
कम होंगे इस बिसात पे हम जैसे बद क़िमार[3]
जो चाल हम चले सो निहायत बुरी चले
हो उम्रे-ख़िज़्र भी, तो कहेंगे ब वक़्ते-मर्ग[4]
हम क्या रहे यहाँ, अभी आये-अभी चले
दुनिया ने किसका राहे-फ़ना में[5] दिया है साथ
तुम भी चले चलो यूँ ही, जब तक चली चले

---

(4) 5. जहन्नुम, नरक 6. गुनहगार 7. शर्म के पसीने से भीगे हुए 8. खूबसूरत चेहरे पर से 9. सूरज और चाँद (5) 1. ज़िन्दगी 2. मृत्यु 3. जुए के इस फड़ पर हमारे जैसे कच्चे जुआरी कम ही होंगे 4. अगर अमरता की उम्र भी हो, तो मरते वक़्त यही कहेंगे 5. मृत्यु-पथ में

'ग़ालिब' (मिर्ज़ा असदुल्ला ख़ाँ)

(1797–1869)

(1)

हज़ारों ख़्वाहिशें ऐसी, कि हर ख़्वाहिश पे' दम निकले
बहुत निकले मिरे अरमान, लेकिन फिर भी कम निकले
डरे क्यों मेरा क़ातिल, क्या रहेगा उसकी गर्दन पर
वो ख़ूँ, जो चश्मे-तर[1] से उम्र भर यों दम ब दम निकले
निकलना ख़ुल्द से आदम का[2] सुनते आये थे, लेकिन
बहुत बे आबरू होकर तिरे कूचे से हम निकले
अगर लिखवाये कोई उसको ख़त, तो हमसे लिखवाए
हुई सुब्ह, और घर से कान पर रखकर क़लम निकले
हुई जिनसे तवक़्क़ो[3] ख़स्तगी में दाद पाने की[4]
वो हमसे भी ज़ियादा ख़स्ता-ए-तेग़े-सितम[5] निकले
मुहब्बत में नहीं है फ़र्क़ जीने और मरने का
उसी को देख कर जीते हैं, जिस काफ़िर पे' दम निकले
कहाँ मैख़ाने का दरवाज़ा, 'ग़ालिब', और कहाँ वाइज़[6]
पर इतना जानते हैं, कल वो जाता था कि हम निकले

(2)

इब्ने - मरियम[1] हुआ करे कोई
मेरे दुख की दवा करे कोई
शरो - आईन पर मदार सही[2]
ऐसे क़ातिल का क्या करे कोई

---

(1) 1. आँसुओं से भीगी आँख 2. मानव जाति के प्रथम पूर्वज 'आदम' को स्वर्ग से इसलिए निकाल दिया गया था कि उसने शैतान के बहकाने में आकर गुनाह (पाप) किया था 3. उम्मीद 4. ज़ख़्मी होने पर संवेदना पाने की 5. ज़ुल्मी तलवार से घायल 6. धर्म का उपदेश देने वाला (2) 1. मसीहा 2. धार्मिक नियम और सरकारी कानून का आधार भले ही हो

चाल, जैसे कड़ी कमान का तीर
दिल में ऐसे के जा[3] करे कोई
बात पर वाँ ज़बान कटती है
वो कहें और सुना करे कोई
बक रहा हूँ जुनूँ में[4] क्या क्या कुछ
कुछ न समझे, ख़ुदा करे, कोई
न सुनो, गर बुरा कहे कोई
न कहो, गर बुरा करे कोई
रोक लो, गर ग़लत चले कोई
बख़्श दो, गर ख़ता करे कोई
कौन है, जो नहीं है हाजतमंद[5]
किसकी हाजत रवा करे कोई[6]
जब तवक़्क़ो[7] ही उठ गई 'ग़ालिब'
क्यों किसी का गिला[8] करे कोई

(3)

ये न थी हमारी क़िस्मत, कि विसाले-यार[1] होता
अगर और जीते रहते, यही इंतिज़ार होता
तिरे वादे पे जिये हम, तो यह जान, झूठ जाना
कि ख़ुशी से मर न जाते, अगर एतिबार होता[2]
तिरी नाज़ुकी से जाना, कि बँधा था अहद बोदा[3]
कभी तू न तोड़ सकता, अगर उस्तुवार होता[4]
कोई मेरे दिल से पूछे, तिरे तीरे-नीमकश को[5]
य' ख़लिश[6] कहाँ से होती, जो जिगर के पार होता
य' कहाँ की दोस्ती है, कि बने है दोस्त नासेह[7]
कोई चारासाज़[8] होता, कोई ग़मगुसार होता[9]

---

(2) 3. जगह 4. पागलपन में 5. ज़रूरतमंद 6. किसकी ज़रूरत कौन पूरी करे 7. उम्मीद, आसरा 8. शिकायत (3) 1. प्रिय का मिलन 2. विश्वास होता 3. कच्चा वचन 4. मजबूत होता 5. कमज़ोर तीर 6. वेदना 7. नसीहत देने वाला 8. चिकित्सक 9. दुःख बाँटने वाला

कहूँ किससे मैं कि क्या है, शबे-ग़म[10] बुरी बला है
मुझे क्या बुरा था मरना, अगर एक बार होता
हुए मरके हम जो रुस्वा[11], हुए क्यों न ग़र्क़े-दरिया[12]
न कभी जनाज़ा उठता, न कभी मज़ार होता
उसे कौन देख सकता, कि यगाना है वो यकता[13]
जो दुई की बू भी होती तो कहीं दुचार होता[14]
ये मसाइले-तसव्वुफ़[15], ये तेरा बयान, 'ग़ालिब'
तुझे हम वली[16] समझते, जो न बादाख़्वार[17] होता

(4)

दर्द मिन्नतकशे - दवा[1] न हुआ
मैं न अच्छा हुआ, बुरा न हुआ
जमा करते हो क्यों रक़ीबों को[2]
इक तमाशा हुआ, गिला[3] न हुआ
हम कहाँ क़िस्मत आजमाने जायँ
तू ही जब ख़ंजर आज़मा[4] न हुआ
कितने शीरीं है तेरे लब[5], कि रक़ीब
गालियाँ खाके बेमज़ा[6] न हुआ
है ख़बर गर्म उनके आने की
आज ही घर में बोरिया[7] न हुआ
जान दी, दी हुई उसी की थी
हक़ तो यह है कि हक़ अदा न हुआ[8]

---

(3) 10. ग़म की रात 11. बदनाम 12. पानी में डूबे हुए 13. कि वो अनूठा और बेमिसाल है 14. अगर दो या द्वैत का भाव होता, तो कहीं आमना-सामना होता 15. ये दर्शनशास्त्र से जुड़ी समस्याएँ 16. पहुँचा हुआ 17. अगर शराबी न होता (4) 1. दवा का आभारी 2. दुश्मनों को 3. उलाहना 4. तलवार चलाने वाला 5. कितने मीठे हैं तेरे होंठ 6. दुखी 7. आसन, बिछौना 8. सच तो यह है कि क़र्ज़ चुकता न हुआ

(5)

कोई उम्मीद बर नहीं आती[1]
कोई सूरत[2] नज़र नहीं आती
मौत का एक दिन मुऐयन[3] है
नींद क्यों रात भर नहीं आती
आगे आती थी हाले-दिल पे हँसी
अब किसी बात पर नहीं आती
है कुछ ऐसी ही बात, जो चुप हूँ
वर्ना क्या बात कर नहीं आती
क्यों न चीख़ूँ कि याद करते हैं
मेरी आवाज़ गर नहीं आती
हम वहाँ हैं, जहाँ से हम को भी
कुछ हमारी ख़बर नहीं आती
मरते हैं आर्ज़ू में मरने की[4]
मौत आती है, पर नहीं आती
काबे[5] किस मुँह से जाओगे 'ग़ालिब'
शर्म तुमको मगर नहीं आती

(6)

मुद्दत हुई है यार को मेहमाँ किये हुए
जोशे-क़दह से, बज़्म चराग़ाँ किये हुए[1]
दौड़े है फिर हर एक गुलो-लाला[2] पर ख़याल
सद गुलिस्ताँ निगाह का सामाँ किये हुए[3]
फिर चाहता हूँ नामा-ए-दिलदार[4] खोलना

---

(5) 1. कोई उम्मीद पूरी नहीं होती 2. उपाय, तरकीब 3. तै, निश्चित 4. मरने की कामना में मरते हैं 5. मुसलमानों का एक तीर्थ (6) 1. प्यालों की चमक से महफ़िल को रौशन (प्रकाशित) किये हुए 2. भाँति-भाँति के फूल 3. निगाह में सैकड़ों फुलवारियों का रंग बसाए हुए 4. प्रेमिका का पत्र

जाँ नज़्रे - दिल - फरेबिए - उन्वाँ किये हुए[5]
माँगे है फिर, किसी को लबे - बाम पर, हवस
ज़ुल्फ़े-सियाह रुख़ पे' परीशाँ किये हुए[6]
चाहे है फिर किसी को मुक़ाबिल में आर्ज़ू
सुर्मे से तेज़ दश्नाए - मिज़्गाँ किये हुए[7]
इक नौबहारे - नाज़ को ताके है फिर निगाह
चेहरा फ़रोग़े - मै से गुलिस्ताँ किये हुए[8]
फिर, जी में है कि दर पे' किसी के पड़े रहें
सर ज़ेरे - बारे - मिन्नते - दर्बां किये हुए[9]
जी ढूँढता है फिर वही फ़ुर्सत के रात - दिन
बैठे रहें तसव्वुरे - जानाँ किये हुए[10]

---

(6) 5. शीर्षक की खूबसूरती पर जान न्योछावर करते हुए 6. दिल चाहता है कि चेहरे पर काली ज़ुल्फें बिखरे हुए फिर कोई छज्जे पर दिखाई दे 7. कामना है कि पलकों की नोकें तेज़ किये हुए, फिर कोई सामने आये 8. शराब की आभा से चमकते चेहरे और उठती जवानी की रंगत वाले हुस्न को नज़र ताक रही है, तलाश कर रही है 9. दरबान के एहसान से सिर झुकाये हुए 10. प्रियतमा के ध्यान में डूबे हुए बैठे रहें

'मोमिन' (हकीम मोमिन ख़ाँ)

(1797–1849)

(1)

वो जो हममें तुममें क़रार[1] था, तुम्हें याद हो कि न याद हो
वही, यानी वादा निबाह का, तुम्हें याद हो कि न याद हो
वो जो लुत्फ़ मुझ पे थे पेश्तर[2], वो करम[3] कि था मेरे हाल पर
मुझे सब है याद ज़रा-ज़रा, तुम्हें याद हो कि न याद हो
वो नये गिले, वो शिकायतें, वो मज़े-मज़े की हिकायतें[4]
वो हरेक बात पे रूठना, तुम्हें याद हो कि न याद हो
कोई बात ऐसी अगर हुई, कि तुम्हारे जी को बुरी लगी
तो बयाँ[5] से पहले ही भूलना, तुम्हें याद हो कि न याद हो
कभी हममें तुममें भी चाह थी, कभी हमसे तुमसे भी राह थी
कभी हम भी तुम भी थे आश्ना[6], तुम्हें याद हो कि न याद हो
सुनो, ज़िक्र है कई साल का, कि किया इक आपने वायदा
सो निबाहने का तो ज़िक्र क्या, तुम्हें याद हो कि न याद हो
वो बिगड़ना वस्ल की रात का[7], वो न मानना किसी बात का
वो 'नहीं नहीं' की हर आँ[8] अदा, तुम्हें याद हो कि न याद हो
जिसे आप गिनते थे आश्ना, जिसे आप कहते थे बा वफ़ा[9]
मैं वही हूँ 'मोमिने'-मुब्तिला[10], तुम्हें याद हो कि न याद हो

---

(1) 1. वादा, वचनबद्धता 2. पहले जो मुझ पर दया-भाव था 3. कृपा-दृष्टि 4. किस्से-कहानियाँ 5. कहना, बयान करना 6. प्रेमी 7. मिलन यामिनी में 8. हर पल 9. वफ़ादार 10. मैं वही परेशानहाल 'मोमिन' हूँ

(2)

किसी का हुआ आज, कल था किसी का
न है तू किसी का, न होगा किसी का
किया तुमने क़त्ले-जहाँ[1] इक नज़र में
किसी ने न देखा तमाशा किसी का
न मेरी सुने वो, न मैं नासहों[2] की
नहीं मानता कोई कहना किसी का
मुझे मार डाला है इन्कार ने, फिर
न कहना, कि क्या मुझपे दावा किसी का
जो फिर जाये, उस बेवफ़ा से तो जानूँ
कि दिल पर नहीं ज़ोर चलता किसी का
सबा नकहते - यार लाई कहाँ से
नहीं दख़्ल उस कू में इस्ला किसी का[3]
वो करते हैं बेबाक आशिक़-कुशी यूँ[4]
नहीं कोई दुनिया में गोया किसी का
कोई क्या करे, आप हरजाई हो तुम
नहीं मेरी जाँ, शिकवा बेजा किसी का
दमे - अल्हज़र[5] और इश्क़ेबुताँ[6] से
मुझे डर है, ऐ 'मोमिन', ऐसा किसी का

(3)

मैंने तुमको दिल दिया, तुमने मुझे रुस्वा[1] किया
मैंने तुमसे क्या किया, और तुमने मुझसे क्या किया
रोज़ कहता था कहीं मरता नहीं, हम मर गये
अब तो ख़ुश हो बेवफ़ा, तेरा ही ले कहना किया

---

(2) 1. दुनिया का क़त्ल 2. उपदेशकों, नसीहत देने वालों 3. हवा प्रियतमा के बदन की खुशबू लाई कहाँ से, क्योंकि उस गली में कतई कोई नहीं घुस सकता 4. वो निडर होकर प्रेमियों का क़त्ल करते हैं 5. खुदा बचाये 6. हसीनाओं से इश्क़
(3) 1. बदनाम किया

रोइए क्या बख़्ते-खुफ़ता[2] को, कि आधी रात से
मैं इधर रोया किया और वो वहाँ सोया किया
आँख आशिक़ की कोई फिरती है, ऐ वादाख़िलाफ़
देख ले, मैं मरते-मरते सूए-दर[3] देखा किया
ग़ैर का और आपका गर दिल नहीं है एक, तो
क्यों तिरे दिल में, मिरी याद आने का चर्चा किया
क्या ख़जिल[4] हूँ, अब इलाजे-बेक़रारी[5] क्या करूँ
धर दिया हाथ उसने दिल पर, तो भी यह धड़का दिया

(4)

नावक अंदाज़[1] जिधर दीदाए-जानाँ[2] होंगे
नीम बिस्मिल[3] कई होंगे, कई बे जाँ होंगे
ताबे - नज़्ज़ारा[4] नहीं, आईना क्या देखने दूँ
और बन जायेंगे तस्वीर जो हैराँ होंगे
नासिहा[5] दिल में तू इतना तो समझ अपने, हम
लाख नादाँ हुए, क्या तुमसे भी नादाँ होंगे
करके ज़ख़्मी मुझे नादिम[6] हों, यह मुमकिन ही नहीं
गर वो होंगे भी तो बे वक़्त पशेमाँ[7] होंगे
हम निकालेंगे सुन ऐ मौजे-हवा[8] बल तेरा
उसकी ज़ुल्फ़ों के अगर बाल परेशाँ होंगे[9]
तू कहाँ जायेगी, कुछ अपना ठिकाना कर ले
हम तो कल ख़्वाबे - अदम में शबे - हिजरां होंगे[10]
मिन्नते - हज़रते ईसा न उठायेंगे कभी
ज़िन्दगी के लिए शर्मिंदए-एहसाँ होंगे[11]
उम्र तो सारी कटी इश्क़े - बुतां में[12] 'मोमिन'
आख़िरी वक़्त में क्या ख़ाक मुसल्माँ होंगे

---

(3) 2. सोयी हुई क़िस्मत 3. दरवाज़े की तरफ़ 4. शर्मिंदा 5. बेचैनी का इलाज (4) 1. तीर चलाने वाले 2. प्रेमिका के नयन 3. ज़ख़्मी 4. देखने की ताक़त 5. नसीहत देने वाले 6. 7. शर्मिंदा 8. हवा का झोंका 9. अगर बाल अस्त-व्यस्त होंगे 10. हम तो कल परलोक के स्वप्नलोक में विरह की रात होंगे 11. हज़रत ईसा मसीह का एहसान कभी न उठायेंगे, बेकार ही ज़िंदगी के लिए एहसान से लद जायेंगे 12. हसीनाओं के इश्क़ में

(5)

असर उसको ज़रा नहीं होता
रंज राहत फ़ज़ा[1] नहीं होता
बेवफ़ा कहने की शिकायत है
तू भी वादा-वफ़ा[2] नहीं होता
तुम हमारे किसी तरह न हुए
वर्ना दुनिया में क्या नहीं होता
उसने क्या जाने क्या किया लेकर
दिल किसी काम का नहीं होता
ना-रसाई से[3] दम रुके तो रुके
मैं किसी से ख़फ़ा नहीं होता
तुम मिरे पास होते हो गोया
जब कोई दूसरा नहीं होता*
चारए-दिल[4] सिवाय सब्र नहीं
सो तुम्हारे सिवा नहीं होता
क्यों सुने अर्ज़े-मुज़्तर[5] ऐ 'मोमिन'
सनम आख़िर ख़ुदा नहीं होता[6]

---

(5) 1. आरामदेह 2. वादा निभाने वाला 3. पहुँच न होने से 4. दिल का इलाज 5. आकुल प्रार्थना 6. सनम, यानी माशूक़ खुदा नहीं होता

* मोमिन के इस शे'र पर मिर्ज़ा ग़ालिब इतने फ़िदा थे कि कहते थे कि इस एक शे'र पर मैं अपना पूरा दीवान क़ुर्बान कर सकता हूँ

'अनीस' (मीर बबर अली)

(1802–1874)

(1)

गुनह का बोझ जो गरदन पे हम उठा के चले
ख़ुदा के आगे ख़िजालत से[1] सर झुका के चले
तलब से आर है अल्लाह से फ़क़ीरों को
कहीं जो हो गया फेरा, सदा सुना के चले
किसी का दिल न किया हमने पायमाल[2] कभी
चले जो राह तो च्यूँटी को भी बचा के चले
मिला जिन्हें उन्हें उफ़तादगी से औज मिला[3]
उन्होंने खाई है ठोकर जो सर उठा के चले
मुक़ाम यूँ हुआ इस कारगाहे-दुनिया में
कि जैसे दिन को मुसाफ़िरसरा में आके चले
'अनीस' दम का भरोसा नहीं, ठहर जाओ
चिराग़ लेके कहीं सामने हवा के चले

(2)

दर पे' शाहों के नहीं जाते फ़क़ीर अल्लाह के
सर जहाँ रखते हैं सब, ह्वाँ हम क़दम रखते नहीं
जो सख़ी हैं माले-दुनिया से, हैं ख़ाली उनके हाथ
अहले - दौलत जो हैं वो दस्ते-करम रखते नहीं

---

(1) 1. शर्म, संकोच 2. रौंदना, कुचलना 3. गिरने से ही ऊँचाई मिली

(3)

अफ़सोस जहाँ से दोस्त क्या क्या न गये
इस बाग़ से क्या क्या गुलेराना न गये
था कौन सा नख़्ल जिसने देखी न ख़िज़ाँ
वो कौन से गुल खिले, जो मुरझा न गये

(4)

मर मर के मुसाफ़िर ने बसाया है तुझे
रुख़ सबसे फिरा के, मुँह दिखाया है तुझे
क्योंकर न लिपट के तुझसे सोऊँ, ऐ क़ब्र
मैंने भी तो जान देके पाया है तुझे

दयाशंकर 'नसीम'

(1811–1843)

(1)

इश्क़ में दिल बन के दीवाना चला
आश्ना[1] से होके बेगाना चला
बे ज़बानों को भी आई है ज़बान
बेड़ी गुल[2] करती है दीवाना चला
इश्क़बाज़ी बाज़िए – शतरंज है
चाल, नादाँ रह गया, दाना चला
शब जो आया बज़्म में वो शोलारू[3]
शम्अ गुल करने को परवाना चला
बू-ए-गुल ग़ुंचा से कहती है 'नसीम'
बात निकली मुँह से, अफ़साना चला

(2)

दिल से हरदम हमें आवाज़े-बका[1] आती है
बंद कानों को भी गिरिया की सदा[2] आती है
दिल से आँख तक आई असर गर्मी-ए-शौक़[3]
अश्क हस्रत से निगह आब्लापा[4] आती है

---

(1) 1. सुपरिचित 2. शोर 3. अंगारे जैसा दहकता

(2) 1. 2. रोने की आवाज़ 3. प्रेम की उमंग 4. पैरों में फफोलों की तरह

गुल हुआ कोई चिराग़े-सहरी ओ बुलबुल
हाथ मलती हुई पत्तों से सबा आती है
छू लिया धोखे से दामाने-सबा तूने तो क्या
ग़ुंच-ए-गुल, कहीं मुट्ठी में हवा आती है
जिस क़दर वस्ले-बुताँ[5] का तुम्हें रहता है फ़िराक़[6]
'नसीम' ऐ, उतनी कभी यादे-ख़ुदा आती है

(3)

ख़ुम[1] न बनकर ख़ुदग़रज़ हो जाइए
मिस्ले-साग़र, और के काम आइए
सब्र रुख़्सत हो तो जाने दीजिये
बेक़रारी आये, तो ठहराइए
दिल ही में दिखलाइए तासीरे-इश्क़
ठंडी साँसों से उन्हें गरमाइए
सर्द आहें भरते हैं हम जब 'नसीम'
कहते हैं वो, ठंडे ठंडे जाइए

---

(2) 5. सुंदरियों का मिलन 6. इंतज़ार (3) 1. मटका

वाजिद अलीशाह 'अख़्तर'

(1827–1887)

(1)

ऐ उम्रे-रफ़्ता, अब तू आती है याद मुझको
औक़ात तेरी मैंने क्या मुफ़्त रायगाँ की

(2)

क़द्र अपनी इस जहाँ में इंसाँ अगर न समझे
इंसान उसको हर्गिज़ अहले-नज़र न समझे

(3)

अजब ढंग की य' तामीरी ख़राब आबादे-हस्ती है
कि पस्ती याँ बुलंदी है, बुलंदी याँ की पस्ती है

(4)

जहाँ के बाग़ में होगी बहार अगले ज़माने में
हमारे अहद में इस पर तो वीरानी बरसती है

(5)

सल्तनत छोड़ दी दरवेशों की सोहबत के लिए
जोफ़ए-इश्क़ में है कोई न हमसर अपना

नवाब वाजिद अली शाह कोई बीस साल की उम्र में सन् 1847 में लखनऊ में गद्दीनशीन हुए। मुश्किल से नौ साल हुकूमत कर पाये, कि 1856 में ईस्ट इंडिया कम्पनी के हुक्मरानों ने अवध का राज्य हड़प लिया और नवाब को गिरफ़्तार करके मटियाबुर्ज, कलकत्ता भेज दिया। वहीं वाजिद अली शाह का निधन हुआ। वे अत्यन्त कलाप्रेमी और रसिक व्यक्ति थे। उन्होंने अपने समय में रंगमंच, संगीत और शायरी के विकास में बड़ा काम किया। वे स्वयं शायरी करते थे। उनकी पुस्तकों की संख्या 40 के लगभग है।

(6)

ज़ईफ़ी में भी लिपटी है बलाए-शायरी हम से
न छूटेगी कभी 'अख़्तर' क़लम से मश्के-तिफ़्लाना

(7)

क्या हुआ गर इश्क़ में तेरे, लुटा मुल्के-अवध
यक् गदा अदना सा इब्राहीम अदहम हो गया

(8)

दरो-दीवार पे हसरत से नज़र करते हैं
ख़ुश रहो अहले-वतन, हम तो सफ़र करते हैं

अमीर मीनाई

(1828–1900)

(1)

तुंद मै[1] और ऐसे कमसिन[2] के लिये
साक़िया, हल्की सी ला इनके लिये
है जवानी ख़ुद जवानी का सिंगार
सादगी गहना है इस सिन के लिये
कौन वीराने में देखेगा बहार
फूल जंगल में खिले किनके लिये
दिल का ज़ामिन[3] तू, तेरा क्या ऐतबार[4]
पहले यक ज़ामिन हो ज़ामिन के लिये
झाड़नी है कौन से गुल की नज़र
बुलबुलें फिरती हैं क्यों तिनके लिये
बाग़बाँ, कलियाँ हों हल्के रंग की
भेजनी हैं एक कमसिन के लिये
लाश पर इबरत[5] य' कहती है 'अमीर'
आये थे दुनिया में इस दिन के लिये

(2)

आँखों में नूर तेरा, दिल में सुरूर[1] तेरा
दरवाज़े से है घर तक सारा जहूर[2] तेरा
जन्नत में भी है चर्चा, ऐ रश्क़े-हूर[3] तेरा
शुहरा है[4] अल्ला अल्ला, अब दूर दूर तेरा

---

(1) 1. तेज़ शराब 2. कम उम्र 3. ज़मानत करने वाला 4. विश्वास, भरोसा 5. मानसिक दुख (2) 1. नशा 2. माया 3. जिससे परियाँ भी ईर्ष्या करें 4. शोहरत

ऐ चश्मे-शौक़[5], वह तो हर रंग में है ज़ाहिर
अब भी जो तू न देखे, तो है कुसूर तेरा
मैं आईना हूँ तेरा, तू आईना है मेरा
तुझमें जहूर मेरा, मुझमें जहूर तेरा
मदहोशे-इश्क़ होकर जा बज़्मे-मार्फ़त में[6]
पर्दा न बीच में हो ग़ाफ़िल शऊर तेरा[7]
नादाँ 'अमीर' नाहक़ उम्मीदवार है तू
दिल लेके फेर देगा वो अब ज़रूर तेरा

(3)

इश्क़ में जाँ से गुज़रते हैं गुज़रने वाले
मौत की राह नहीं देखते मरने वाले
दाग़े-दिल से मेरे कहता है ये उसका जोबन
देख, इस तरह गुज़रते हैं गुज़रने वाले
आख़िरी वक़्त भी पूरा न किया वादए-वस्ल
आप आते ही रहे, मर गये मरने वाले
उट्ठे और कूचए-महबूब में पहुँचे आशिक़
ये मुसाफ़िर नहीं रस्ते में ठहरने वाले
जान देने को कहा मैंने तो हँसकर बोले
तुम सलामत रहो, हर रोज़ के मरने वाले
तेग़े-ख़ंजर से न झगड़ा सरो-गर्दन का चुका
चल दिये मोड़ के मुँह फ़ैसला करने वाले
आस्माँ पर जो सितारे नज़र आये 'अमीर'
याद आये मुझे दाग़ अपने उभरने वाले

---

(2) 5. चाहत भरी आँखें 6. आध्यात्मिक सभा में 7. तेरे असावधान विवेक का पर्दा बीच में न हो

'दाग़'

(1831–1905)

(1)

इन आँखों ने क्या-क्या तमाशा न देखा
हक़ीक़त में जो देखना था न देखा
वो क्या देख सकता है उसकी तजल्ली[1]
जिस इंसान ने अपना जल्वा न देखा
बहुत शोर सुनते थे उस अंजुमन[2] का
यहाँ आके, जो कुछ सुना था, न देखा
उसे देख कर और को भी जो देखे
कोई देखने वाला ऐसा न देखा
तेरी याद है, या है तेरा तसव्वुर[3]
कभी 'दाग़' को हमने तन्हा न देखा

(2)

हमने उनके सामने, पहले तो ख़ंजर रख दिया
फिर कलेजा रख दिया, दिल रख दिया, सर रख दिया
क़तर-ए-ख़ूने-जिगर सी की तवज्जो इश्क़ की[1]
सामने मेहमान के, जो था मयस्सर[2], रख दिया
ज़िंदगी में पास से दम भर न होते थे जुदा
क़ब्र में तन्हा मुझे, यारों ने क्योंकर रख दिया
देखिए, अब ठोकरें खाती है किस किस की निगाह
रोज़ने-दीवार में[3] ज़ालिम ने पत्थर रख दिया
ज़ुल्फ़ ख़ाली, हाथ ख़ाली, किस जगह ढूँढें इसे
तुमने दिल ले कर कहा, ऐ बंदापर्वर, रख दिया

---

(1) 1. आभा, रोशनी 2. सभा 3. खयाल, ध्यान (2) 1. जिगर के ख़ून की बूँद से प्रेम की सेवा की 2. सुलभ, उपलब्ध 3. दीवार के सुराख में

(3)

हर अदा मस्ताना सर से पाँव तक छाई हुई
उफ़्, तिरी काफ़िर जवानी, जोश पर आई हुई
टोक कर रस्ते में, प्यार आ ही गया उस शोख़ पर
वो नज़र हैरतज़दा[1] वो बात घबराई हुई
ज़ोफ़ ने[2] ऐसा बिठाया उसकी बज़्मे-नाज़ में[3]
मैंने ये जाना, मुझे हासिल शिकेबाई[4] हुई
किस दिले-बेताब की या रब तमाशाई हुई
वो निगाहे-शोख़ कुछ फिरती है घबराई हुई
फिर गया, ऐ 'दाग़', क्या मुँह फेर कर वो महजबीं[5]
फिर गई तक़दीर, मेरे सामने आई हुई

(4)

बुताने-माहवश[1] उजड़ी हुई मंज़िल में रहते हैं
कि जिसकी जान जाती है, उसी के दिल में रहते हैं
हज़ारों हस्रतें वो हैं कि रोके से नहीं रुकतीं
बहुत अर्मान ऐसे हैं कि दिल के दिल में रहते हैं
ख़ुदा रक्खे, मुहब्बत ने किये आबाद दोनों घर
मैं उनके दिल में रहता हूँ, वो मेरे दिल में रहते हैं
ज़मीं पर पाँव नख़वत[2] से नहीं रखते परी पैकर[3]
ये गोया इस मकाँ की दूसरी मंज़िल में रहते हैं
कोई नामो-निशाँ पूछे, तो ऐ क़ासिद बता देना
तख़ल्लुस 'दाग़' है[4] और आशिक़ों के दिल में रहते हैं

---

(3) 1. वो घबराई हुई नज़र 2. कमज़ोरी ने 3. गर्वित सभा में 4. सब्र, धैर्य 5. चाँद जैसे चमकते माथे वाली प्रियतमा (4) 1. चंद्रमुखी प्रियतमाएँ 2. घमंड 3. परियों जैसे जिस्म वाली 4. 'दाग़' उपनाम है

(5)

तू ही अपने हाथ से जब दिलरुबा जाता रहा
दिल की भी पर्वा नहीं, जाता रहा जाता रहा
जिस तवक़्क़ो[1] पर थी अपनी ज़िंदगी, वो मिट गई
जो भरोसा था हमें, वो आसरा जाता रहा
मर्गे-दुश्मन[2] का ज़ियादा तुमसे है मुझको मलाल
दुश्मनी का लुत्फ़, शिकवे का मज़ा जाता रहा
अच्छी सूरत की रहा करती थी अक्सर ताकझाँक
रह गईं आँखें, मगर वो देखना जाता रहा

(6)

फिरे राह से वो, यहाँ आते आते
अजल[1] मर रही तू कहाँ, आते आते
अभी सिन[2] ही क्या है, जो बेबाकियाँ[3] हों
उन्हें आयेंगी शोख़ियाँ[4] आते आते
बना है हमेशा य' दिल बाग़ो-सहरा[5]
बहार आते आते, ख़िज़ाँ आते आते
मेरे आशियाँ के[6] तो थे चार तिनके
चमन उड़ गया आँधियाँ आते आते
नहीं खेल है, 'दाग़', यारों से कह दो
कि आती है उर्दू ज़बाँ आते आते

---

(5) 1. उम्मीद 2. दुश्मन की मृत्यु (6) 1. मृत्यु 2. उम्र 3. खुलापन 4. चंचलता 5. उपवन और जंगल 6. नीड़ के, घोंसले के

'आसी' (मौलाना शाह अब्दुल अलीम)

(1833–1916)

(1)

जान दो दिन की है मेहमान, सताते क्यों हो
आप रोते हुए आये हैं, रुलाते क्यों हो
तुम नहीं कोई, तो सब में नज़र आते क्यों हो
सब तुम्हीं तुम हो, तो फिर मुँह को छिपाते क्यों हो
हमने माना कि वो आँखें नहीं जादू 'आसी'
रात भर वस्ल में फिर, उनको जगाते क्यों हो

(2)

मेरी नज़रों में तो हो डर तेरा, तेरी ही मुहब्बत हो
न दुनिया हो न उक़्बा[1] हो, न दोज़ख[2] हो, न जन्नत हो
सिवा तेरे न मायल[3] हो, किसी पर वह तबीअत दे
तेरी उल्फ़त[4] हो, तेरा इश्क़ हो, तेरी मुहब्बत हो
मुझे हर तरह की ख़ुद-बीनियों से[5] कर दे बेगाना
जो आईना भी मैं देखूँ, नुमायाँ[6] तेरी सूरत हो

(3)

हुबाबे-बहर[1] यह कहते हुए ऊपर उभरते हैं
फ़ना[2] दम भर में हैं दम आशनाई[3] का जो भरते हैं
कटे वह रात क्योंकर, हाय, क्या सदमे गुज़रते हैं
न वो आते, न सब्र आता, न नींद आती, न मरते हैं
नतीजा ज़िंदगी का इश्क़बाज़ी के सिवा क्या है
हक़ीक़त में वही जीते हैं बस, तुम पर जो मरते हैं

(4)

जो रही और कोई दम यही हालत दिल की
आज है पहलुए-ग़मनाक से रुख़सत दिल की

---

(2) 1. परलोक 2. नरक 3. आसक्त, रीझना 4. प्रेम 5. अहंकारों से 6. दिखाई दे, झलके

(3) 1. लहरों से उठते बुलबुले 2. मृत, समाप्त 3. दैहिक या जिस्मानी प्रेम

घर छुटा, शहर छुटा, कूचए-दिलदार छुटा
कोहो-सहरा[1] में लिये फिरती है वहशत[2] दिल की
रास्ता छोड़ दिया उसने इधर का 'आसी'
क्यों बनी रहगुज़रे-यार में तुर्बत दिल की[3]

(5)

न कभी के बादापरस्त हम, न हमें ये कैफ़े-शराब है
लबे-यार चूमे हैं ख्वाब में, वही जोशे-मस्तिए-ख़्वाब है
दिले-मुब्तिला[1] है तेरा ही घर, उसे रहने दे कि ख़राब कर
कोई मेरी तरह तुझे मगर न कहे, कि ख़ानाख़राब है[2]
उन्हें क़िब्रे-हुस्न की नख़्वतें[3] मुझे फ़ैज़े-इश्क़ की[4] हैरतें
न कलाम[5] है, न पयाम[6] है, न सवाल है, न जवाब है
दिले-अंदलीब[7] ये शक नहीं, गुलो-लाला के ये वरक़ नहीं
मिरे इश्क़ का वो रिसाला है, तिरे हुस्न की ये किताब है

(6)

ताबे-दीदार[1] जो लाये मुझे वो दिल देना
मुँह क़यामत में दिखा सकने के क़ाबिल देना
रश्के-ख़ुर्शीदे-जहाँ ताब[2] दिया दिल मुझको
कोई दिलबर भी इसी दिल के मुक़ाबिल देना
अस्ल फ़ित्ना[3] है, क़यामत में बहारे-फ़िर्दौस[4]
जुज़ तेरे[5] कुछ भी न चाहे, मुझे वो दिल देना
तेरे दीवाने का बेहाल ही रहना अच्छा
हाल देना हो अगर, रहम के क़ाबिल देना
हाय रे हय् तिरी उक़्दाये-कुशाई के[6] मज़े
तू ही खोले जिसे वो उक़्दए-मुश्किल देना

---

(4) 1. पहाड़ों और जंगलों में 2. दीवानगी 3. प्रियतम के पथ में दिल की समाधि क्यों बनी (5) 1. दिल में बसा हुआ 2. बदनसीब 3. रूप के अभिमान का नशा 4. प्रेम की यशस्विता या कीर्ति का 5. वार्तालाप, गुफ़्तगू 6. संदेश 7. बुलबुल की तरह चहकने वाले दिल (6) 1. देखने की शक्ति 2. दुनिया को गर्मी और रोशनी देने वाला सूरज भी जिस पर ईर्ष्या करे 3. झगड़ा 4. अन्तकाल की स्वर्गीय शोभा 5. तेरे सिवा 6. मुश्किलें आसान करने के

'हाली' (अल्ताफ़ हुसैन पानीपती)

(1837–1914)

(1)

होगी न क़द्र जान को क़ुर्बां किये बग़ैर
दाम उट्ठेंगे न जिंस[1] के अर्ज़ां[2] किये बग़ैर
गो हो शफ़ा से यास[3], पै जब तक है दम में दम
बन आयेगी न दर्द का दरमाँ[4] किये बग़ैर
बिगड़ी हुई बहुत है कुछ इस बाग़ की हवा
यह बाग़ को रहेगी न वीराँ किये बग़ैर
गो मै है तुंदो-सख़्त[5], पै साक़ी है दिलरुबा
ऐ शेख़, बन पड़ेगी न कुछ हाँ हाँ किये बग़ैर

(2)

यारों को तुझसे 'हाली' अब सरगरानियाँ[1] हैं
नींदें उचाट देतीं तेरी कहानियाँ हैं
याद उसकी दिल से धो दे ऐ चश्मेतर[2] तो मानूँ
अब देखनी मुझे भी तेरी रवानियाँ हैं
ग़ैबत हो या हजूरी[3] दोनों बुरी हैं तेरी
जब बदगुमानियाँ थीं, अब बदज़ुबानियाँ हैं

---

(1) 1. वस्तु, माल 2. सस्ता, कम 3. इलाज से निराशा 4. उपचार, इलाज 5. तेज़ और कड़ी (2) 1. नाराज़गी, नाखुशी 2. आँसू भरी आँखें 3. मौजूदगी या न मौजूदगी

कहते हैं जिसको जन्नत वो इक झलक है तेरी
सब वाइज़ों की[4] बाक़ी रंगीं बयानियाँ हैं
अपनी नज़र में भी याँ अब तो हक़ीर हैं[5] हम
बेग़ैरती की यारो अब ज़िंदगानियाँ हैं
खेतों को दे लो पानी अब बह रही है गंगा
कुछ कर लो नौजवानो, उठती जवानियाँ हैं
फ़ज़लो-हुनर[6] बड़ों के गर तुममें हों तो जानें
गर यह नहीं तो बाबा वो सब कहानियाँ हैं

---

(2) 4. धर्मोपदेशक 5. तुच्छ, नाचीज़ 6. कृपा और खूबियाँ

रतननाथ 'सरशार'

(1840–1903)

(1)

बुतों के दर पे सबकी ज़िबिहसाई[1] होती जाती है
इन्हीं के क़ब्ज़े में अब तो ख़ुदाई होती जाती है
सुना है आज गर दर्बां ने तो कल वो भी सुन लेंगे
मेरी बातों की अब उन तक रसाई[2] होती जाती है
शिकायत पर कुदूरत की[3] दिखाते हैं वो आईना
इशारा है कि अब दिल में सफ़ाई होती जाती है

(2)

क्या क़हर[1] है कि मुफ़्त में बुलबुल तो क़ैद हो
गुलचीं जो फूल तोड़े, उसे कुछ सज़ा न हो
उस बुलबुले - असीर[2] की हालत पे रोइए
जो फ़स्ले-गुल में बंदे-क़फ़स से रिहा न हो[3]

अशआर

सियाहबख़्त सियह रोज़गार हम भी हैं
जवाबे - ज़ुल्फ़े - परेशाने - यार हम भी हैं

दिल लोट गया सुनते ही गुफ़्तार किसी की
सुनता ही नहीं अब वो मिरा यार किसी की

---

(1) 1. माथा रगड़ना 2. पहुँच 3. ईर्ष्या यानी जलन (2) 1. अत्याचार 2. क़ैद में पड़ी बुलबुल 3. जो वसंत के मौसम में पिंजरे की सलाखों से मुक्त न हो

अज़ीमाबादी* 'शाद'

(1846–1927)

(1)

असीरे-जिस्म हूँ, मीआदे-क़ैद ला मालूम[1]
ये किस गुनाह की पादाश[2] है ख़ुदा मालूम
सफ़र ज़रूर है, और उज़्र[3] की मजाल नहीं
मज़ा तो ये है कि मंज़िल न रास्ता मालूम
सुनी हिकायते-हस्ती[4], तो दरमियाँ से[5] सुनी
न इब्तिदा[6] की ख़बर है, न इंतिहा[7] मालूम
तलब करें भी तो क्या शै[8] तलब करें ऐ 'शाद'
हमें तो आप नहीं अपना मुद्दआ मालूम

(2)

न ख़ुशी से ख़ुश है न ग़म से ख़ुश, न मकाँ से ख़ुश न मकीं[1] से ख़ुश
वो ख़ुदा ने हमको दिया है दिल, कि न आस्माँ न ज़मीं से ख़ुश
इसी सोच में हूँ पड़ा हुआ कि वुजूद के हैं हुदूद[2] क्या
मुझे दिल मिला भी तो वो मिला, कि न यहीं से ख़ुश न वहीं से ख़ुश
तुम्हें 'शाद' चाहिए अब यही, न पड़ो गुमान[3] के फेर में
कि ज़माने भर में हरेक है फ़क़त अपने दिल के यक़ीं[4] से ख़ुश

(3)

बुलाया कोह[1] पर शीरीं को, ऐ फ़रहाद, क्या कहना
कड़े पत्थर को पानी कर दिया, उस्ताद, क्या कहना

---

* पैतृक नाम : नवाब अली मुहम्मद ख़ाँ

(1) 1. देह का कैदी हूँ और कैद की अवधि नहीं मालूम 2. प्रतिकार, बदला 3. आपत्ति 4. ज़िंदगी की दास्तान 5. बीच से 6. शुरुआत 7. अन्त 8. वस्तु, चीज़ (2) 1. मकान में रहने वाला 2. अस्तित्व की सीमाएँ 3. शंका, भ्रम 4. विश्वास, भरोसा (3) 1. पहाड़ (शीरीं-फरहाद की प्राचीन प्रेमकथा का सन्दर्भ)

तेरी मज़्मूँनिगारी[2] नुक़्तासंजी[3], 'शाद' क्या कहना
बनाये सैकड़ों उस्ताद, ऐ उस्ताद क्या कहना

(4)

वो ख़ुशनिगाह[1] नहीं, जिसमें ख़ुदनुमाई[2] नहीं
य' चश्मदीदा[3] हैं, बातें सुनी-सुनाई नहीं
ख़याल से है कहीं दूर आस्तानए-दोस्त[4]
वहाँ का शौक़ है दिल को, जहाँ रसाई[5] नहीं
मरीज़े-हिज्र को[6] लाज़िम है तेरे ज़ुल्म की याद
दवा यही है, मगर हमने आजमाई नहीं
वो आशिक़ों से हैं नाराज़ क्यों, ख़ुदा जाने
बफ़ूरे शौक़[7] का होना कोई बुराई नहीं
ज़बाँ पे' ज़िक्र मगर दिल में वसवसा[8], ऐ 'शाद'
ख़ता मुआफ़, य' धोखा है, पारसाई[9] नहीं

(5)

अगर मरते हुए, लब पर न तेरा नाम आयेगा
तो मरने से मैं दरगुज़रा, मेरे किस काम आयेगा
शबे-हिजराँ की[1] सख़्ती हो तो हो, लेकिन य' क्या कम है
कि लब पर रात भर रह रह के तेरा नाम आयेगा
यही कह कर अजल को[2] क़र्ज़ख़्वाहों की तरह टाला
कि लेकर आज क़ासिद[3] यार का पैग़ाम आयेगा
गली में यार की, ऐ 'शाद', सब मुश्ताक़[4] बैठे हैं
ख़ुदा जाने वहाँ से हुक्म किसके नाम आयेगा

---

(3) 2. लेखन-कार्य 3. मर्म की बारीकियाँ समझना (4) 1. खूबसूरत 2. आत्मप्रदर्शन 3. आँखों देखी 4. दोस्त की दहलीज़ 5. प्रवेश की अनुमति नहीं 6. वियोगी को 7. प्रेम-भाव 8. भ्रम, सन्देह 9. सच्चाई, पवित्रता (5) 1. विरह-रात्रि 2. अन्तिम समय, मृत्यु 3. पत्रवाहक 4. उत्सुक, अभिलाषी

(6)

सुबू[1] अपना अपना, है जाम अपना अपना
किये जाओ मैख़्वार काम अपना अपना
न फिर हम, न अफ़सानागो, ऐ शबे - ग़म
सहर[2] तक है क़िस्सा तमाम अपना अपना
जिनाँ में है ज़ाहिद[3], तिरे दर पे हम हैं
महल अपना अपना, मुक़ाम अपना अपना
हुबाबो[4], हम अपनी कहें या तुम्हारी
बस इक दम के दम है क़याम[5] अपना अपना
कहाँ नकहते - गुल[6] कहाँ बू - ए - गेसू[7]
दिमाग़ अपना - अपना, मशाम[8] अपना अपना
ख़राबात[9] में, मैकशो, आके चुन लो
नबी अपना अपना, इमाम अपना अपना

(7)

तिरे कमाल की हद कब कोई बशर[1] समझा
उसी क़दर उसे हैरत है, जिस क़दर समझा
कभी न बंदे-क़बा[2] खोल कर किया आराम
ग़रीबख़ाने को तुमने न अपना घर समझा
पयामे-वस्ल का मज़्मूँ[3] बहुत है पेचीदा
कई तरह इसी मतलब को नामाबर[4] समझा
न खुल सका तेरी बातों का एक से मतलब
मगर समझने को अपनी सी हर बशर समझा

(8)

वो ज़माना वस्ल का[1] क्या हुआ, कभी आश्ना-ए-जफ़ा[2] न थे
कि बदन से रूह अलग भी थी, मगर आप हमसे जुदा न थे

---

(6) 1. घड़ा, मटका 2. सुबह 3. दीन-दुनिया से विरक्त लोग स्वर्ग में हैं 4. क्षणिक बुलबुला 5. ठहराव 6. फूलों की खुशबू 7. केशों की खुशबू 8. सूँघने की क्षमता 9. मैखानों में (7) 1. व्यक्ति, प्राणी 2. अँगरखे के बन्द यानी गाँठें 3. मिलन-सन्देश का विवरण 4. पत्रवाहक (8) 1. संयोग अर्थात् मिलन काल का 2. ज़ुल्म से परिचित

दिले-मुज़्तरिब[3], तुझे क्या कहूँ, अबस[4] उनके पाँव पे सर रखा
जो ख़फ़ा भी हो गये थे तो क्या, कि वो आदमी थे ख़ुदा न थे
हुए जाके तालिबे-दीद[5] जो, ये क़ुसूर है तो उन्हीं का है
कोई और होंगे वो बदयक़ी[6] तेरे आस्ताँ के गदा[7] न थे

(9)

रुस्वाइयाँ[1] ग़ज़ब की हुईं तेरी राह में
हद है कि ख़ुद ज़लील[2] हूँ अपनी निगाह में
मैं भी कहूँगा देंगे जो आज़ा[3] गवाहियाँ
या रब, ये सब शरीक थे मेरे गुनाह में
थी जुज़्बे-नातवाँ[4] किसी ज़र्रे में मिल गई
हस्ती का क्या वजूद तिरी जलवागाह में[5]
ऐ 'शाद' और कुछ न मिला जब बराए-नज़्र[6]
शर्मिंदगी को लेके चले बारगाह[7] में

---

(8) 3. व्याकुल हृदय 4. बेकार, फिजूल 5. दर्शनाभिलाषी 6. नास्तिक, अनास्थावादी 7. तेरे दर पर याचक, भिक्षुक (9) 1. अपमान 2. लज्जित, शर्मिंदा 3. शरीर के अंग, हाथ-पैर 4. कमज़ोरी या निर्बलता का हिस्सा 5. सौन्दर्यकक्ष में 6. अर्पित करने को 7. देवालय में

अकबर इलाहाबादी

(1846–1921)

(1)

जो मिल गया वो खाना, दाता का नाम जपना
इसके सिवा बताऊँ क्या तुमको काम अपना
रोना है तो इसी का, कोई नहीं किसी का
दुनिया है और मतलब, मतलब है और अपना
ऐ बिरहमन, हमारा तेरा है एक आलम
हम ख़्वाब देखते हैं, तू देखता है सपना

(2)

उन्हें भी जोशे-उल्फ़त हो, तो लुत्फ़ उट्ठे मुहब्बत का
हमीं दिन-रात अगर तड़पें, तो फिर इसमें मज़ा क्या है
मुसीबत ऐन राहत है अगर हो आशिक़े-सादिक़[1]
कोई परवाने से पूछे कि जलने में मज़ा क्या है
तबीबों से[2] मैं क्या पूछूँ इलाजे-दर्दे-दिल अपना
मरज़ जब ज़िंदगी ख़ुद हो, तो फिर उसकी दवा क्या है

(3)

लगावट की अदा से उनका कहना, पान हाज़िर है
क़यामत है, सितम है, दिल फ़िदा है, जान हाज़िर है
कहो जो चाहो, सुन लेंगे, मगर मुत्लक़[1] न समझेंगे
तबीयत तो ख़ुदा जाने कहाँ है, कान हाज़िर है
निगाहें ढूँढती हैं जिनको, उनका दो निशाँ यारो
इसे मैं क्या करूँगा, ये जो सब सामान हाज़िर है
बिठा कर ग़ैर की महफ़िल में मुझको उसने फ़रमाया
सुनो 'अकबर' की ग़ज़लें, देखो ये मस्ताना हाज़िर है

---

(2) 1. सच्चा प्रेमी 2. इलाज करने वाले, वैद्य-हकीम (3) 1. ज़रा भी

(4)

एक पीर ने तहज़ीब से लड़के को उभारा
एक पीर ने तालीम से लड़की को सँवारा
पतलून में वो तन गया, ये साये में फैली
पाजामा, ग़रज़ ये है कि, दोनों ने उतारा
बैरा वो बना कैम्प में, ये बन गईं आया
बीवी न रही जब, तो मियाँपन भी सिधारा
दोनों जो कभी मिलते हैं, गाते हैं ये मिस्रा
आग़ाज़[1] से बदतर है ये अंजाम[2] हमारा

(5)

अकबर न थमा बुतख़ाने में, ज़हमत[1] भी हुई, औ' ज़र[2] भी गया
कुछ नामे-ख़ुदा से उन्स[3] भी था, कुछ ज़ुल्मे-बुताँ से डर भी गया
परवाने का हाल इस महफ़िल में, है क़ाबिले-रश्क ऐ अहले-नज़र
यक शब ही में ये पैदा भी हुआ, आशिक़ भी हुआ, औ' मर भी गया
काबे से जो बुत निकले तो क्या, काबा ही गया जब दिल से निकल
अफ़सोस कि बुत भी हम से छुटे, क़ब्ज़े से ख़ुदा का घर भी गया
क्या गुज़री जो इक पर्दे के उदू[4] रो रो के पुलिस से कहते थे
इज़्ज़त भी गई, दौलत भी गई, बीवी भी गई, ज़ेवर भी गया
'अकबर' के जो मर जाने की ख़बर साक़ी ने सुनी तो ख़ूब कहा
मरना तो ज़रूरी था ही उसे, रिंदों[5] के लिए कुछ कर भी गया

---

(4) 1. शुरुआत, प्रारम्भ 2. परिणाम, नतीजा (5) 1. तकलीफ़, कष्ट 2. धन-दौलत 3. लगाव, प्रेम 4. पर्दादारी के कारण 5. पियक्कड़ों

'रसा' (भारतेन्दु हरिश्चंद्र)

(1850–1885)

(1)

अजब जोबन[1] है गुल पर, आमदे-फ़स्ले-बहारी है[2]
शिताब[3] आ साक़िया गुलरू[4] कि तेरी यादगारी है
रिहा करता है सैयादे - सितमगर[5] मौसमे - गुल में
असीराने-क़फ़स[6] लो तुमसे अब रुख़्सत[7] हमारी है
किसी पहलू नहीं आराम आता तेरे आशिक़ को
दिले - मुज़्तर[8] तड़पता है निहायत बेक़रारी है
सफ़ाई देखते ही दिल फड़क जाता है बिस्मिल[9] का
अरे जल्लाद, तेरे तेग़ की क्या आबदारी[10] है
इलाही, ख़ैर कीजो, कुछ अभी से दिल धड़कता है
सुना है मंज़िले अव्वल[11] की पहली रात भारी है
'रसा' महवे-फ़साहत[12] दोस्त क्या, दुश्मन भी हैं सारे
ज़माने में तेरे तर्ज़े-सख़ुन[13] की यादगारी है

(2)

बैठे जो शाम से तेरे दर पर सहर[1] हुई
अफ़सोस ऐ कमर[2] कि न मुतलक़[3] खबर हुई

---

(1) 1. यौवन, जवानी 2. वसन्त का आगमन है 3. शीघ्र 4. फूल सरीखे मुखड़े वाली मधुबाला 5. निर्दय बहेलिया 6. पिंजरे के कैदियों 7. विदाई 8. बेबस दिल 9. घायल 10. चमक 11. पहली मंज़िल 12. सादा जुबान काव्यशैली में प्रवीण 13. काव्यशैली (2) 1. सुबह 2. ऐ चाँद 3. ज़रा भी

अर्माने-वस्ल[4] यूँ ही रहा, सो गए नसीब[5]
जब आँख खुल गई, तो यकायक सहर हुई
दिल आशिक़ों के छिद गये तिरछी निगाह से
मिज़्गाँ[6] की नोक दुश्मने-जाने-जिगर हुई
पछताता हूँ कि आँख अबस[7] तुमसे लड़ गई
बरछी हमारे हक़ में, तुम्हारी नज़र हुई
छानी कहाँ न ख़ाक, न पाया कहीं तुम्हें
मिट्टी मेरी ख़राब अबस दर ब दर हुई
ध्यान आ गया जो शाम को उस ज़ुल्फ़ का 'रसा'
उलझन में सारी रात हमारी बसर हुई

---

(2) 4. मिलन का हौसला 5. किस्मत 6. पलकों की 7. व्यर्थ ही

'रियाज़' ख़ैराबादी (सैयद रियाज़ अहमद)

(1853–1934)

(1)

दुनिया से अलग हमने मैख़ाने का दर देखा
मैख़ाने का दर देखा, अल्लाह का घर देखा
दोनों के मज़े लूटे, दोनों का असर देखा
अल्लाह का घर देखा, मैख़ाने का दर देखा
काबे में नज़र आये, जो सुबह अज़ाँ देते
मैख़ाने में रातों को उनका भी गुज़र देखा
कुछ काम नहीं मै से, गो[1] इश्क़ है इस शै से[2]
है रिंद[3] 'रियाज़' ऐसा, दामन भी तर न देखा

(2)

उजाड़ते हुए सौ बार आशियाँ देखा
चमन में रहके तुझे ख़ूब बाग़बाँ देखा
सूए-चमन[1] जो चले लूटने बहार का लुत्फ़
तो हमने दो क़दम आगे तुझे ख़िज़ाँ देखा
य' फूल लेके अनादिल[2] चले चमन से कहाँ
ज़रूर मेरी लहद का[3] कहीं निशाँ देखा

---

(1) 1. यद्यपि 2. इस चीज़ से 3. पियक्कड़ (2) 1. बाग़ की ओर 2. बुलबुलें 3. क़ब्र का

प्रतापनारायण मिश्र

(1856–1894)

(1)

हक़ीक़ी यार का शैदा न होगा
तो वो आशिक़ तो क्या, दीवाना होगा
अबस ही, शैख़ जी, बुतख़ाना होगा
पै हक़ काबे में भी बैठा न होगा
न रो ऐ आशिक़े-बुत दीनो-दिल को
अभी देखे तो जा, क्या-क्या न होगा
भलाई चाहता है तो भला कर
बुरे कामों से कुछ अच्छा न होगा
ख़ुदा देगा उसी को सुख जहाँ में
किसी का जिससे दिल दुखता न होगा
किसी ने दोजखी जन्नत से वाइज़
किसी के पास ख़त भेजा न होगा
अज़ीज़े - ख़ातिरे - आशुफ़्ता हालाँ
मेरे प्यारे कोई तुझ सा न होगा

(2)

बे मुहब्बत ज़िंदगानी का मज़ा कुछ भी नहीं
जो न जीता मर मिटा, उसने किया कुछ भी नहीं
हर गदा को फ़िक्रे-ज़र, हर शह को खौफ़े-मुफ़्लिसी
चैन दुनिया में किसी सूरत मिला कुछ भी नहीं
उल्फ़ते - यारे - हक़ीक़ी का मज़ा पाकर खुला
लज़्ज़ते - इश्क़े - बुताने - बेवफ़ा कुछ भी नहीं

हमको दीवाना बनाये, ख़ुद न जाने रम्ज़े-इश्क़
नासिहा नादाँ समझता - बूझता कुछ भी नहीं
लुत्फ़, ऐ अहले-मजाहब, है बस उसके इश्क़ में
मुंह की बकबक में तो झगड़े के सिवा कुछ भी नहीं
जुस्तजू उसके लिए करना, जो याँ मौजूद है
हज़रते-वाइज़, हिमाक़त के सिवा कुछ भी नहीं
सब्ज़ बाग़ अपने किसी बच्चे को जा दिखलाइए
ऐसी बातों से बहलता दिल मिरा कुछ भी नहीं
याँ तो रिंदों का अक़ीदा है, बक़ौले बरहमन
बे मुहब्बत ज़िंदगानी का मजा कुछ भी नहीं

सफ़ी लखनवी (मौलाना अली नक़ी)

(1862–1950)

(1)

तालिबे-दीद[1] पे आँच आये, ये मंजूर नहीं
दिल में है वर्ना वो बिजली, जो सरे-तूर[2] नहीं
दिल से नज़दीक है, आँखों से भी कुछ दूर नहीं
मगर इसपे भी, मुलाक़ात उन्हें मंजूर नहीं
हमको परवाना-ओ-बुलबुल की रक़ाबत[3] से ग़रज़?
गुल में वो रंग नहीं, शमा में वो नूर नहीं
कभी 'कैसे हो सफ़ी' पूछ तो लेता कोई
दिलदही[4] का मगर इस शहर में दस्तूर नहीं

(2)

वो आलम[1] है कि मुँह फेरे हुए आलम[2] निकलता है
शबे-फ़ुर्क़त[3] के ग़म झेले हुओं का दम निकलता है
इलाही ख़ैर हो, उलझन पे उलझन बढ़ती जाती है
न मेरा दम, न उनके गेसुओं का ख़म[4] निकलता है
क़यामत ही न हो जाये, जो पर्दे से निकल आओ
तुम्हारे मुँह छिपाने में तो यह आलम निकलता है
शिकस्ते - रंगे - रुख़, आईनए - बेताबिए - दिल है[5]
ज़रा देखो तो क्योंकर ग़मज़दों का दम निकलता है
निगाहे - इल्तिफ़ाते - मेहर और अंदाज़े - दिलजोई[6]
मगर इक पहलुए-बेताबिए-शबनम[7] निकलता है
'सफ़ी' कुश्ता हूँ नापुर्सिशों का अहले-आलम की[8]
ये देखो कौन मेरा साहिबे-मातम[9] निकलता है

---

(1) 1. दर्शनार्थी 2. तूर नामक पहाड़, में ('तूर' इराक में एक पहाड़ है, जिस पर मूसा ने खुदा का जल्वा देखा था) 3. दुश्मनी, वैमनस्य 4. सांत्वना, दिलासा (2) 1. हालत 2. दुनिया 3. वियोग की रात 4. बालों का टेढ़ापन 5. चेहरे की उदासी बेचैन दिल का आईना यानी दर्पण है 6. कृपापूर्ण दृष्टि और तसल्ली का तरीका 7. शबनम की बेचैनी का एक सिरा 8. दुनियावालों की उपेक्षाओं ने हस्ती मिटा दी है 9. मातम करने, संवदेना प्रकट करने वाला

जगमोहननाथ रैना 'शौक़'

(1863–1948)

(1)

इश्क़ का राज़ न क्यों दिल से नुमायाँ हो जाय
काश ये भी किसी नाकाम का अरमाँ हो जाय
नहीं उम्मीद कि वो शहर बदामाँ हो जाय
ऐसा दीवाना जो ख़ुद दाख़िले-ज़िंदाँ हो जाय
दर्द क़ाबू का नहीं, काश कि उठ कर शबे-ग़म
सरगुज़श्ते - दिले - नाकाम का उन्वाँ हो जाय
न तसल्ली, न दिलासा, न कहीं नाम को सब्र
हैफ़ इस दिल पे कि यूँ बे सरोसामाँ हो जाय

(2)

चुरा न आँख को साक़ी, कि बादानोश हूँ मैं
अभी तो फ़ैसला होता है एक साग़र पर
मरीजे-इश्क़ की हालत कभी न सँभलेगी
मुझे तू छूट दे ऐ चारागर मुक़द्दर पर
हमारे नाले भी थक-थक के अब तो बैठ रहे
गये वो दिन कि उठाते थे आस्माँ सिर पर
हमारे मैकदा को छोड़ कर न जा ज़ाहिद
मिलेगा क़तरा न कम्बख़्त हौज़े-कौसर पर
गिला न हमने किया, 'शौक़' उस सितमगर से
बलायें सब वो उठायें जो आ पड़ें सर पर

महाराज किशन प्रसाद 'शाद'

(1864–1939)

(1)

सुबह को निकला था गर्चे कज़-ओ-फ़र से[1] आफ़ताब
मुँह फिराया हो ख़जल[2], उस इश्वागर से[3] आफ़ताब
आस्माँ पर गर गिरे बर्क़े - निगाहे - सिन्दबाद[4]
अब्र में रह जाये छुप कर उसके डर से आफ़ताब
गर नक़ाब अपनी उठा दे वो रुख़े-ताबिंदा से[5]
गिर पड़े बेताब होकर चर्ख़ पर से आफ़ताब
दिल में जब से देखता है बो तिरी तस्वीर को
नूर बरसाता है अपनी चश्मे-तर से आफ़ताब

(2)

बादा - ए - ख़ुमख़ान - ए - तौहीद[1] का मैनोश[2] हूँ
चूर हूँ मस्ती में इतना बेख़ुदो - मदहोश हूँ
गर वो फिरने दे मुझे साक़ी, ये मेरा फ़र्ज़ है
मिस्ले - साग़र दूर मैं हूँ, बादा - ए - सरजोश हूँ
तर्ज़े - ख़ामोशी मिरी बतलाती है इस राज़ को
हूँ नवाख़ाने - हक़ीक़त[3], लाख मैं ख़ामोश हूँ
दर्दमंदे - इश्क़ होकर, ज़ब्त का ख़ूगर[4] हूँ मैं
सूरते - सीमाब[5] होकर पैकरे - ख़ामोश हूँ
किसकी फ़ुर्क़त, वस्ल किसका, और है माशूक़ कौन
'शाद' मैं उस आलमे - तकवीं[6] का हमआगोश हूँ

---

(1) 1. बाँकी अदा और शानशौकत से 2. लज्जित होकर 3. हावभाव से 4. सिंदबाद की निगाह की बिजली 5. रोशन चेहरे से (2) 1. अद्वैतवाद का मदिरालय 2. पीनेवाला 3. यथार्थ का कारागार 4. चुप रहने का आदी 5. पारे जैसा अशान्त 6. लिखने-पढ़ने की दुनिया

दत्तात्रेय 'कैफ़ी'*

(1866–1955)

(1)

कोई दिल्लगी दिल लगाना नहीं है
क़यामत है ये, दिल का आना नहीं है
मनाएँ उन्हें वस्ल में किस तरह हम
ये रूठे का कोई मनाना नहीं है
है मंज़ूर उन्हें इम्तिहाँ, शौक़े-दिल का
नज़ाकत का ख़ाली बहाना नहीं है
वफ़ा पर दग़ा, सुलह में दुश्मनी है
भलाई का हर्गिज़ ज़माना नहीं है
शबे-ग़म भी हो जायेगी इक दिन आख़िर
कभी इक रविश पर ज़माना नहीं है
है कोई बुताँ, बस घर उसका ही 'कैफ़ी'
ज़माने में जिसको ठिकाना नहीं है

* आपका पूरा नाम बृजमोहन दत्तात्रेय 'कैफ़ी' था और जन्म दिल्ली में हुआ। फारसी के साथ-साथ अंग्रेज़ी के भी बड़े विद्वान थे। 1850 में मिशन कॉलेज से बी.ए. पास किया था। आपने कश्मीर राज्य के विदेश विभाग में उपमंत्री के पद पर काम किया। शायरी की शुरुआत ग़ज़ल से की, किन्तु बाद में 'हाली' की प्रेरणा से नज़्में भी लिखीं। उनकी लिखी रचनाएँ अब बहुत कम सुलभ हैं। वैसे उर्दू भाषा और साहित्य की तरक्की में आपको नींव का पत्थर माना जाता है।

'नज़र' लखनवी (मुंशी नौबतराय)

(1866–1923)

(1)

सुन लो कि रंगे-महफ़िल कुछ मोतबर[1] नहीं है
है इक ज़बान गोया, शमए-सहर[2] नहीं है
मुद्दत से ढूँढता हूँ, मिलता मगर नहीं है
वो इक सुकूने-ख़ातिर[3] जो बेशतर[4] नहीं है
पर्दा उठा दे इक दिन तू ऐ हिजाबे-हस्ती[5]
पाता हूँ उसको दिल में, देखा मगर नहीं है
दिल था, तो हो रहा था अहसासे-ज़िंदगी भी
ज़िंदा हूँ अब कि मुर्दा, मुझको ख़बर नहीं है
मरने पे जिस्मे-ख़ाकी[6] क्या साथ रूह का दे
राहे - अदम में[7] ग़ाफ़िल, गर्दे - सफ़र[8] नहीं है

(2)

कोई मुझ सा मुस्तहक़्क़े-रहमो-ग़मख़्वारी[1] नहीं
सौ मरज़ है, और बज़ाहिर[2] कोई बीमारी नहीं
इश्क़ की नाकामियों ने इस क़दर खींचा है तूल
मेरे ग़मख़्वारों को[3] अब चाराए - ग़मख्वारी[4] नहीं
मेरी सूरत देख कर क्यों तुमने ठंडी साँस ली
बेकसों पर रहम आईने - सितमगारी[5] नहीं
हर तरफ़ से यह सदा आती है मुल्के हुस्न[6] में
ये वो दुनिया है जहाँ रस्मे - वफ़ादारी नहीं
हर क़दम पर बाग़े-आलम[7] में बिछा है दामे-हुस्न[8]
कौन ऐसा है जिसे ज़ौक़े गिरफ़्तारी[9] नहीं

---

(1) 1. भरोसेमंद, विश्वस्त 2. सुबह का चिराग़ 3. पूर्णशान्ति 4. प्राय:, अधिकांशतया 5. ज़िंदगी की हया, लज्जा, संकोच 6. मिट्टी का शरीर, नश्वर शरीर 7. परलोक के पथ में 8. धूल-मिट्टी (2) 1. कृपा-पात्र 2. प्रकट रूप में 3. हमदर्दों को 4. हमदर्दी का इलाज 5. अत्याचार का कानून 6. सुन्दरता की दुनिया में 7. विश्व वाटिका 8. सौन्दर्य-जाल 9. गिरफ़्तार होने का शौक़

'साइल' देहलवी

(1868–1945)

(1)

ख़िज़ाँ का जो गुलशन से पड़ जाए पाला
तो सेहन-ए-चमन में न गुल हो न लाला
लिया तेरे आशिक़ ने बरसों सँभाला
बहुत कर गया मरने वाला कसाला
पय - ए - फ़ातेहा हाथ उठावेगा कोई
सर - ए - तुर्बत - ए - बेकसाँ आने वाला
इसी गिर्या के तार से मेरी आँखें
बना देंगी नद्दी बहा देंगी नाला
बिठा कर तुम्हें शम्अ के पास देखा
तुम आँखों की पुतली, वो घर का उजाला
ख़त-ए-शौक़ को पढ़ के क़ासिद से बोले
ये है कौन दीवाना ख़त लिखने वाला
दिया हुक्म साक़ी को पीर-ए-मुग़ाँ ने
पय-ए-मुहतसिब जाम-ओ-मीना उठा ला
ये सुनते ही मयख़्वार बोले ख़ुशी से
हमीं सा है ये नेक अल्लाह वाला
हक़ीक़त में 'साइल' ने ज़ौक़-ए-अदब से
जहाँ तक उछाला गया नाम उछाला

(2)

जताते रहते हैं ये हादसे ज़माने के
कि तिनके जम्अ करें फिर न आशियाने के
सबब ये होते हैं हर सुब्ह बाग़ जाने के
सबक़ पढ़ाते हैं कलियों को मुस्कुराने के

हज़ारों इश्क़-ए-जुनूँख़ेज़ के बने क़िस्से
वरक हुए जो परेशाँ मिरे फ़साने के
हैं ए'तिबार से कितने गिरे हुए देखा
इसी ज़माने में क़िस्से इसी ज़माने के
क़रार-ए-जल्वानुमाई हुआ है फ़र्दा पर
ये तूल देखिए इक मुख़्तसर ज़माने के
न फूल मुर्ग़-ए-चमन अपनी ख़ुशनवाई पर
जवाब हैं मिरे नाले तिरे तराने के
उसी की ख़ाक है माथे की ज़ेब बंदानवाज़
जबीं पे नक़्श पड़े हैं जिस आस्ताने के

(3)

मिले ग़ैरों से मुझको रंज-ओ-ग़म यूँ भी है और यूँ भी
वफ़ा दुश्मन जफ़ा जू का सितम यूँ भी है और यूँ भी
कहीं वामिक़ कहीं मजनूँ, रक़म यूँ भी है और यूँ भी
हमारे नाम पर चलता क़लम यूँ भी है और यूँ भी
शब-ए-वादा वो आ जाएँ, न आएँ मुझ को बुलवा लें
इनायत यूँ भी है और यूँ भी, करम यूँ भी है और यूँ भी
उदू लिक्खे मुझे नामा तुम्हारी मोहर उसका ख़त
जफ़ा यूँ भी है और यूँ भी, सितम यूँ भी है और यूँ भी
न ख़ुद आएँ न बुलवाएँ, शिकायत क्यूँ न लिख भेजूँ
इनायत की नज़र मुझ पर करम यूँ भी है और यूँ भी
ये मस्जिद है ये मयख़ाना तअज्जुब इस पे आता है
जनाब-ए-शैख़ का नक़्श-ए-क़दम यूँ भी है और यूँ भी
तुझे नव्वाब भी कहते हैं, शायर भी समझते हैं
ज़माने में तिरा 'साइल' भरम यूँ भी है औ यूँ भी

साइल देहलवी को हज़रत दाग़ देहलवी की बेटी ब्याही थी। बीसवीं सदी की शुरुआती दहाइयों में, मुशायरों में तरन्नुम से (लयपूर्वक गाकर) ग़ज़ल पढ़ने का रिवाज़ इन्हीं ने शुरू किया। उससे पहले शायर मुशायरों में सीधे-सीधे, सरल, प्रवाही अन्दाज़ (तहद) में अपना कलाम पेश करते थे। 'साइल' देहलवी को 19वीं और 20वीं सदी के बीच उर्दू शायरी की रिवायत (परम्परा) में एक पुल की हैसियत हासिल है।

'साक़िब' (मिर्ज़ा ज़ाकिर हुसैन)

(1869–1946)

हिज्र की शब नालए-दिल[1] यूँ हवा देने लगे
सुनने वाले रात कटने की दुआ देने लगे
बाग़बाँ ने आग दी जब आशियाने को[2] मेरे
जिन पे तकिया था[3], वही पत्ते हवा देने लगे
आइए, हाले - दिले - बीमार सुनिए, देखिए
क्या कहा ज़ख़्मों ने, क्यों टाँके सदा देने लगे
मुट्ठियों में ख़ाक लेकर दोस्त आये बादे-दफ़्न[4]
ज़िंदगी भर की मुहब्बत का सिला[5] देने लगे
जिस नज़र से आपने देखा दिले-महरूम को[6]
ज़ख्म, जो कुछ भर चुके थे, फिर हवा देने लगे

---

1. वियोग की रात में दिल का आर्तनाद 2. नीड़, घर 3. क़ब्रिस्तान 4. दफ़्न होने के बाद
5. उपहार, तोहफ़ा 6. नाउम्मीद, टूटे हुए दिल को

'आज़ाद' अंसारी

(1870–1942)

(1)

न पूछो कौन हैं, क्यों राह में नाचार बैठे हैं
मुसाफ़िर हैं, सफ़र करने की हिम्मत हार बैठे हैं
उधर पहलू से तुम उट्ठे, इधर दुनिया से हम उट्ठे
चलो, हम भी तुम्हारे साथ ही तैयार बैठे हैं
किसे फ़ुर्सत यहाँ कि ख़िदमते-उल्फ़त बजा लाये
न तुम बेकार बैठे हो, न हम बेकार बैठे हैं
जो उट्ठे हैं तो गर्मे-जुस्तजू-ए-दोस्त उट्ठे हैं
जो बैठे हैं तो महवे-आर्ज़ू-ए-यार बैठे हैं
मुक़ामे - दस्तगीरी है कि तेरे रहरवे - उल्फ़त
हज़ारों जुस्तजूएँ करके हिम्मत हार बैठे हैं
न पूछो कौन हैं, क्या मुद्दआ है, कुछ नहीं बाबा
गदा हैं और ज़ेरे - साय -ए- दीवार बैठे हैं
ये हो सकता नहीं 'आज़ाद', कि मैख़ाना ख़ाली हो
वो देखो कौन बैठा है, वही सरकार बैठे हैं

(2)

वो तेरा दिल में रह कर, आँख से मस्तूर[1] हो जाना
वो मेरा बावजूदे-क़ुर्ब[2], तुझसे दूर हो जाना
वो तेरा मेरी उम्मीदों को बेदर्दी से ठुकराना
वो मेरा शीशए-दिल, संगे-ग़म से चूर हो जाना

---

(2) 1. अदृश्य हो जाना 2. निकटता के बावजूद

वो तेरा ज़ौर पर ताक़ीदे-शुक्रे-ज़ौर फ़र्माना[3]
वो मेरा इम्तसाले-अम्र से माजूर हो जाना[4]
वो तेरा मुझको आख़िर मुज़्दये-पासे-वफा देना[5]
वो मेरी ग़मनसीब उम्मीद का मसरूर[6] हो जाना
वो तेरा मुझको आख़िर अपनी मंज़िल का पता देना
वो मेरी जद्दो-जहदे-शौक़ का मश्कूर हो जाना[7]
वो तेरा मुझको अपने दर्द की दौलत अता[8] करना
वो मेरे दामने-उम्मीद का भरपूर हो जाना
ख़ुशा 'आज़ाद' का फ़ैज़ाने-सुहबत, जिसने समझाया
ख़ुदा का क़ुर्ब[9] क्या शै है, ख़ुदी से[10] दूर हो जाना

---

(2) 3. जुल्म ढाने के लिए भी शुक्रिया अदा करने का फ़र्मान 4. प्रेमिका के फ़र्मान के आगे झुक जाना और बेगुनाह होते हुए भी गुनाह स्वीकार कर लेना 5. वफ़ा का शुभ समाचार देना 6. खुश 7. प्रेम के संघर्ष का कृतज्ञ हो जाना 8. प्रदान 9. निकटता 10. अहंकार से

'आरज़ू' लखनवी (सैयद अनवर हुसैन)

(1872–1951)

(1)

क़फ़स[1] से ठोकरें खाती नज़र जिस नख़्ल[2] तक पहुँची
उसी पर, ले के इक तिनका, बिनाए-आशियाँ[3] रख दी
सुकूने-दिल नहीं जिस व.क्त से इस बज़्म में[4] आये
ज़रा सी चीज़ घबराहट में क्या जाने कहाँ रख दी
बुरा हो इस मुहब्बत का, हुए बरबाद घर लाखों
वहीं से आग लग उट्ठी ये चिनगारी जहाँ रख दी
किया फिर तुमने रोता देख कर दीदार का वादा
फिर इक बहते हुए पानी में बुनियादे-मकाँ रख दी
दरे-दिल[5] 'आरज़ू' दरवाज़ए-काबा से बेहतर था
य', ओ ग़फ़लत के मारे, तूने पेशानी[6] कहाँ रख दी!

(2)

(अरबी-फ़ारसी शब्दों से रहित, खालिस उर्दू ग़ज़ल)

रस उन आँखों का है कहने को ज़रा सा पानी
सैकड़ों डूब गये फिर भी है उतना पानी
किसने भीगे हुए बालों से ये झटका पानी
झूम के आई घटा, टूट के बरसा पानी
फैलती धूप का है रूप लड़कपन की उठान
दोपहर ढलते ही उतरेगा ये चढ़ता पानी

---

(1) 1. जाल, पिंजरा 2. हरी-भरी जगह 3. घोंसले की नींव 4. महफिल में, बैठक में 5. दिल की दहलीज़ 6. माथा

न सता उसको जो चुप रह के भरे ठंडी साँस
य' हवा* करती है पत्थर का कलेजा पानी
ये पसीना वही आँसू है जो पी जाते थे हम
'आरज़ू' लो य' खुला भेद, वो फूटा पानी

अशआर

दामन उस यूसुफ़[1] का आया पुर्ज़े होकर हाथ में
उड़ गई सोने की चिड़िया, रह गये पर हाथ में

चाहत का फल ऐसा है जैसे जल जाय खेती बोई हुई
क्या होता है आँसू पोछने से, छिपती नहीं आँखें रोई हुई

है एक ही होना, तो ये अनबन नहीं अच्छी
मेरा सा न बन तो मुझे अपना सा बना दे

तारा टूटते सबने देखा, ये नहीं देखा एक ने भी
किसकी आँख से आँसू टपका, किसका सहारा टूटा है

जो देखेगा रोते मुझे, तुमको हँसते
मेरी बात छोड़ो, तुम्हें क्या कहेगा?

---

(2) * इस ग़ज़ल के बारे में दावा ज़रूर किया गया है कि इसमें अरबी-फारसी के शब्द नहीं हैं, किन्तु इसका पूरी तरह निर्वाह नहीं हो पाया है। चौथे शे'र के दूसरे मिस्रे में आया 'हवा' शब्द मूलतः अरबी का है।-सु.स.

अशआर 1. एक पैगम्बर (देवदूत) जो बहुत रूपवान था

दुर्गासहाय 'सुरूर' जहानाबादी

(1873–1910)

(1)

शबे-विसाल मज़ा दे रही है 'तू' तेरी
लबों से घोलती है क़ंद[1], गुफ़्तगू तेरी
तिरी ज़बाँ को बिगाड़ा रक़ीबे-बदख़ू[2] ने
कि बात-बात में गाली तो थी न ख़ू[3] तेरी
लगा रहा है हिना कौन तिरे हाथों में
रुला रही है मुझे ख़ून, आर्ज़ू तेरी
तिरे सुकूत में[4] भी इक अदा निकलती है
कि है छुपी हुई पर्दे में गुफ़्तगू तेरी
न चाक कर दिले-बेताब को मिरे ज़ालिम
निकल के हो कहीं रुस्वा[5] न आर्ज़ू तेरी
कभी है क़स्द हरम का[6], कभी है अज़्मे-कुनिश्त[7]
कशाँ कशाँ[8] लिये फिरती है आर्ज़ू तेरी

(2)

बख़ुदा[1] इश्क़ का आज़ार[2] बुरा होता है
रोग चाहत का बुरा, प्यार बुरा होता है

---

(1) 1. मिश्री, शक्कर 2. रूखे स्वभाव वाला रकीब 3. आदत 4. ख़ामोशी में 5. बदनाम 6. हरम की ख्वाहिश 7. उपासना गृह का संकल्प 8. घसीटती हुई, जबर्दस्ती
(2) 1. ख़ुदा कसम 2. रोग

जाँ पे आ बनती है जब कोई हसीं बनता है
हाय, माशूक़े - तरहदार[3] बुरा होता है
ये वो काँटा है निकलता नहीं चुभ कर दिल से
ख़लिश-ए-इश्क़ का आज़ार बुरा होता है
टूट पड़ता है फ़लक सर पे शबे-फ़ुर्क़त में
शिकवए-चर्ख़े-सितमगार[4] बुरा होता है
आ ही जाती है हसीनों पे' तबीअत नासेह
सच तो ये है कि दिलेज़ार बुरा होता है

(3)

फ़क़ीरों पे' अपने करम इक ज़रा कर
तिरे दर पे' बैठे हैं धूनी रमा कर
बहुत देर से दर पे' साधू खड़े हैं
फ़क़ीरों पे', दाता, दया कर दया कर
नहीं हमको ख़्वाहिश किसी और शै[1] की
हमें अपने जोबन का सिदक़ा अता कर[2]
'सुरूर' उनकी नगरी में बरसों फिरे हम
फ़क़ीराना भेस अपना अक्सर बना कर

---

(2) 3. बाँकी-छबीली प्रेमिका 4. अत्याचारी के चक्के की शिकायत (3) 1. चीज़
2. सच्चा यौवन प्रदान कर

'इक़बाल' (डॉ. मोहम्मद इक़बाल)

(1875–1938)

(1)

तेरे इश्क़ की इंतिहा[1] चाहता हूँ
मेरी सादगी देख क्या चाहता हूँ
सितम[2] हो कि हो वादा - ए - बेहिजाबी[3]
कोई बात सब्र - आज़मा[4] चाहता हूँ
ये जन्नत मुबारिक रहे ज़ाहिदों को[5]
कि मैं आपका सामना चाहता हूँ
कोई दम का मेहमां हूँ ऐ अहले-महफ़िल[6]
चिराग़े - सहर[7] हूँ, बुझा चाहता हूँ
भरी बज़्म में राज़ की बात कह दी
बड़ा बे अदब हूँ सज़ा चाहता हूँ

(2)

अनोखी वज्अ[1] है सारे ज़माने से निराले हैं
ये आशिक़ कौन सी बस्ती के या रब रहने वाले हैं
इलाजे-दर्द में भी दर्द की लज़्ज़त पे मरता हूँ
जो थे छालों में कांटे, नोके-सोज़ाँ से[2] निकाले हैं

---

(1) 1. पराकाष्ठा 2. ज़ुल्म 3. पर्दा हटाने का वादा 4. धैर्य की परीक्षा लेने वाली 5. संयम से रहने वालों को 6. सभा के लोगों 7. सुबह का चिराग (2) 1. रंगढंग 2. सुई की नोक से

फला फूला रहे या रब चमन मेरी उम्मीदों का
जिगर का ख़ून दे देकर ये बूटे मैंने पाले हैं
न पूछो मुझसे लज़्ज़त ख़ानुमाँ बरबाद[3] रहने की
नशेमन[4] सैकड़ों मैंने बनाकर फूँक डाले हैं
उम्मीदे-हूर ने[5] सब कुछ सिखा रक्खा है वाइज़ को
ये हज़रत देखने में सीधे-सादे भोले-भाले हैं
नहीं बेगानगी अच्छी रफ़ीक़े-राहे-मंज़िल से[6]
ठहर जा ऐ शरर[7], हम भी तो आख़िर मिटने वाले हैं

(3)

सितारों से आगे जहाँ और भी हैं
अभी इश्क़ के इम्तिहाँ और भी हैं
तिही[1] ज़िंदगी में नहीं ये फ़ज़ाएँ[2]
यहाँ सैकड़ों कारवाँ और भी हैं
अगर खो गया इक नशेमन[3] तो क्या ग़म
मुक़ामाते - आहो - फ़ुग़ाँ[4] और भी हैं
तू शाही[5] है, पर्वाज़[6] है काम तेरा
तेरे सामने आस्माँ और भी हैं
इसी रोज़ो - शब[7] में उलझ कर न रह जा
कि तेरे ज़मानो - मकाँ[8] और भी हैं
गये दिन कि तन्हा था मैं अंजुमन में
यहाँ अब मेरे राज़दाँ[9] और भी हैं

---

(2) 3. बरबाद घर में 4. नीड़, घोंसला 5. परियों की आशा ने 6. सहयात्री 7. चिनगारी
(3) 1. खाली 2. वातावरण 3. नीड़, घोंसला 4. आर्तनाद के अवसर 5. बाज़ पक्षी 6. उड़ना 7. दिन-रात 8. दुनिया 9. भेद जानने वाले

'दिल' शाहजहाँपुरी

(1878–1955)

(1)

अजब तर्ज़े-अदा है, यूँ पए-इज़्हार बैठे हैं
कि हम ख़ामोश मिस्ले-नक़्शे-पाए-यार बैठे हैं
कोई ऐ नातवानी फिर अबस हमको उठाता है
ब हालेज़ार आये हैं, पसे-दीवार बैठे हैं
तेरा कूचा है गो दारुश्शफ़ा अहले-मुहब्बत का
मगर हम हैं कि अपनी जान से बेज़ार बैठे हैं
यही ना गर्मिए-बर्क़े-तजल्ली ख़ाक कर देगी
यह पर्दा भी उठा कर ता लबे-दीदार बैठे हैं
चले दौरे-मए-रंगीं, खुले बोतल, ढले साग़र
हवा सनकी घटा उट्ठी है, क्यों मैख़्वार बैठे हैं
मिटाने से कभी दाग़े-मुहब्बत मिट नहीं सकते
ये वो सिक्के हैं जो दिल पर हज़ारों बार बैठे हैं
हम उट्ठे हैं तो उट्ठे हैं ग़ुबारे-राह की सूरत
जो बैठे हैं तो महवे-शोख़िये-रफ़्तार बैठे हैं
ज़रा समझे, ज़रा सँभले हुए ऐ हज़रते-वाइज़
य' मैख़्वारों की महफ़िल है, यहाँ मैख़्वार बैठे हैं
मुझे दर पर जो देखा, बोल उठे ऐ 'दिल' वो दरबाँ से
'ये क्या कहते हैं, क्या मतलब है, क्यों बेकार बैठे हैं?'

(2)

हमें क़फ़स में क़लक़ क्या हो आशियाने का[1]
समझ लिये कि यही रंग है ज़माने का
फ़क़त है वादा ही वादा, नहीं वो आने का
पुकारता है यह अंदाज़ मुस्कुराने का
हँसे जो ज़ख़्मे-जिगर और चोट खायेंगे
लहू रुलायेगा, अंदाज़ मुस्कुराने का
चले वो नाज़ से मुँह फेर कर, तो हम यह समझे
ये चाल हश्र[2] की है, यह चलन ज़माने का
मुदाम[3] दाग़े-मुहब्बत[4] से दिल रहे रोशन
कभी चिराग़ न गुल हो ग़रीबख़ाने का
वो हम कि जादए-तस्लीम से[5] क़दम न हटे
वो तुम कि रंग उड़ाते रहे ज़माने का
ग़ुबार बनके उठे छा गये ज़माने पर
मआल देख लिया ऐ फ़लक मिटाने का
इधर तो ख़ुल्द[6] नहीं, फिर इधर कहाँ ऐ शेख़,
हुज़ूर यह तो है रस्ता शराबख़ाने का
रहेगा नक़्श[7] मेरी तुर्बते-शिकस्ता[8] पर
करिश्मा यह तेरे दामन बचा के जाने का

---

(2) 1. हमें जाल में घोंसले (नीड़) की कलक क्यों हो 2. कयामत 3. हरदम 4. प्रेमाग्नि 5. आज्ञापालन, हुक्मबर्दारी से अधिक 6. स्वर्ग 7. अंकित 8. टूटी-फूटी कब्र पर

(3)*

मिट गया जब मिटने वाला, फिर सलाम आया तो क्या
दिल की बर्बादी के बाद उनका पयाम[1] आया तो क्या
छुट गई नब्ज़[2] औ' उम्मीदें देने वाली हैं जवाब
अब उधर से नामाबर[3] लेके पयाम आया तो क्या
आज ही मिटना था, ऐ दिल, हस्रते-दीदार[4] में
तू मेरी नाकामियों के बाद काम आया तो क्या
काश अपनी ज़िंदगी का हम ये मंज़र[5] देखते
अब सरे-तुर्बत[6] कोई महशर ख़िराम[7] आया तो क्या
साँस उखड़ी, आस टूटी, छा गया जब रंगे-यास[8]
नामाबर लाया तो क्या, ख़त मेरे नाम आया तो क्या
मिल गया वह ख़ाक में जिस दिल में था अरमाने-दीद[9]
अब कोई ख़ुर्शीदवश[10] बालाए-बाम[11] आया तो क्या
रोते-रोते जो हमेशा के लिए चुप हो गया
उसके मदफ़न[12] पर कोई शीरीं कलाम[13] आया तो क्या

---

* इस ग़ज़ल का किंचित परिवर्तित रूप शहीद क्रांतिकारी रामप्रसाद बिस्मिल के नाम से लोकप्रिय है। बिस्मिल जी कवि से अधिक कवि-हृदय थे। जब वे एक ऐसे समाज के लिए लड़ रहे थे, जहाँ अपना-पराया कुछ नहीं होगा, तो उनके लिए यह बात गौण थी कि उनकी पसन्दीदा ग़ज़लों पर उनका ठप्पा जड़ दिया जायेगा। यह ग़ज़ल उन्हीं के नगर के शायर 'दिल' साहब की है। एक और ग़ज़ल 'सरफ़रोशी की तमन्ना' का रचनाकार 'बिस्मिल' अज़ीमाबादी को माना जाता है। यह मत उनके सहयोद्धा क्रांतिकारी स्व. मन्मथनाथ गुप्त का है। –सु.स.

(3) 1. सन्देश 2. नाड़ी 3. सन्देशवाहक 4. दर्शन की चाह 5. दृश्य 6. कब्र पर 7. कयामत की चाल चलने वा ! 8. निराशा का रंग 9. देखने का अरमान 10. सूर्यमुखी 11. छत की मुँडेर पर 12. दफ़न के वक़्त 13. मधुरभाषी

'नातिक़' लखनवी (सैयद अहमद)

(1878–1951)

(1)

कभी दामाने - दिल[1] पर दाग़े - मायूसी[2] नहीं आया
इधर वादा किया उसने, उधर दिल को यक़ीं आया
मुहब्बत आश्ना दिल[3] मज़हबो-मिल्लत[4] को क्या जाने
हुई रोशन जहाँ भी शम्अ, परवाना वहीं आया
मेरी जानिब से[5] उनके दिल में किस शिकवे पे कीना है[6]
वो शिकवा जो ज़बाँ पर क्या, अभी दिल में नहीं आया
हयाते-बेख़ुदी[7] कुछ ऐसी ना महसूस[8] थी 'नातिक़'
अजल[9] आई, तो मुझको अपनी हस्ती पर यक़ीं आया[10]

(2)

सबसे बेहतर मैं, कि मेरा ज़िक्र उस महफ़िल में है
मुझसे बेहतर वो, कि जिसकी याद उसके दिल में है
मुझसे छुप सकती नहीं है आपकी कोई अदा
दिल मेरा आईना है, और आपकी महफ़िल में है
राज़ अगर क़ौनैन के[1] ज़ाहिर हुए 'नातिक़' तो क्या
काश वो मालूम हो जाये जो उसके दिल में है

(3)

मैक़शो मै की कमी-बेशी पे इतना जोश है
यह तो साक़ी जानता है, किसको कितना होश है
कह रहा है शोरे-दरिया से समंदर का सुकूत[1]
जिसका जितना ज़र्फ़[2] है उतना ही वो खामोश है
इब्तिदा से[3] आज तक, 'नातिक़' यही है सरगुज़श्त[4]
पहले चुप था, फिर हुआ दीवाना, अब बेहोश है

(1) 1. दिल के ऊपर 2. निराशा का धब्बा 3. प्रेममग्न हृदय 4. धर्म-जाति 5. तरफ़ से 6. किस शिकायत पर नाख़ुशी है 7. खोया-खोया सा जीवन 8. अनजाना-सा 9. मृत्यु 10. अपने होने पर भरोसा हुआ (2) 1. दोनों दुनिया के रहस्य (3) 1. सागर की प्रशांति 2. योग्यता 3. आरम्भ से 4 हालत

'फ़ानी' बदायूँनी

(1879–1947)

(1)

ज़ब्त अपना शिआर था[1], न रहा
दिल पे' कुछ इख़्तियार[2] था, न रहा
उनकी बे मेह्रियों को[3] क्या मालूम
कोई उम्मीदवार था, न रहा
मेहरबाँ, यह मज़ारे – 'फ़ानी' है
आपका जाँ निसार[4] था, न रहा

(2)

मआले – सोज़े – ग़महाए – निहानी[1] देखते जाओ
भड़क उट्ठी है शमाए – ज़िंदगानी[2] देखते जाओ
सुने जाते न थे तुमसे वो दिन और रात के शिकवे
कफ़न सरकाओ, मेरी बेज़बानी[3] देखते जाओ

(3)

तर्के-तदबीर को[1] भी देख लिया
यह भी तदबीर कारगर न हुई
यूँ मिली हर निगाह से वो निगाह
एक की एक को ख़बर न हुई
आज तस्कीने – दर्दे – दिल[2] 'फ़ानी'
वो भी चाहा किये, मगर न हुई

---

(1) 1. अपना स्वभाव सहनशील था 2. वश, नियन्त्रण 3. बेरहमी, निर्ममता 4. जान निछावर करने वाला (2) 1. आन्तरिक दु:खों की जलन का नतीजा 2. ज़िंदगी की लौ 3. ख़ामोशी (3) 1. प्रयत्न यानी उपाय बन्द करके 2. दिल के दर्द की राहत

'नूह' नारवी

(1879–1962)

(1)

बुलबुल का चुराया दिल नाहक, ये ख़ामख़याली[1] फूलों की
लेती है तलाशी बादे-सबा सब डाली-डाली फूलों की
आलम है अनोखा कलियों का, दुनिया है निराली फूलों की
अल्लाह रे इस ख़ुशहाली पर, यह ख़ुशइक़बाली[2] फूलों की
मिस्ले-बुलबुल[3] नकहत से[4] छुटे दम भर को चमन मुमकिन ही नहीं
होती है तसद्दुक[5] फूलों पर ख़ुद रहने वाली फूलों की
माना कि लुटाया रातों को गुलज़ार में मोती शबनम ने
जब सुबह हुई सूरज निकला, तो जेब थी .ख़ाली फूलों की
गुलचीं की भी नज़रें पड़ती हैं, सरसर के भी झोंके आते हैं
हो ऐसे में किससे क्यूँकर कब तक रखवाली फूलों की
गुलज़ारे-जहाँ को जब देखा, तो शक्ल नज़र आई मुझको
आलम से अलग, आलम से जुदा, आलम से निराली फूलों की
हर ज़र्रे पर, हर पत्ते पर क़ुर्बानो-तसद्दुक करने को
नकहत का ख़ज़ाना खोल दिया, हिम्मत है ये आली फूलों की
फिर रुत बदली, फिर अब्र उठा, फिर सर्द हवाएँ चलने लगीं
हो जाय परी, बन जाय दुल्हन जब डाली डाली फूलों की
हारों में गुँथे, जकड़े भी गये, गुलशन भी छुटा, सीना भी छिदा
पहुँचे पर उनकी गरदन तक, यह .ख़ुश-इक़बाली फूलों की

---

(1) 1. मूर्खता 2. सौभाग्य 3. बुलबुल की तरह 4. खुशबू 5. न्योछावर

बुलबुल को ये समझा दे कोई, क्यूँ ख़ून के आँसू रोती है
उड़ जायेगी सुर्ख़ी फूलों से, मिट जायेगी लाली फूलों की
हम अपने दिल में दाग़ों को यूँ देखते हैं, यूँ जाँचते हैं
करता है निगहबानी जैसे गुलज़ार में माली फूलों की
जो लुत्फ़ कभी हासिल था हमें, वो लुत्फ़ चमन के साथ गया
अब कुंजे-कफ़स में[6] खैंचते हैं तस्वीर ख़याली[7] फूलों की
ऐ बादे-सबा, मुर्ग़ाने-चमन देते हैं तुझे दिल से ये दुआ
अल्लाह करे ख़ुश वो भी रहे, ख़ुश रखने वाली फूलों की
सैयाद के घर से गुलशन तक अल्लाह ही पहुँचाये मुझको
उम्मीद नहीं मैं ख़ुश होकर देखूँ ख़ुशहाली फूलों की
हर मिसरे में, हर शे'र में है, गुलहाए-मज़ामीं[8] का जलवा
ऐ 'नूह', कहूँ मैं इसको ग़ज़ल, या समझूँ डाली फूलों की!

(2)

या ख़ुदा, मैं किसी काफ़िर की अदा बन जाऊँ
दिल में शोख़ी बनूँ, आँखों में हया बन जाऊँ
हर घड़ी अब य' क़ौल उस बुते - मग़रूर का है
कोई सिज्दा करे मुझको तो ख़ुदा बन जाऊँ
क्या चला मैं जो रहे - शौक़ में[1] रुक - रुक के चला
लुत्फ़ चलने का तो जब है कि हवा बन जाऊँ
ज़ब्ते - दिल[2] का य' तक़ाज़ा है कि न निकले कोई अश्क
चश्मे - तर[3] की य' तमन्ना कि घटा बन जाऊँ
मर्तबा[4] ख़ाक का ऐसा है कि ऐ हज़रते 'नूह'
ख़ाक बन जाऊँ, तो क्या जानिये क्या बन जाऊँ

---

(1) 6. पिंजरे का एकान्त कोना 7. काल्पनिक चित्र 8. फूलों के वृत्तान्त (2) 1. प्रेम-पथ में 2. दिल पर काबू रखना, हृदय पर नियन्त्रण रखना 3. आँसुओं से भीगी आँखें 4. इज़्ज़त, प्रतिष्ठा

'सीमाब' अकबराबादी

(1880–1951)

आ अपने दिल में मेरी तमन्ना लिये हुए
शौक़े - कलामो - ज़ौक़े - तमाशा लिये हुए
दिल लेके ख़ुद वो रहते हैं क्या-क्या लिये हुए
शीशे वही तो हैं मिरी दुनिया लिये हुए
महरूमियों पे[1] दिल की मरा जा रहा हूँ मैं
है ख़ाक तेरा नक़्शे-कफ़े-पा[2] लिये हुए
तारीकिए - फ़ज़ा का शिकायत गुज़ार हूँ[3]
सीने में आफ़ताबे - सुवेदा[4] लिये हुए
पहले मिरे सहारे पे' था कारोबारे-ज़ीस्त[5]
अब मैं हूँ ज़िंदगी का सहारा लिये हुए
जी चाहता है उम्रे-मोहब्बत न ख़त्म हो
मर जाइए किसी की तमन्ना लिये हुए
अपना वक़ारे-इश्क़[6] कभी आज़मा के देख
होगी जबीने-इश्क[7] भी सज्दा लिये हुए

1. नाकामियों पर 2. पाँवों के निशान 3. वातावरण में व्याप्त अँधेरे की शिकायत है 4. काला तिल रूपी सूर्य 5. ज़िन्दगी का दारोमदार 6. प्रेम की मर्यादा 7. प्रेम का मस्तक

ख़ुश हूँ कि जैसे गोद में है लाले-शब चिराग़[8]
दामन में अपने लाल-ए-सहरा[9] लिये हुए
नाशे-रवाँ[10] हूँ ज़ीस्त[11] है मेरी फ़रेबे-ज़ीस्त[12]
फिरता हूँ ज़िंदगी का जनाज़ा लिये हुए
जोशे-जुनूँ में आलमे - बारफ़्तगी न पूछ
सहरा से हम गुज़र गये सहरा लिये हुए
सर उनके आस्ताँ पे जो पहुँचे तो हो यक़ीन
सौदा[13] लिये हुए हैं कि सज्दा लिये हुए
हम तूर[14] पर गये भी तो इस शान से गये
मूसा खड़े रहे यदे-बैज़ा[15] लिये हुए
ऐ हुस्न मिरे हाल में तू भी शरीक हो
दोनों जहाँ का बार[16] हूँ तन्हा लिये हुए
बे पर्दा बे तअय्युनो-बेनाम[17] देख उसे
वे तो हैं सिर्फ़ नाम का पर्दा लिये हुए
'सीमाब' कद्रदाँ हैं मिरे ख़ाने-जान साथ
हाजिर हुआ हूँ फ़िक्र का हदीया[18] लिये हुए

---

8. दीपक रूपी रात का लाले का फूल 9. रेगिस्तान में खिला लाले का फूल 10. चलती-फिरती लाश 11. ज़िंदगी 12. ज़िंदगी का धोखा 13. दीवानगी, इश्क 14. एक पहाड़ विशेष 15. अपना तेजस्वी हाथ फैलाये हुए 16. बोझ 17. जिसका कोई अस्तित्व व नाम न हो 18. भेंट, सौगात

'हसरत' मोहानी (सैयद फज़्लुल हसन)

(1881–1951)

(1)

भुलाता लाख हूँ, लेकिन बराबर याद आते हैं
इलाही तर्के-उल्फ़त[1] पर वो क्योंकर याद आते हैं
न छेड़ ऐ हमनशीं[2] कैफ़ीयते-सहबा के[3] अफ़साने
शराबे-बेख़ुदी[4] के मुझको साग़र याद आते हैं
रहा करते हैं क़ैदे-होश में, ऐ वाए नाकामी[5]
वो दश्ते-ख़ुदफ़रामोशी[6] के चक्कर याद आते हैं
नहीं आती तो याद उनकी महीनों तक नहीं आती
मगर जब याद आते हैं, तो अक्सर याद आते हैं
हक़ीक़त खुल गई 'हसरत' तेरे तर्के-मुहब्बत की
तुझे तो अब वो पहले से भी बढ़कर याद आते हैं

(2)

शबे-फ़ुर्क़त में[1] याद उस बे ख़बर की बार बार आई
भुलाना हमने भी चाहा, मगर बे इख़्तियार आई
उमीदें तुझ से थीं वाबस्ता[2] लाखों, आर्ज़ू लेकिन
बहुत होकर तेरी दरगाह[3] से बे इख़्तियार आई
इलाही रंग यह कब तक रहेगा हिज्रे-जानां[4] में
कि रोज़े-बेदिली गुज़रा[5] तो शामे-इंतज़ार आई
न हाथ आया बजुज़[6] रंजो-बला कुछ इश्क़े-'हसरत' को
दियारे - हुस्न[7] की आबो - हवा नासाज़गार[8] आई

---

(1) 1. प्रेम के परित्याग 2. दोस्त 3. मदहोशी के 4. आत्म-विस्मृति की शराब 5. असफलता 6. आत्म-विस्मृति का वन (2) 1. वियोग की रात्रि में 2. जुड़ी हुई 3. दहलीज़, दरवाज़ा 4. प्रियतमा के बिछोह में 5. उदासी भरा दिन बीता 6. सिवा 7. सुन्दरता भरी दुनिया 8. जो रास न आये

(3)

सियहकार[1] थे बासफ़ा[2] हो गये हम
तेरे इश्क़ में क्या से क्या हो गये हम
न जाना कि शौक़ और भड़केगा मेरा
वो समझे कि उससे जुदा हो गये हम
उन्हें रंज अब क्यों हुआ, हम तो ख़ुश हैं
कि मर कर शहीदे-वफ़ा हो गये हम
तेरी फ़िक्र का मुब्तला[3] हो गया दिल
मगर क़ैदे-ग़म से रिहा हो गये हम

(4)

वो चुप हो गये मुझसे क्या कहते कहते
कि दिल रह गया मुद्दआ[1] कहते कहते
मेरा इश्क़ भी खुदगरज़ हो चला है
तेरे हुस्न को बेवफ़ा कहते कहते
शबे-ग़म किस आराम से सो गये हम
फ़साना तिरी याद का कहते कहते
ख़बर उनको अब तक नहीं, मर मिटे हम
दिले-ज़ार का माजरा[2] कहते कहते
अजब क्या जो है बदगुमां[3] सबसे वाइज़[4]
बुरा सुनते सुनते, बुरा कहते कहते
वो आये, मगर आये किस वक़्त 'हसरत'
कि हम चल बसे मरहबा[5] कहते कहते

---

(3) 1. गुनहगार 2. पाक-साफ़ 3. ग्रस्त, गिरफ़्तार (4) 1. आशय, मतलब 2. दुखी दिल का हाल 3. बुरे खयाल रखने वाला 4. धर्मोपदेशक 5. बहुत खूब-बहुत खूब

(5)

वो कहते हैं, फिर तुझको आना पड़ेगा
हमीं को फिर उल्टे मनाना पड़ेगा
तेरी याद भी छूट जायेगी, लेकिन
बहुत दिल को सदमा उठाना पड़ेगा
कहाँ जायेगी इश्क़बाज़ी की आदत
कहीं और दिल को लगाना पड़ेगा
इरादे ग़रज़ हैं[1] बहुत कुछ, पे 'हसरत'
वो कहते हैं फिर तुझको आना पड़ेगा

(6)

चुपके चुपके रात दिन आँसू बहाना याद है
हमको अब तक आशिक़ी का वो ज़माना याद है
तुझसे कुछ मिलते ही वो बेबाक हो जाना मिरा
और तिरा दाँतों में वो उँगली दबाना याद है
खेंच लेना वो मिरा पर्दे का कोना दफ़अतन[1]
और दुपट्टे से तिरा वो मुँह छिपाना याद है
ग़ैर की नज़रों से बचकर सबकी मर्ज़ी के ख़िलाफ़
वो तिरा चोरी-छुपे रातों को आना याद है
चोरी चोरी हमसे तुम आकर मिले थे जिस जगह
मुद्दतें गुज़रीं पर अब तक वो ठिकाना याद है

(5) 1. सम्बन्धित हैं, निर्भर हैं (6) 1. अचानक

'वहशत' कलकतवी

(1881–1956)

(1)

हुए हैं गुम जिसकी जुस्तजू में, उसी की हम जुस्तजू करेंगे
रखा है महरूम[1] जिसने हमको, उसी की हम आर्ज़ू करेंगे
गये वो दिन जबकि इस चमन में हवा-ए-नश्वोनुमा थी हमको
ख़िज़ाँ को देखा नहीं है हमने, कि ख़्वाहिशे-रंगो-बू करेंगे
हिकायते-आर्ज़ू[2] है नाज़ुक, ज़बान क्या खाक कह सकेगी
लबे-ख़मोशो-निगाहे-हसरत से दिल की, हम गुफ़्तगू करेंगे
जगह जो आँखों में मैंने दी थी, तो उनसे थी चश्मे-राज़दारी
ये क्या ख़बर थी कि अश्क मेरे मुझी को बे आबरू करेंगे
अभी तो गुमकर्दा राह[3] ख़ुद हैं, भैए-मुहब्बत की बेखुदी में
अगर कभी आप में हम आये, तो उसकी भी जुस्तजू करेंगे

(2)

जो ज़िंदगी में हमें कुछ उमीद ही न रही
तो ज़िंदगी ही हमारी रही, रही न रही
दिले - फ़सुर्दा[1] ने यूँ मुझको बे नियाज़[2] किया
कि दहर में[3] कोई शै वज्हे - दिलकशी[4] न रही
मुक़ामे - शुक्र है इक वक़्त ऐसा आ पहुँचा
कि दिल के हाल से ख़ुद दिल की आगही[5] न रही
ग़लत है दूँ जो गुलिस्ताने - दहर को इल्ज़ाम
जब अपने ग़ुंच - ए - ख़ातिर में[6] ताज़गी न रही
ये क्या ज़रूर है रोऊँ मैं ऐशे - रफ़्ता को[7]
बुरा ही क्या है जो लब पर मेरे हँसी न रही

---

(1) 1. वंचित 2. इच्छा यानी अभिलाषा का वृत्तान्त 3. खोये या भटके हुए (2) 1. मुर्झाया हुआ दिल 2. विरक्त 3. दुनिया में 4. दिलकशी का कारण 5. परिचय, ख़याल 6. हृदय रूपी कली में 7. विगत ऐश्वर्य

'अज़ीज़' लखनवी (मिर्ज़ा मुहम्मद हादी)

(1882–1935)

(1)

ख़याल तक भी उधर, ऐ ख़ुदा, नहीं जाता
मरीज़े-ग़म का तसव्वुर[1] किया नहीं जाता
बयाने-हुर्मते-सहबा[2] सही, मगर ऐ शेख़
तेरी ज़बान से उसका मज़ा नहीं जाता
हरेक क़दम तेरे कूचे में एक आलम है
कहाँ तक अब मैं चलूँगा, चला नहीं जाता
हुजूमे-शौक़[3] का बस मुख़्तसर[4] य' क़िस्सा है
कि जो मैं चाहता हूँ वो कहा नहीं जाता
वो सरज़मीन, जहाँ पर मज़ार है मेरा
उधर से अब कोई दर्द-आश्ना नहीं जाता

(2)

गिला[1] किससे, जब उसको इज़्तराबे-दिल[2] पसंद आया
ख़ुदा ही को अज़ल से[3] शेवए-बिस्मिल[4] पसंद आया
रगे-जाँ ने[5] वहीं की बढ़के हिम्मत की क़दम-बोसी[6]
जहाँ हमको खयाले-दूरिए-मंज़िल[7] पसंद आया
ज़रा यह इंतिख़ाब[8] उसकी निगाहे-नाज़ का[9] देखो
कि आँसू बन रहा था जो, वो ख़ूने-दिल पसंद आया

---

(1) 1. दुखीजन का ध्यान 2. शराब की प्रशंसा 3. इच्छाओं की भीड़ 4. संक्षिप्त
(2) 1. शिकायत 2. दिल की तड़पन 3. अनादिकाल से 4. घायल 5. ज़िंदगी की रगों ने 6. पाँव चूमे 7. मंज़िल की दूरी का खयाल 8. चुनाव 9. माशूक़ाना नज़र

(3)

विसाले-दायमी[1] क्या है, शबे-फ़ुर्क़त में[2] मर जाना
कज़ा[3] क्या है, दिली जज़्बात का[4] हद से गुज़र जाना
निसार[5] इस बचपने के और इस नाज़ुक दिमाग़ी के
सियह बालों से[6] अपने नींद में ख़ुद आप डर जाना
इन्हीं टूटी हुई क़ब्रों में है इक तुर्बते-बेकस[7]
ज़रा मुँह फेर लेना, जाने वाले, जब उधर जाना

(3) 1. अमर मिलन 2. विरह-रात्रि में 3. मृत्यु 4. दिली इच्छाओं का 5. न्योछावर 6. काले केशों से 7. एक असहाय व्यक्ति की कब्र

'चकबस्त' (पं. ब्रजनारायण)

(1882–1926)

(1)

कुछ और है वो, शाइरे - मूजिज़बयाँ[1] नहीं
जिसके सख़ुन से[2] रंगे - तबीयत अयाँ[3] नहीं
मज्मून आबदार है, दुरहाय शाहयार[4]
दरियाए - नूर[5] है मेरी तब - ए - रवाँ[6] नहीं
इज़हारे - दर्द ग़ैर से करते हैं बुलहवस[7]
हमको दिमाग़ नालओ - आहो - फ़ुग़ाँ नहीं[8]
दोशे-सबा पे रहता हूँ मानिंद मुर्ग़बू[9]
शाख़े - शजर[10] को बार मेरा आशियाँ नहीं
क्या देखते ही देखते दुनिया बदल गई
वल्लाह, वो ज़मीं नहीं वो आसमाँ नहीं

(2)

एक साग़र भी इनायत न हुआ[1] याद रहे
साक़िया, जाते हैं, महफ़िल तेरी आबाद रहे
बाग़बाँ दिल का, वतन को य' दुआ देता है
मैं रहूँ या न रहूँ यह चमन आबाद रहे
हुक्म माली का है ये फूल न हँसने पायें
चुप रहे बाग़ में कोयल, मगर आज़ाद रहे

---

(1) 1. स्पष्ट कथन या साफ़बयानी वाला शायर 2. शायरी से 3. प्रकट 4. सजीव वर्णन, मोतियों जैसी प्रभावाला 5. रोशनी की नदी जैसा 6. कल्पनाशीलता 7. लोभी-लालची लोग दूसरों के आगे अपना रोना रोते हैं 8. रोना-धोना, चीखना-चिल्लाना 9. सुबह की हवा के कन्धों पर मुर्गे की आवाज़ की तरह रहता हूँ 10. पेड़ की डाली पर (2) 1. एक प्याले की कृपा भी न हुई

(3)

रबिशे-ख़ाम पे[1] मर्दों की न जाना हर्गिज़
दाग़ तालीम में[2] अपनी न लगाना हर्गिज़
रंग है जिनमें, मगर बूए-वफ़ा[3] कुछ भी नहीं
ऐसे फूलों से न घर अपना सजाना हर्गिज़
पूजने के लिये मंदिर है जो आज़ादी का
उसको तफ़रीह का मर्कज़[4] न बनाना हर्गिज़
काग़ज़ी फूल विलायत के दिखा कर इनको
देश के बाग़ से नफ़रत न दिलाना हर्गिज़
गो बुज़ुर्गों में तुम्हारे, न हो इस वक़्त का रंग
इन ज़ईफ़ों को[5] न हँस हँस के रुलाना हर्गिज़

---

(3) 1. कच्ची-अनगढ़ राह पर, 2. शिक्षा पर धब्बा 3. विश्वास की सुगन्ध 4. मनोरंजन या दिलबहलाव की जगह 5. इन बूढ़े लोगों को

'त्रिशूल' (गयाप्रसाद शुक्ल 'सनेही')*

(1883–1972)

(1)

वो हम पे जफ़ा[1] ही जफ़ा कर रहे हैं
हमारा ही उल्टा गिला[2] कर रहे हैं
ग़ज़ब है, कि है एक का एक दुश्मन
इन्हें क्या था करना, ये क्या कर रहे हैं
जो करते हैं तर्पण ग़रीबों के ख़ूँ से
वो बापों की अपने गया कर रहे हैं
पिलाते हैं रह रह के ये घूँट विष के
दिखाते हैं, हम पे दया कर रहे हैं
गला काटते कुंद तलवार से हैं
मुहब्बत का हक़ ये अदा कर रहे हैं

(2)

हैं दम भरते हम उनका, वे हमें बेदम समझते हैं
समझते होंगे वे जी में कि हम कुछ कम समझते हैं
हमारे दर्दे-दिल का हाल कोई ग़ैर क्या समझे
गुज़रती हम पे क्या क्या है, उसे बस हम समझते हैं
शरारत से नहीं बाज़ आते, हमको छेड़े जाते हैं
अगर हम कहते हैं कुछ तो, उसे ऊधम समझते हैं
हमें हाजत[1] नहीं है अब किसी की रहनुमाई[2] की
हम अपने दिल के आईने को जामे-जम समझते हैं
'त्रिशूल' अब तो उठा दिल से है उनका एतिबार[3] ऐसा
जो वह हैरानी देते हैं मिला, सब हम समझते हैं

---

* ये हिन्दी में 'सनेही' और उर्दू में 'त्रिशूल' तख़ल्लुस से क़ौमी शायरी करते थे
(1) 1. छल, दग़ा 2. शिकायत (2) 1. ज़रूरत 2. पथ-प्रदर्शन 3. भरोसा

'असग़र' गोंडवी (मौलाना असग़र हुसैन)

(1884–1936)

(1)

नमूदे-हुस्न[1] को हैरत में हम क्या-क्या समझते हैं
कभी जल्वा[2] समझते हैं, कभी पर्दा समझते हैं
यही थोड़ी सी मै है औ यही छोटा सा मैख़ाना
इसी से रिंद[3] राज़े - गुम्बदे - मीना[4] समझते हैं
कभी तो जुस्तजू[5] जल्वे को भी पर्दा बताती है
कभी हम शौक़ में[6] जल्वे को भी पर्दा समझते हैं
ये ज़ौक़े - दीद[7] की शोख़ी, य' अक्से - रंगे - महजूबी[8]
न जल्वा है न पर्दा, हम उसे तन्हा समझते हैं
वो नकहत[9] से सिवा पिन्हा, वो गुल से भी सिवा उरियाँ[10]
य' हम हैं जो कभी पर्दा कभी जल्वा समझते हैं
य जल्वे की फ़िरावानी[11], यह अरज़ानी[12], य उरियानी[13]
फिर इस शिद्दत की ताबानी[14] कि हम पर्दा समझते हैं
ज़माना आ रहा है जब इसे समझेंगे सब 'असग़र'
अभी तो आप ख़ुद कहते हैं, ख़ुद तन्हा समझते हैं

(2)

हम एक बार जल्वए - जानाना[1] देखते
फिर काबा देखते न सनमखाना देखते
इक शोला और शमा से बढ़ कर है रक्स में[2]
तुम फाड़कर तो सीनए - परवाना[3] देखते
बिखरी हुई हो ज़ुल्फ़ भी उस चश्मे-मस्त पर
हल्का सा अब्र[4] भी सरे - मैख़ाना देखते

---

(1) 1. तड़क-भड़क वाला सौन्दर्य 2. प्रदर्शन, दिखावा 3. पियक्कड़ 4. सुराही की बुलंदी का रहस्य 5. चर्चा, चिंतन 6. प्रेममग्न होकर 7. देखने का मज़ा 8. शर्मीलापन 9. खुशबू 10. खुलापन, नग्नता 11. प्रचुरता, आधिक्य 12. सहज सुलभता 13. खुलापन 14. तीव्र चमक
(2) 1. प्रियतमा की शानशौकत 2. नृत्य में, थिरकन में 3. परवाने का सीना 4. बादल

(3)

मरते-मरते न कभी आक़िलो-फ़र्ज़ाना[1] बने
होश रखता हो जो इंसान, तो दीवाना बने
मौजें-सहबा[2] से भी बढ़कर हों हवा के झौंके
अब्र[3] यों झूम के छा जाय कि मैख़ाना बने
कारफ़र्मा है फ़क़त हुस्न का नैरंगे-कमाल[4]
चाहे वो शमा बने, चाहे वो परवाना बने

(4)

तर्के-मुद्दआ[1] कर दे, ऐने-मुद्दआ[2] हो जा
शाने-अब्द[3] पैदा कर, मजहरे-ख़ुदा[4] हो जा
उसकी राह में मिट कर, बेनियाज़ ख़िलक़त[5] बन
हुस्न पर फ़िदा होकर हुस्न की अदा हो जा
तू है जब पयाम[6] उसका, फिर पयाम क्या तेरा
तू है जब सदा[7] उसकी, आप बे सदा हो जा
आदमी नहीं सुनता आदमी की बातों को
पैकरे-अमल बन कर ग़ैब की सदा हो जा[8]

(5)

फ़ित्ला सामानियों की खू न करे[1]
मुख़्तसर[2] यह कि आर्ज़ू न करे
पहले हस्ती की है तलाश ज़रूर
फिर जो गुम हो तो जुस्तजू न करे
मावराए-सुख़न[3] भी है कुछ बात
बात ये है कि गुफ़्तगू न करे

---

(3) 1. चतुर और होशियार 2. शराब की लहरें 3. बादल 4. सिर्फ़ सुन्दरता का अद्भुत मायाजाल ही असरदार है (4) 1. दावे या मतलब को त्याग दे 2. वास्तविक दावा या मतलब 3. उस अदृश्य की सेवा में खुद को निछावर कर दे 4. खुदा के प्रकट होने का स्थान 5. संसार से निरपेक्ष होना 6. सन्देश 7. आवाज़ 8. स्वयं कार्य में ढल कर परलोक की आवाज़ हो जा (5) 1. दुनियावी चीज़ों की आदत न डालें 2. सारांश 3. आवाज़ या वाणी के अलावा भी

'यगाना' चंगेज़ी (मिर्ज़ा वाजिद हुसैन)*

(1884–1953-54)

(1)

ख़ुदी का[1] नशा चढ़ा आप में, रहा न गया
ख़ुदा बने थे 'यगाना', मगर बना न गया
गुनाहे – ज़िंदा दिली कहिए, या दिल आज़ारी[2]
किसी पे हँस लिये इतना कि फिर हँसा न गया
समझते क्या थे, मगर सुनते थे तरानए-दर्द
समझमें आने लगा जब, तो फिर सुना न गया
पुकारता रहा किस किस को डूबने वाला
ख़ुदा थे इतने, मगर कोई आड़े आ न गया

(2)

मुझे दिल की ख़ता पर 'यास' शरमाना नहीं आता
पराया जुर्म अपने नाम लिखवाना नहीं आता
बुरा हो पाए-सरकश का[1] कि थक जाना नहीं आता
कभी गुमराह होकर, राह पर आना नहीं आता
मुसीबत का पहाड़ आख़िर किसी दिन कट ही जायेगा
मुझे सर मार कर तेशे से मर जाना नहीं आता
दिले – बेहौसला है इक ज़रा सी ठेस का मेहमाँ
वो आँसू क्या पियेगा जिसको ग़म खाना नहीं आता
सरापा राज़ हूँ[2] मैं, क्या बताऊँ कौन हूँ क्या हूँ
समझता हूँ, मगर दुनिया को समझाना नहीं आता

---

* इनका एक तख़ल्लुस 'यास' भी था।

(1) 1. अहंकार का 2. यातना देना, तकलीफ़ पहुँचाना (2) 1. हठीले, ज़िद्दी पाँव 2. सम्पूर्ण रूप से रहस्य हूँ

(3)

हवाए - तुंद में[1] ठहरा न आशियाँ[2] अपना
चिराग़ जल न सका ज़ेरे - आस्माँ[3] अपना
जरस ने मुज़्दए - मंज़िल सुना के[4] चौंकाया
निकल चला था दबे पाँव कारवाँ अपना
ख़ुदा किसी को भी ये ख़्वाबे-बद[5] न दिखलाए
क़.फस[6] के सामने जलता है आशियाँ अपना

(4)

चिराग़े-ज़ीस्त[1] बुझा दिल से इक धुआँ निकला
लगा के आग मेरे घर से मेहमाँ निकला
तड़प के आब्ला पा[2], उठ खड़े हुए आख़िर
तलाशे-यार में जब कोई कारवाँ निकला
लहू लगा के शहीदों में हो गये दाख़िल
हवस तो निकली, मगर हौसला कहाँ निकला
ज़माना फिर गया, चलने लगी हवा उलटी
चमन को आग लगा के जो बाग़बाँ निकला
कलामे-'यास' से दुनिया में फिर इक आग लगी
ये कौन हज़रते-'आतिश'[3] का हमज़बाँ निकला

(5)

यक्साँ कभी किसी की न गुज़री ज़माने में
यादश बख़ैर[1] बैठे थे कल आशियाने में
सदमा दिया तो सब्र की दौलत भी देगा वो
किस चीज़ की कमी है सख़ी[2] के ख़ज़ाने में
अफ़सुर्दा ख़ातिरों को[3] ख़िज़ाँ क्या, बहार क्या
कुंजे-क़फ़स में[4] मर रहे, या आशियाने में
हम ऐसे बदनसीब कि अब तक न मर गये
आँखों के आगे आग लगी आशियाने में

---

(3) 1. तेज़ हवा 2. नीड़, घोंसला 3. आसमान के नीचे 4. काफिले के ऊँटों के गले में बँधी घंटियों ने मंज़िल पर पहुँचने की खबर सुना कर 5. खराब सपना 6. पिंजरा (4) 1. ज़िंदगी का चिराग 2. पाँवों के फफोले 3. लखनऊ स्कूल के महान शायर 'आतिश' (5) 1. ईश्वर की कृपा बनी रहे 2. उदार, दानशील 3. बुझे दिल वालों को 4. पिंजरे के कोने में

दीवाने बन के उनके गले से लिपट भी जाओ
काम अपना कर लो 'यास' बहाने-बहाने में

(6)

हासिले - फ़िक्रे - नारसा[1] क्या है
तू ख़ुदा बन गया बुरा क्या है
कैसे कैसे ख़ुदा बना डाले
खेल बंदे का है, ख़ुदा क्या है
दर्दे-दिल की कोई दवा न हुआ
या इलाही, ये माजरा क्या है
नूर ही नूर है, कहाँ का जुहूर
उठ गया पर्दा, अब रहा क्या है
रहने दे हुस्न का ढका पर्दा
वक़्त - बेवक़्त झौकता क्या है

(7)

पढ़ के दो कलमे अगर कोई मुसलमाँ हो जाय
फिर तो हैवान भी दो रोज़ में इंसाँ हो जाय
आग में हो जिसे जलना तो वो हिंदू बन जाय
ख़ाक में हो जिसे मिलना तो मुसलमाँ हो जाय
नश्शए-हुस्न को इस तरह उतरते देखा
ऐब पर अपने कोई जैसे पशेमाँ[1] हो जाय

(8)

इसी फ़रेब ने मारा, कि कल है कितनी दूर
इस आजकल में अबस[1] दिन गँवाए हैं क्या-क्या
पहाड़ काटने वाले ज़मीं से हार गये
इसी ज़मीन में दरिया समाये हैं क्या-क्या
ख़ुशी में अपने क़दम चूम लूँ तो ज़ेबा है[2]
वो लग़ज़िशों पे[3] मेरी मुस्कुराये हैं क्या-क्या
ख़ुदा ही जाने 'यगाना', मैं कौन हूँ क्या हूँ
ख़ुद अपनी ज़ात पे[4] शक दिल में आये हैं क्या-क्या

---

(6) 1. न पहुँच पाने की फिक्र का हासिल यानी नतीजा (7) 1. शर्मिंदा (8) 1. बेकार व्यर्थ 2. उचित है 3. लड़खड़ाहटों पर 4. हस्ती, व्यक्तित्व, शख़्सियत

'अमजद' हैदराबादी

(1884–मृत्यु : अज्ञात)

(1)

नाल-ए-जाने-ख़स्ता जाँ[1], अर्शे-बरीं पे[2] जाये क्यों
मेरे लिए ज़मीन पर साहबे-अर्श[3] आये क्यों
नूरे-ज़मीन-ओ-आस्माँ, दीद-ए-दिल में आये क्यों
मेरे सियाह ख़ाने में[4] कोई दीया जलाये क्यों
ज़ख़्म को घाव क्यों बनाओ, दर्द और क्यों बढ़ाओ
निस्बते हू को तोड़ कर[5] कीजिए हाय-हाय क्यों
बख़्शने वाला जब मिरा उफ़ू[6] पे है तुला हुआ
मुझ सा गुनहगार फिर जुर्म से बाज़ आये क्यों
'अमज़दे'-ख़स्ता-हाल की पूरी हो क्यूँकर आर्ज़ू
दिल ही नहीं जब उसके पास, मतलये-दिलबर आये क्यों

(2)

हम तो इक बार उसके हो जायें
वो हमारा हुआ, हुआ न हुआ
ढूँढता हूँ मैं हर नफ़स उसको
मुझसे जो इक नफ़स जुदा न हुआ
क्या मिला वहशते-वजूदी[1] से
बंदा, बंदा रहा, ख़ुदा न हुआ
बंदगी में ये किब्रियाई[2] है
खैर गुज़री कि मैं ख़ुदा न हुआ

---

(1) 1. दुखी दिल का आर्तनाद 2. ऊँचे आसमान पर 3. ईश्वर 4. अँधेरे घर में 5. ईश्वर में तल्लीनता से विमुख होकर 6. क्षमा करने पर (2) 1. एकेश्वरवाद 2. बड़ाई

(3)

बर्बाद न कर बेकस का चमन, बेदर्द ख़िज़ाँ[1] से कौन कहे
ताराज़[2] न कर मेरा ख़िरमन[3], उस बर्क़े-तपाँ[4] से कौन कहे
मुझ ख़स्ता जिगर की जान न ले, यह कौन अजल[5] को समझाये
कुछ देर ठहर जा ऐ दरिया, दरिया-ए-रवाँ से कौन कहे
सीने में बहुत ग़म हैं पिन्हाँ[6] और दिल में हज़ारों हैं अरमाँ
इस क़हरे-मुजस्सिम[7] के आगे, हाल अपना ज़बां से कौन कहे
हरचंद हमारी हालत पर रहम आता है हर इक को मगर
कौन आपको आफ़त में डाले, उस आफ़ते-जाँ से कौन कहे
क़ासिद[8] के बयाँ का ऐ 'अमजद' क्योंकर हो असर उनके दिल पर
जिस दर्द से तुम ख़ुद कहते हो, उस तर्ज़े-बयाँ से कौन कहे

---

(3) 1. पतझड़ 2. ब र्बाद 3. खलिहान 4. तपती बिजली 5. मृत्यु 6. छिपे 7. कहर ढाने वाले 8. पत्रवाहक

जोश मल्सियानी (पंडित लब्बूराम)

(1884–1976)

(1)

बला से कोई हाथ मलता रहे
तिरा हुस्न साँचे में ढलता रहे
हर इक दिल में चमके मुहब्बत का दाग़
य' सिक्का ज़माने में चलता रहे
वो हमदर्द क्या जिसकी हर बात में
शिकायत का पहलू निकलता रहे
बदल जाये ख़ुद भी तो हैरत है क्या
जो हर रोज़ वादे बदलता रहे
मेरी बेक़रारी पे कहते हैं वो
निकलता है दम तो निकलता रहे

(2)

बंद-ए-मेहर[1] ब लब[2] हूँ मैं सनाख़्वाँ[3] तेरा
दिल में रहता है मुक़फ़्फ़ल ग़मे-पिन्हाँ[4] तेरा
ज़िंदगी कुछ भी नहीं सोज़े-मुहब्बत[5] के बग़ैर
आग उस दिल में लगे जो नहीं ख़्वाबाँ[6] तेरा
क़ुल्ज़ुमे - इश्क़[7] के तूफ़ान से बचना मालूम
ऐ दिलेज़ार, अब अल्लाह निगहबाँ तेरा
क्यों गुलेतर को मैं आइने में तस्बीह न दूँ
उसमें आता है नज़र चेहर-ए-ख़ंदाँ[8] तेरा
हौज़े-कौसर भी हो उस जाम पे' सिदक़े[9] सौ बार
जिसमें मुझको नज़र आये रुख़े-ताबाँ[10] तेरा

---

(2) 1. कृपाकाँक्षी भक्त 2. अधरों पर 3. प्रार्थनारत 4. तालाबंद सुरक्षित दुख 5. प्रेम की तपिश 6. स्वप्नलीन 7. प्रेम का सागर 8. मुस्कुराता चेहरा 9. न्योछावर 10. प्रदीप्त यानी चमकता चेहरा

(3)

करूँ शरहे-जुनूँ[1] क्यूँकर ख़िरदमंदों की[2] महफ़िल में
ये वो नुक़्ते हैं जिनको अहले-दानिश[3] कम समझते हैं
शबे-तारीके-ग़म में[4] ज़िंदगी का है यक़ीं किसको
सफ़े-अंजुम को[5] हम अपनी सफ़े-मातम[6] समझते हैं
हमारे इश्क़ ने मफ़हूम[7] लफ़्ज़ों का बदल डाला
कि जो दम पर बना दे हम उसे हमदम समझते हैं
हुए जो ख़ूगरे- ग़म[8], ऐश का उन पर असर क्या हो
ख़ुशी को वो ख़ुशी समझें, जो ग़म को ग़म समझते हैं

---

(3) 1. उन्माद की व्याख्या 2. अक्लमंदों की 3. अक्लमंद लोग 4. दुख की अँधेरी रात में 5. सभा की पंक्ति या कतार 6. शोक सभा की कतार 7. अर्थ, मतलब 8. दुखों के अभ्यस्त

नियाज़ फतेहपुरी*

(1884–1966)

जब क़फ़स में मुझको यादे-आशियाँ आ जाये है
सामने आँखों के इक बिजली सी लहरा जाये है
दिल मिरा वो खानए-वीराँ है, जल बुझने पे' भी
राख से जिसकी धुआँ ता देर उठता जाये है
चश्मेतर है इस तरफ़ और उस तरफ़ अब्रे-बहार
देखना है आज किससे कितना रोया जाये है
मेरी तन्हाई न पूछो, जैसे कोई नक्शे-पा[1]
दूर सहरा के किसी गोशे में पाया जाये है
रात की तन्हाइयाँ और उनकी आमद का ख़याल
चाँद जैसे रूह के अंदर से गुज़रा जाये है
मेरा पिंदारे - ख़ुदाई[2] उस घड़ी देखे कोई
जब मुझे बंदा तेरा कह कर पुकारा जाये है
अब ये हाले-दिल है जैसे रख के काँटों पर 'नियाज़'
रेशमी चादर को बेदर्दी से खींचा जाये है

---

* 'निगार' पत्रिका के यशस्वी संपादक। 'निगारिस्तान', 'जमालिस्तान' आदि 34 पुस्तकें प्रकाशित। 'गीतांजलि' का उर्दू अनुवाद 'अर्जे-नग़मा' नाम से किया

1. पैरों का निशान 2. ईश्वर में ध्यानमग्नता

‘असर’ लखनवी (मिर्ज़ा ज़फ़रअली ख़ाँ)

(1885–मृत्यु : अज्ञात)

(1)

मिटे है किस पे’, किसी को गुमाँ[1] नहीं होता
मज़ाक़े – इश्क़ हमारा अयाँ[2] नहीं होता
तुम्ही हो रौनक़े – गुलशन, तुम्हीं हो रंगे–बहार
मगर किसी को तुम्हारा गुमाँ नहीं होता
तुम आइने की तरफ़ ग़ौर से कभी देखो
हमें जो मद्दे – नज़र[3] है, बयाँ नहीं होता

(2)

इस सादगी पे’ जान मेरी क्यों फ़िदा न हो
जब दिल दुखाके तू कहे, ‘अच्छा ख़फ़ा न हो’
घुट घुट के मर न जाये, तो बतलाओ क्या करे
वो बदनसीब, जिसका कोई आसरा न हो
जिस दर पे’ गया, आई सदा ये, कि – ‘दूर दूर’
ऐसा भी कोई तेरी नज़र से गिरा न हो
क्या–क्या दुआएँ माँगते हैं सब, मगर ‘असर’
अपनी यही दुआ है, कोई मुद्दआ[1] न हो

(3)

वो लचक ऐसी कहाँ से लाएगी
शाख़े–गुल[1] क़द से तेरे शर्माएगी
हम समझते थे कि उल्फ़त[2] खेल है
ये ख़बर क्या थी, लहू रुलवायेगी[3]
झोलियाँ भरती है क्यों बादे–सहर[4]
फूल किसकी क़ब्र पर बरसायेगी
छोड़ दीजे मुझको मेरे हाल पर
जो गुज़रती है, गुज़र ही जाएगी

---

(1) 1. सन्देह, शक 2. व्यक्त, प्रकट 3. पसन्द है (2) 1. इच्छा (3) 1. फूलों.की डाली 2. प्रेम, मुहब्बत 3. खून के आँसू रुलाएगी 4. सुबह की हवा

तिलोक चंद 'महरूम'

(1887–1966)

(1)

नज़र उठा दिले-नादाँ, ये जुस्तजू क्या है
इसी का जल्वा तू है, और रूबरू क्या है
किसी की एक नज़र ने बता दिया मुझको
सुरूरे-बादा बे साग़र ओ सुबू क्या है
क़फ़स अज़ाब सही, बुलबुले-असीर, मगर
ज़रा ये सोच कि वो दामे-रंगो-बू क्या है
गदा[1] नहीं हैं कि दस्ते-सवाल फैलाएँ
कभी न आपने पूछा कि आर्जू क्या है
न मिरे अश्क में शामिल, न उनके दामन पर
मैं क्या बताऊँ अभी, ख़ूने-आर्ज़ू क्या है
सुख़न हो सम्अ ख़राशी[2], तो ख़ामुशी बेहतर
असर करे न जो दिल पर वो गुफ़्तगू क्या है

(2)

पहलू में दिल है, दर्द की दुनिया कहें जिसे
पर इस क़दर उजाड़, कि सहरा कहें जिसे
वो रोबे-हुस्न था कि बन आई न हमसे बात
यूँ हाले-दिल कहा, कि न कहना कहें जिसे

(3)

है है, किसी की बज़्म मुझे याद आ गई
वाइज़[1], ख़ुदा के वास्ते, ज़िक्रे-जिना[2] न छेड़
दुनिया में, ऐ ज़बाँ, रबिशे-सुलहे-कुल[3] न छोड़
जिससे किसी को रंज हो, ऐसा बयाँ न छेड़
हमदम, कहीं न हसरते-ख्वाबीदा[4] जाग उठे
अय्यामे - हुस्नो - इश्क़ की[5] फिर दास्ताँ न छेड़

---

(1) 1. भिक्षुक 2. कर्णकटु, सुनने में तीखा (3) 1. उपदेशक, नीतिवान 2. अनैतिक प्रेम यानी व्यभिचार का ज़िक्र 3. दोस्ती की राह 4. सपनीली इच्छाएँ 5. हुस्न और इश्क के दिनों की

'नादिर' शाहजहाँपुरी (जान राबर्ट पॉल)

(1889–1963)

(1)

जो दर्दे-जिगर में कमी हो तो जानूँ
क़यामत अगर मुल्तवी हो तो जानूँ
मुक़द्दर न मेरा बिगड़ कर बनेगा
किसी की भी बिगड़ी बनी हो तो जानूँ
मुझे तेरी फ़ुर्क़त में[1] जो बेकली है
तुझे भी वही बेकली तो जानूँ
शबे-ग़म में कल मैंने तारे गिने हैं
ज़रा आँख मेरी लगी हो तो जानूँ
रक़ीबों की हर बात करते हो पूरी
मिरे साथ भी मुन्सफ़ी[2] हो तो जानूँ
पसे-मर्ग[3] 'नादिर' वो आये भी तो क्या
इनायत अगर जीते जी हो तो जानूँ

(2)

माँगना काम मुझ सवाली का
बख़्शना तेरी ज़ाते-आली[1] का
क्यों गिराया है अपनी नज़रों से
हुक्म कर दे मिरी बहाली का
तु ही वो फूल है, जो है महबूब
पत्ते पत्ते का डाली डाली का
बात जो भी कहो वो साफ़ कहो
काम क्या फ़ज़्ल[2] एहतमाली[3] का
जल बुझूँगा भड़क के दम भर में
मैं हूँ गोया दीया दीवाली का
'नादिर' ऐसा कलाम है मेरा
साद[4] है जिस पे लाज़वाली[5] का

---

(1) 1. विरह में 2. न्याय 3. मरने पर (2) 1. श्रेष्ठता, महानता 2. कृपा, मेहरबानी 3. शक़, सन्देह 4. आँख 5. अनश्वरता, शाश्वतता

'रवाँ' (जगतमोहन लाल)

(1889–1933)

(1)

वो ख़ुश होके मुझसे ख़फ़ा हो गया
मुझे क्या उमीदें थीं, क्या हो गया
नवेदे - शिफ़ा[1] चारासाज़ों को[2] दो
मरज़ अब मिरा ला दवा हो गया
कहाँ से कहाँ लाई क़िस्मत मिरी
किस आफ़त में मैं मुब्तला[3] हो गया
मैं यकजा[4] ही करता था अपने हवास
कि उनसे मिरा सामना हो गया
'रवाँ' तू कहाँ और कहाँ दर्दे-इश्क़
तुझे क्या ये मर्ज़े-ख़ुदा हो गया

(2)

ग़रज़ रहबर से क्या मुझको गिला है जज़्बे-कामिल[1] से
कि जितना बढ़ रहा हूँ, हट रहा हूँ दूर मंज़िल से
सकूते-बे महल[2], तक़रीरे[3]-बेमौक़ा, की तोहमत क्यों
उठाना हो तो यूँ हमको उठा दो अपनी महफ़िल से
य' अरमाने-तरक़्क़ी आज है दावा ख़ुदाई का
उसी दिल का जो कल तक था लहू की बूँद मुश्किल से

---

(1) 1. स्वास्थ्य-लाभ का शुभ समाचार 2. इलाज करने वालों को 3. फँसना, व्यस्त होना 4. एकत्र (2) 1. प्रेम का आकर्षण, इश्क़ की कशिश 2. अनुचित चुप्पी 3. हुज्जत

गुलोलाला पे' आख़िर कर रहा है ग़ौर क्या गुलचीं
य' वो ख़ूँ है जो टपका था कभी चश्मे-अनादिल से[4]
शबे-महताब, दरिया का किनारा और ये सन्नाटा
तुम्हें इस साज़ पर हम ख़ुश करेंगे नग़्म-ए-दिल से
ग़ज़ब है जल के परवानों का उनकी बज़्म में कहना
'रवाँ' या यूँ फ़िदा हो जाऊँ, या उठ जाऊँ महफ़िल से

(3)

किसी तदबीर से[1] अब जी न बहलते देखा
आशियाँ फूँक के अपना, उसे जलते देखा
हैरतअंगेज़ है, ऐ शमए-लहद[2], तेरी हयात[3]
जल बुझी जिसके लिये उसने न जलते देखा
मेरे साक़ी तेरी महफ़िल में किसे होश आए
और दो घूंट दिये, जिसको सँभलते देखा
काँटे काँटे का क़लक़[4] है तेरे दीवाने को
रख लिया दिल में जो तलवों से निकलते देखा
ज़ब्ते-गिरिया से[5] यहाँ जान के लाले हैं 'रवाँ'
और वो शाकी[6] हैं कि आँसू न निकलते देखा

---

(2) 4. बुलबुलों की आँख से (3) 1. तरीका, उपाय 2. कब्र पर जलने वाली शमा या चिराग 3. ज़िंदगी 4. चिन्ता, फिक्र 5. रुलाई को रोकना या दबाना 6. शिकायत करने वाले

जिगर मुरादाबादी (अली सिकंदर)

(1890–1960)

(1)

मिटा कर हमें आप पछताइएगा
कभी कोई महसूस फ़र्माइएगा
भुलाना हमारा मुबारक मुबारक
मगर शर्त ये है न याद आइएगा
हमीं जब न होंगे तो क्या रंगे-महफ़िल
किसे देख कर आप शरमाइएगा
हमें भी य' अब देखना है कि हम पर
कहाँ तक तवज्जोह न फ़र्माइएगा
जुनूँ[1] की 'जिगर' कोई हद भी है आख़िर
कहाँ तक किसी पर सितम ढाइएगा

(2)

दिल में किसी के राह किये जा रहा हूँ मैं
कितना हसीं गुनाह किये जा रहा हूँ मैं
गुलशन - परस्त[1] हूँ मुझे गुल ही नहीं अज़ीज़
काँटों से भी निबाह किये जा रहा हूँ मैं
यूँ ज़िंदगी गुज़ार रहा हूँ तिरे बग़ैर
जैसे कोई गुनाह किये जा रहा हूँ मैं
मुझसे लगे है इश्क़ की अज़्मत[2] को चार चाँद
ख़ुद हुस्न को गवाह किये जा रहा हूँ मैं
मुझसे अदा हुआ है 'जिगर' जुस्तजू का हक़
हर ज़र्रे[3] को गवाह किये जा रहा हूँ मैं

---

(1) 1. पागलपन (2) 1. बाग़ का पुजारी 2. महानता 3. कण

(3)

ज़ख़्म वो दिल पे लगा है कि दिखाए न बने
और चाहें कि छुपा लें तो छुपाए न बने
हाय बेचारगिए-इश्क़[1], कि इस महफ़िल में
सर झुकाये न बने, आँख उठाये न बने
ये समझ लो कि ग़मे-इश्क़ की तकमील[2] हुई
होश में आके भी जब होश में आये न बने
किस क़दर हुस्न भी मजबूरे-कशाकश[3] है कि आह
मुंह छुपाये न बने, सामने आये न बने
हाय वो आलमे-पुरशौक़, कि जिस वक़्त 'जिगर'
उसकी तस्वीर भी सीने से लगाये न बने

(4)

कुछ इस अदा से आज वो पहलूनशीं हुए[1]
जब तक हमारे पास रहे, हम नहीं रहे
या रब किसी के राज़े-मुहब्बत की ख़ैर हो
दस्ते - जुनूँ[2] रहे न रहे, आस्तीं रहे
मुझको नहीं क़ुबूल दो आलम की वुसअतें[3]
क़िस्मत में कू-ए-यार[4] की दो गज़ ज़मीं रहे
जा और कोई ज़ब्त की[5] दुनिया तलाश कर
ऐ इश्क़ हम तो अब तिरे क़ाबिल नहीं रहे
अल्लाह, चश्मे-नाज़ की मोजिज़ बयानियाँ[6]
हर इक को है गुमाँ, कि मुख़ातिब[7] हमीं रहे

---

(3) 1. प्रेम की विवशता 2. प्रेम का विषाद अपनी पूर्णता पर पहुँचा 3. कशमकश में ऊबचूभ (4) 1. नज़दीक रहे 2. उन्मत हाथ 3. लोक-परलोक का फैलाव 4. प्रियतमा की गली 5. सहन करने, बर्दाश्त करने 6. गर्वपूर्ण दृष्टि की चमत्कारपूर्ण अभिव्यक्ति 7. सम्मुख, सामने

(5)

वो कब के आये भी और गये भी, नज़र में अब तक समा रहे हैं
ये चल रहे हैं, वो फिर रहे हैं, ये आ रहे हैं, वो जा रहे हैं
वही क़यामत है क़द्दे-बाला[1], वही है सूरत, वही सरापा[2]
लबों की जुंबिश, निगह की लरज़िश, खड़े हैं और मुस्कुरा रहे हैं
ख़िराम[3] रंगीं, निज़ाम[4] रंगी, कलाम[5] रंगी, पयाम[6] रंगी
क़दम क़दम पर, रबिश रबिश[7] पर नये-नये गुल खिला रहे हैं
ये मस्त बुलबुल महक रही है, क़रीबे-आरिज़[8] चहक रही है
गुलों की छाती धड़क रही है, वो दस्ते-रंगीं[9] बढ़ा रहे हैं
वही लताफ़त[10] वही नज़ाकत, वही तबस्सुम[11] ,वही तरन्नुम[12]
मैं नक़्शे-हिर्मा[13] बना हुआ था, वो नक़्शे-हैरत[14] बना रहे हैं

(6)

(सन् 1946-47 के साम्प्रदायिक दंगों के बाद)

फ़िक्रे - जमील ख़्वाबे - परेशाँ[1] है आजकल
शायर नहीं है वो जो ग़ज़लख़्वाँ है आजकल
इंसानियत, कि जिस से इबारत है ज़िंदगी[2]
इंसान के साये से गुरेजाँ है[3] आजकल
शाइस्तगी[4] के भेस में है रूहे - ज़िंदगी
इंसान के लिबास में शैताँ है आजकल
है ज़ख़्मे - कायनात[5] जो हिंदू है इन दिनों
है दाग़े - ज़िंदगी[6] जो मुसल्माँ है आजकल
सरमायादारियों की तरफ़दारियाँ हैं सब[7]
लेकिन मफ़ादे - आम का उन्वाँ[8] है आजकल

---

(5) 1. क़हर ढाने वाला ऊँचा कद 2. सिर से पाँव तक की ठमक 3. चाल 4. अन्दाज़ 5. बोलने का ढंग 6. सन्देश 7. पगडंडियाँ 8. गालों के पास 9. रंगीन हाथ 10. लालित्य 11. मुस्कान 12. लय 13. ठगा-सा, हतप्रभ 14. हैरत के भाव
(6) 1. सदविचार परेशानहाल स्वप्न हो गये हैं 2. ज़िंदगी का निर्माण हुआ 3. दूर है 4. शालीनता, सौम्यता 5. सृष्टि के घाव 6. ज़िंदगी के दाग 7. पूँजीपति भेदभाव बरतते रहे हैं 8. आम आदमी की ज़िंदगी चिन्ता का विषय है

जोश मलीहाबादी (शब्बीर हसन खाँ)

(1894–1983)

(1)

जहन्नुम सर्द है, जन्नत के दर खुलवाये जाते हैं
सरे-महशर[1] पुजारी हुस्न के बुलवाये जाते हैं
ग़ज़ब है ये अदा उनकी दमे-आराइशे-गेसू[2]
झुकी जाती हैं आँखें, ख़ुद ब ख़ुद शर्माए जाते हैं
सहर की और शफ़क़ की[3] सुर्ख़ियाँ, बरसात के बादल
मुझे हमराज़ पाकर ये मनाज़िर[4] खाये जाते हैं
न जाने कितनी रंगीं सोहबतें हैं मेरी नज़रों में
बस, ऐ मुत्रिब[5], मिरी आँखों में आँसू आये जाते हैं
शबे-वादा[6] ये कैसी तीरगी[7] है वक़्त क्या होगा
तमन्नाओं के ग़ुंचे हमनफ़स[8] कुम्हलाये जाते हैं
कोई हद ही नहीं इस एहतिरामे-आदमीयत की[9]
बदी करता है दुश्मन, और हम शर्माये जाते हैं
बहुत जी ख़ुश हुआ, ऐ हमनशीं[10], कल 'जोश' से मिलकर
अभी अगली शराफ़त के नमूने पाये जाते हैं

(2)

क़दम इंसाँ का राहे-दह्र में[1] थर्रा ही जाता है
चले कितना ही कोई बच के, ठोकर खा ही जाता है
नज़र हो ख़्वाह[2] कितनी ही हक़ाय़क-आश्ना[3], फिर भी
हुजूमे-कश्मकश में[4] आदमी घबरा ही जाता है

---

(1) 1. प्रलय के दौरान 2. केश सँवारते वक्त 3. सुबह की और शाम की 4. नज़ारे 5. गायक 6. वादे की रात 7. अंधकार 8. साथी 9. मानवता के आदर की 10. साथी (2) 1. दुनिया की राह में 2. भले, चाहे 3. वास्तविकताओं से परिचित 4. संघर्षों के आधिक्य में

खिलाफ़े-मस्लहत[5] मैं भी समझता हूँ, मगर वाइज़[6]
वो आते हैं तो चेहरे पर तग़य्युर[7] आ ही जाता है
हवाएँ ज़ोर कितना ही लगाएँ आँधियाँ बन कर
मगर जो घिर के आता है, वो बादल छा ही जाता है
शिकायत क्यों इसे कहते हो, ये फ़ितरत[8] है इंसाँ की
मुसीबत में ख़याले-ऐशे-रफ़्ता[9] आ ही जाता है
समझती हैं मआले-गुल[10], मगर क्या ज़ोरे-फ़ितरत[11] है
सहर[12] होते ही कलियों को तबस्सुम[13] आ ही जाता है

(3)

बला से कोई हाथ मलता रहे
तिरा हुस्न साँचे में ढलता रहे
हर इक दिल में चमके मोहब्बत का दाग़
य' सिक्का ज़माने में चलता रहे
वो हमदर्द क्या जिसकी हर बात में
शिकायत का पहलू निकलता रहे
बदल जाये ख़ुद भी तो हैरत है क्या
जो हर रोज़ वादे बदलता रहे
ये तूले - सफ़र[1], ये नशेबो - फ़राज़[2]
मुसाफ़िर कहाँ तक सँभलता रहे
कोई जौहरी 'जोश' हो या न हो
सुख़नवर[3] जवाहर उगलता रहे

---

(2) 5. हित-अहित 6. धर्मोपदेशक 7. हैरत, अचरज 8. स्वभाव 9. बीते हुए ऐश्वर्य का ध्यान 10. खिलने के बाद मुरझाना 11. स्वभाव पर किसका ज़ोर चलता है 12. सुबह 13. मुस्कान
(3) 1. लम्बा सफ़र 2. ऊँच-नीच, खाई, खंदक 3. कवि, शायर

मेलाराम 'वफ़ा'

(1894–1980)

(1)

दिन जुदाई का दिया वस्ल की शब के बदले
लेने थे ऐ फ़लक़-ए-पीर[1] ये कब के बदले
राहते-वस्ल किसी को, तो किसी को ग़मे-हिज्र
सब्र ख़ालिक़[2] ने दिया है मुझे सब के बदले
इतनी सी बात पे, बिगड़े ही चले जाते हो
ले लो तुम बोस-ए-लब, बोस-ए-लब के बदले
फ़ुर्क़ते-यार में जीने के उठाये इल्ज़ाम
मौत आई न मुझे हिज्र की शब के बदले
आज अग़ियार[3] 'वफ़ा' से न उलझ बैठे हों
तूर[4] आते हैं नज़र बज़्मे-तरब[5] के बदले

(2)

ज़िंदगी ख़ाक में भी थी तिरे दीवाने की
अब न उट्ठेगा बगूला कोई वीराने से
इस तरह हो गई कसरत तिरे दीवानों की
क़ैस[1] घबरा के चला शहर को वीराने से
जल मरा, आग मुहब्बत की इसे कहते हैं
जलवा देखा न गया शम्अ का पर्वाने से
शैख़ साहब भी हुए मुअक़्क़रे-पीरे-मुग़ाँ[2]
आज ये ताज़ा ख़बर आई है मैख़ाने से

---

(1) 1. सबसे ऊँचा आसमान 2. ईश्वर 3. विरोधी लोग 4. एक विशेष पहाड़ 5. ख़ुशियों की महफ़िल (2) 1. मजनूं का वास्तविक नाम 2. मैख़ाने के बूढ़े मालिक के पूज्य

इतनी तौहीन न कर मेरी बलानोशी की
साक़िया मुझको न दे माप के पैमाने से
ऐ 'वफ़ा' अपने भी जब आँख चुरा लेते हैं
बेरुख़ी का हो गिला क्या किसी बेगाने से

(3)

दयारे-हुस्न में पाबंदि-ए-रस्मे-वफ़ा कम है
बहुत कम है, बहुत कम है, ब हद बेइंतिहा कम है
जफ़ा-ए-बेसबब कम है, कि ज़ोरे-नारवा कम है
तिरी बेदाद, ऐ ज़ालिम, न होने पर भी क्या कम है
कमाले-दिलबरी में कौन सी तेरी अदा कम है
न शोख़ी कम हया से है, न शोख़ी से हया कम है
ब कसरत सैर की है हर रविश गुलज़ारे-आलम की
यहाँ रंगे-मुहब्बत है बहुत, बू-ए-वफ़ा कम है
ख़ुदा के नाम पर दस्तो-गरीबाँ हैं ख़ुदा वाले
बहुत है जिस क़दर ज़िक्रे-ख़ुदा, .ख़ौफ़े-ख़ुदा कम है
अज़ल से होती आई है, अबद तक होती जायेगी
गुनहगारे-वफ़ा पर, जिस क़दर भी हो, जफ़ा कम है
दुआ को हाथ क्यूँ उट्ठे मिरे तीमारदारों के
ज़बाँ से क्यों नहीं कहते कि उम्मीदे-शिफ़ा कम है
रहे क्यूँकर न बदज़न वो शै-ए-हुस्न, ऐ 'वफ़ा' मुझसे
बड़ा नादान है, सुनता बहुत है, देखता कम है

'हितैषी' (जगदम्बा प्रसाद मिश्र)*

(1895–1957)

(1)

असीराने-क़फ़स[1] पर नित नई बेदाद[2] करते हैं
कतर कर पर वो कहते हैं, तुम्हें आज़ाद करते हैं
यही तक्सीर[3] है अपनी चमन को याद करते हैं
इसी इल्ज़ाम पर वो आशियाँ बर्बाद करते हैं
दो अमली से[4] जमा रक्खा है क़ब्ज़ा ख़ानए-दिल पर[5]
कभी वो शाद[6] करते हैं, कभी नाशाद[7] करते हैं
पियाला ज़ुल्म का लबरेज़ होकर ही छलकता है
मैं ख़ुश होता हूँ वो जितने सितम ईजाद करते हैं[8]
बदलते हैं वो क्यूँ तेवर हमारी आहोजारी पर[9]
फ़लक़ के[10] हम सताये हैं, ख़ुदा को याद करते हैं
यही मंज़ूर है उनको, निशाँ दुनिया से मिट जाये
हमारी ख़ाक भी बादे - फ़ना[11] बर्बाद करते हैं
दिले-वहशी[12] समझकर उनके वादों पर यक़ीं लाना
है दिल में कुछ, ज़बाँ से और कुछ इर्शाद करते हैं[13]
बहुत दुश्वार[14] है मिलनी रिहाई उनके पंजे से
य' दिल रखने की बातें हैं, कि हम आज़ाद करते हैं
बिगड़ते हैं, अकड़ते हैं, डपटते हैं, झिड़कते हैं
अयाँ[15] जब उनसे हम हाले-दिले-नाशाद[16] करते हैं
अरे ज़ालिम, ख़ुदा का ख़ौफ़ खा, आबाद रहने दे
कहीं बेकस के घर को इस तरह बर्बाद करते हैं

---

* मूल रूप से हिन्दी के कवि (1) 1. कैदियों, बंदियों 2. जुल्म, अत्याचार 3. दोष, अपराध 4. दोमुँही नीति से 5. दिल के हिस्से पर 6. खुश 7. दुखी 8. नये अत्याचार खोजते हैं 9. रुदन, विलाप पर 10. आसमान के 11. मरने के बाद 12. दीवाने दिल 13. कहते हैं 14. मुश्किल, दूभर 15. प्रकट 16. बीमार या दुखी दिल का हाल

(2)

उरूज़े - कामयाबी[1] पर कभी हिंदोस्ताँ होगा
रिहा सैयाद[2] के हाथों से अपना आशियाँ[3] होगा
चखायेंगे मज़ा बर्बादि-ए-गुलशन का गुलचीं[4] को
बहार आ जायेगी उस दम जब अपना बाग़बाँ होगा
ये आये दिन की छेड़ अच्छी नहीं, ऐ ख़ंज़रे-क़ातिल[5]
बता, कब फ़ैसला उनके-हमारे दरमियाँ[6] होगा
वतन की आबरू का पास[7] देखें कौन करता है
सुना है आज मक़्तल[8] में हमारा इम्तिहाँ होगा
जुदा मत हो मिरे पहलू से ऐ दर्दे-वतन हर्गिज़
न जाने बादे-मुर्दन[9] मैं कहाँ और तू कहाँ होगा
शहीदों की चिताओं पर जुड़ेंगे हर बरस मेले
वतन पर मरने वालों का यही नामो-निशाँ होगा
इलाही[10], वो भी दिन आयेगा जब अपना राज देखेंगे
जब अपनी ही ज़मीं होगी और अपना आस्माँ होगा

---

(2) 1. सफलता की ऊँचाई 2. शिकारी, बहेलिया 3. नीड़, घोंसला 4. फूल तोड़ने वाले को 5. क़ातिल की तलवार 6. मध्य, बीच 7. रक्षा, हिफ़ाज़त 8. क़त्लगाह 9. मरने के बाद 10. हे मेरे ईश्वर!

'फ़िराक़' गोरखपुरी (रघुपति सहाय)

(1896–1982)

(1)

रस में डूबा हुआ लहराता बदन क्या कहना
करवटें लेती हुई सुब्हे-चमन क्या कहना
मद भरी आँखों की अलसाई नज़र, पिछली रात
नींद में डूबी हुई चंद्रकिरन क्या कहना
दिल के आइने में इस तरह उतरती है निगाह
जैसे पानी में लचक जाये किरन क्या कहना

(2)

शामे-ग़म कुछ उस निगाहे-नाज़ की बातें करो
बेख़ुदी बढ़ती चली है, राज़ की बातें करो
नकहते - ज़ुल्फ़े - परेशाँ[1], दास्ताने - शामे - ग़म
सुबह होने तक इसी अंदाज़ की बातें करो
ये सुकूते-यास[2], ये दिल की रगों का टूटना
ख़ामुशी में कुछ शिकस्ते-साज़ की[3] बातें करो
हर रगे-दिल वज्द में[4] आती रहे, दुखती रहे
यूँ ही उसके जा-ओ-बेजा[5] नाज़ की बातें करो
कुछ क़फ़स की[6] तीलियों से छन रहा है नूर सा
कुछ फ़ज़ा, कुछ हसरते-पर्वाज़[7] की बातें करो
जिसकी फ़ुर्क़त ने[8] पलट दी इश्क़ की काया 'फ़िराक़'
आज उसी ईसा-नफ़स दमसाज़[9] की बातें करो

---

(2) 1. उलझे-पुलझे केशों की खुशबू 2. हताशा या निराशा की चुप्पी 3. साज़ के टूटने की 4. दिल की हरेक रग दीवानगी में 5. उचित-अनुचित 6. पिंजरे की 7. उड़ने की आकाँक्षा 8. बिछोह ने 9. पवित्र हृदय वाले दोस्त की

(3)

य' माना, ज़िंदगी है चार दिन की
बहुत होते हैं यारो, चार दिन भी
ख़ुदा को पा गया वाइज़[1], मगर है
ज़रूरत आदमी को आदमी की
बसा औक़ात[2] दिल से कह गई है
बहुत कुछ वो निगाहे-मुख़्तसर[3] भी
मिला हूँ मुस्कुरा कर उससे हर दम
मगर आँखों में भी थी कुछ नमी सी
मोहब्बत में कहें क्या हाल दिल का
ख़ुशी ही काम आती है, न ग़म ही
भरी महफ़िल में हर इक से बचा कर
तिरी आँखों ने मुझ से बात कर ली
लड़कपन की अदा है जानलेवा
ग़ज़ब ये छोकरी है हाथ भर की
है कितनी शोख़ तंज़ अय्यामे-गुल पर[4]
चमन में मुस्कुराहट हर कली की
रक़ीबे - ग़मज़दा[5] अब सब्र कर ले
कभी उससे भी मेरी दोस्ती थी

(4)

सुकूते-शाम[1] मिटाओ, बहुत अँधेरा है
सुख़न[2] की शमा जलाओ, बहुत अँधेरा है
चमक उट्ठेंगी सियह-बख़्तियाँ[3] ज़माने की
नवा-ए-दर्द[4] सुनाओ, बहुत अँधेरा है
दियारे-ग़म में[5] दिले-बेक़रार छूट गया
सँभल के ढूँढने जाओ, बहुत अँधेरा है

---

(3) 1. धर्मोपदेशक 2. प्राय: 3. उछलती नज़र 4. वसंतऋतु पर कितना चंचल कटाक्ष है 5. दुखी प्रतिद्वन्द्वी (4) 1. शाम की ख़ामोशी 2. बातचीत 3. बदकिस्मती, दुर्भाग्य 4. दर्द भरा गीत 5. ग़म की बस्ती में

ये रात वो है कि सूझे जहाँ न हाथ को हाथ
.ख़यालो दूर न जाओ, बहुत अँधेरा है
वो ख़ुद नहीं जो सरे-बज़्मे-ग़म[6] तो आज उसके
तबस्सुमों को[7] बुलाओ, बहुत अँधेरा है
पसे-गुनाह जो ठहरे थे चश्मे-आदम में[8]
उन आँसुओं को बहाओ, बहुत अँधेरा है
ये ग़म की रात तो कटती नज़र नहीं आती
इक और रात बनाओ, बहुत अँधेरा है
गुज़श्ता अहद की[9] यादों को फिर करो ताज़ा
बुझे चिराग़ जलाओ, बहुत अँधेरा है
थी एक उचटती हुई नींद ज़िंदगी उसकी
'फ़िराक़' को न जगाओ, बहुत अँधेरा है

(5)

बड़ा करम है[1] ये मुझ पर, अभी यहाँ से न जाओ
बहुत उदास है ये घर, अभी यहाँ से न जाओ
तुम आ गए तो शबे-ग़म के पुछ गये आँसू
यहाँ न था कोई दिन भर, अभी यहाँ से न जाओ
अभी तो आये हो, देखा नहीं है जी भर के
ये आरज़ू है कि उठ कर अभी यहाँ से न जाओ
हुए हो मुझ से जुदा जब ज़रा तवक़्क़ुफ़[2] से
सँभल गया हूँ मैं अक्सर, अभी यहाँ से न जाओ
हमारी आँखों से चुन लो, कि फिर किसी दामों
न मिल सकेंगे ये गौहर[3] अभी यहाँ से न जाओ
वो आर्ज़ूएँ, जो वाबस्ता[4] तुमसे हैं उनको
चले हो छोड़ के किस पर, अभी यहाँ से न जाओ
वुफ़ूरे-ग़म से[5] जिन्हें नींद आ गई थी कभी
वो यादें जाग उठीं सो कर, अभी यहाँ से न जाओ

---

(4) 6. दुख भरी सभा में 7. मुस्कानों को 8. गुनाह करने के बाद आदम की आँखों में जो आँसू झलके थे 9. बीते दिनों की (5) 1. मेहरबानी है 2. देर से 3. मोती 4. जुड़ी हुई 5. गम की अधिकता से

रुके रहो, निगाहे नीम-वा से[6] कुछ मैं भी
बना लूँ अपना मुक़द्दर, अभी यहाँ से न जाओ
तुम्हारे पास यह अंदाज़ा हो रहा है मुझे
कि मेरा हाल है बेहतर, अभी यहाँ से न जाओ
अभी तो सोये चिराग़ों ने आँख खोली है
अभी तो जागते हैं घर, अभी यहाँ से न जाओ
रुको, रुको, कि पड़ी है अभी तो रात तमाम
बहुत उदास है मंज़र[7] अभी यहाँ से न जाओ
ये दिल चिराग़ जले से तुम्हें, जहाँ भी रहो
पुकारता है बराबर, अभी यहाँ से न जाओ
हमारी रात चली जाएगी तुम्हारे साथ
हमारी रात को लेकर अभी यहाँ से न जाओ

(6)

इश्क़ तो दुनिया का राजा है
किस कारन बैराग लिया है
ज़र्रा-ज़र्रा काँप रहा है
किसके दिल में दर्द उठा है
रोकर इश्क़ ख़मोश हुआ है
वक़्त सुहाना अब आया है
काशी देखा, काबा देखा
नाम बड़ा दरसन छोटा है
यूँ तो भरी दुनिया है लेकिन
दुनिया में हर इक तनहा है
इश्क़ अगर सपना है, ऐ दिल
हुस्न तो सपने का सपना है
हम ख़ुद क्या थे, हम ख़ुद क्या हैं
कौन ज़माने में किसका है
कोई बसा है ख़ाना-ए-दिल में[1]
तू तो नहीं, लेकिन तुझ सा है

---

(5) 6. अधखुली आँखों से 7. नज़ारा, दृश्य (6) 1. दिल रूपी घर में

रमता जोगी बहता पानी
इश्क़ भी मंज़िल छोड़ रहा है
दबा दबा सा, रुका रुका सा
दिल में शायद दर्द तिरा है
यूँ तो ख़ुद हम भी नहीं अपने
यूँ तो जो भी है, अपना है
यूँ भी सोचा, रोने वाले,
किस मुश्किल से दर्द उठा है?
एक वो मिलना, एक ये मिलना
क्या तू मुझको छोड़ रहा है?
हाँ मैं वही हूँ, हाँ मैं वही हूँ
तू क्या मुझको भूल रहा है?
तू भी 'फ़िराक़' अब आँख लगा ले
सुबह का तारा डूब चला है।

(7)

अगर बदल न दिया आदमी ने दुनिया को
तो जान लो कि यहाँ आदमी की ख़ैर नहीं
हर इन्क़लाब के बाद आदमी समझता है
कि इसके बाद न फिर करवटें लेगी ये ज़मीं
बहुत न बेकसी-ए-इश्क़ पर कोई रोये
कि हुस्न का भी ज़माने में कोई दोस्त नहीं
अगर तलाश करें, क्या नहीं है दुनिया में
जुज़ एक ज़िंदगी की तरह ज़िंदगी, कि नहीं!

सूर्यकान्त त्रिपाठी 'निराला'*

(1896–1961)

(1)

छाये आकाश में काले-काले बादल देखे
झोंके खाते हवा में सरसी के कमल देखे
कानों में बातें बेला और जुही करती थीं
नाचते मोर, झूमते हुए पीपल देखे
दिल की बुझने के लिये नर्म-नर्म मिट्टी पर
टूटते बाज़ जैसे लावों के दंगल देखे
किसान खेतों में, लड़के अखाड़ों में आये
बारहमासी गाती हुई लड़कियों के दल देखे

(2)

स्नेह की रागिनी बजी देह की सुर-बहार पर
वर विलासिनी सजी प्रिय के अश्रुहार पर
नयन हो गये हैं वे, अयन जिनका खो गया
सुख के शयन के लिये आये हैं असि की धार पर
ओस से धुल गई कली, रवि की आँख खुल गई
तरुण मूर्छना जगी विश्व के तार-तार पर

---

* आधुनिक हिन्दी कविता के महाप्राण व्यक्तित्व।

'ऐश' सुल्तानपुरी

(1898–1970)

(1)

आप से उनकी तुम, तुम से तू हो गई
दोस्ती दुश्मने – आबरू हो गई
राहो-मंज़िल फ़क़त गुफ़्तगू हो गई
जुस्तजू नाम की जुस्तजू हो गई
चश्मे – साक़ी की फिर आर्ज़ू हो गई
फिर मुझे फ़िक्रे – जामो – सुबू हो गई
रह गई ज़ब्ते-उल्फत की[1] यूँ आबरू
आँखों आँखों ही में गुफ़्तगू हो गई
इस तरफ़ हम चले, उस तरफ़ वो चले
जुस्तजू लुत्फ़ की जुस्तजू हो गई
रहते आज़ाद क्या बाग़े-हस्ती में हम
ज़िंदगी क़ैदिए – रंगो – बू हो गई
उनकी नीची नज़र थी फ़क़त एक सू[2]
फिर वो मशहूर क्यों चार सू हो गई
यूँ बदलती गई उनकी शीरीं ज़बाँ[3]
हीला जू[4], तुर्श रू[5], शो'ला ख़ू[6] हो गई
जब बँधी तो हुई काली बोतल वो ज़ुल्फ़
जब खुली तो मये-मुश्क बू[7] हो गई
कोई कुछ कहता है, कोई कुछ कहता है
'ऐश' की गुफ़्तगू गुफ़्तगू हो गई

---

(1) 1. चाहत को बर्दाश्त करने की 2. तरफ़ 3. मीठी बोली 4. टालू 5. अक्खड़ 6. गुस्सैल 7. कस्तूरी की ख़ुशबू वाली शराब

(2)

मसरूर[1] सब हैं कारे-नुमायाँ[2] लिये हुए
हम दर्दमंद हैं ग़मे-पिन्हाँ[3] लिये हुए
आई हयात[4] मौत का सामाँ लिये हुए
उम्रे - रवाँ है उम्रे - गुरेज़ाँ[5] लिये हुए
फ़र्दे - अमल हैं दफ़्तरे - इस्याँ लिये हुए[6]
हम अश्के - इन्फ़आल[7] का तूफ़ाँ लिये हुए
हमको ख़िजाँ से काम है सहराये-शौक़ में
बैठी है वाँ बहार गुलिस्ताँ लिये हुए
आई बहार और चली भी गई, मगर
हम सी रहे हैं चाके-गरीबाँ लिये हुए
आ आ के बार-बार न छेड़ ऐ ख़याले-ख़ाम
बैठा हूँ मैं तसव्वुरे-जानाँ[8] लिये हुए
क्या धज्जियाँ उड़ाऊँ, कि रुस्वा हो इश्क़े-यार
रहता हूँ मुट्ठियों में गरीबाँ लिये हुए
थी ज़िंदगिये-ग़म कि मुरक़्क़ा था ख़्वाब[9] का
हर ख़्वाब था ख़याले - परीशाँ लिये हुए
गुलहाये-दाग़[10] खिल गये ज़ख़्मे-जिगर हँसे
आहे-सहर[11] थी हुक्मे - बहाराँ लिये हुए
ख़ासाने-मैकदा[12] हुए मसूरे - जा - ए - ऐश[13]
बैठे हैं 'ऐश' हम ग़मे-दौराँ[14] लिये हुए

---

(2) 1. खुश 2. कामों की नुमाइश लगाये लोग 3. छिपे हुए दुख 4. ज़िंदगी 5. व्यतीत उम्र 6. कर्मों का लेखा-जोखा गुनाहों से भरा हुआ है 7. पश्चाताप के आँसू 8. प्रिय के ख़याल में खोया हुआ 9. सपनों की गुदड़ी 10. दागों के फूल (गुलहा=फूल का बहुवचन) 11. सुबह की आह 12. मैखाने के खास लोग 13. ऐशगाह में आनंदमग्न हैं 14. ज़माने भर का दुख

'हफ़ीज़' जालंधरी

(1900–1982)

(1)

दिल अभी तक जवान है प्यारे
किस मुसीबत में जान है प्यारे
तू मेरे हाल का ख़याल न कर
इसमें भी एक शान है प्यारे
रात कम है न छेड़ हिज्र की बात
ये बड़ी दास्तान है प्यारे
तल्ख़ कर दी है ज़िंदगी जिसने
कितनी मीठी ज़बान है प्यारे
जाने क्या कह दिया था रोज़े-अज़ल[1]
आज तक इम्तिहान है प्यारे
नाम है इसका नासहे-मुश्फ़िक़[2]
ये तेरा मिहरबान है प्यारे
कब किया मैंने इश्क़ का दावा
तेरा अपना गुमान है प्यारे
मैं तुझे बेवफ़ा नहीं कहता
दुश्मनों का बयान है प्यारे

(2)

ओ दिल तोड़ के जाने वाले, दिल की बात बताता जा
अब मैं दिल को क्या समझाऊँ, मुझको भी समझाता जा
हाँ, मेरे मजरूह तबस्सुम[1] ख़ुश्क लबों तक आता जा
फूल की हस्तो-बूद[2] यही है, खिलता जा, मुर्झाता जा

---

(1) 1. सृष्टि का पहला दिन 2. कृपालु धर्मोपदेशक (2) 1. ज़ख़्मी मुस्कान 2. जीना-मरना

मेरी चुप रहने की आदत जिस कारण बदनाम हुई
अब वो हिकायत[3] आम हुई है, सुनता जा शर्माता जा
जीने का अरमान करूँ या मरने का सामान करूँ
इश्क़ में क्या होता है नासेह, अक़्ल की बात सुझाता जा
दोनों संगे-राहे-तलब हैं[4] राहनुमा भी[5] मंज़िल भी
ज़ौके-तलब[6], हर एक क़दम पर दोनों को ठुकराता जा
आख़िर तुझको भी मौत आई, ख़ैर 'हफ़ीज़' ख़ुदा हाफ़िज़
लेकिन मरते-मरते प्यारे वजहे-मर्ग[7] बताता जा

(3)

दो रोज़ में शबाब का आलम गुज़र गया
बदनाम करने आया था, बदनाम कर गया
बीमारे-ग़म मसीह को[1] हैरान कर गया
उट्ठा, झुका, सलाम किया, गिर के मर गया
गुज़रे हुए ज़माने का अब तज़्किरा ही क्या
अच्छा गुज़र गया, बहुत अच्छा गुज़र गया
देखो ये दिल्लगी की सरे-रहगुज़ारे-हुस्न[2]
इक इक से पूछता है मेरा दिल किधर गया
ऐ चारागर, मना मेरे तेग़ आज़्मा की[3] ख़ैर
अब दर्दे-सर की फ़िक्र न कर, दर्दे-सर गया
अब मेरे रोने वालो खुदारा[4] जवाब दो
वो बार-बार पूछते हैं कौन मर गया
शायद समझ गया तेरे तूले-मरज़ का राज़[5]
अब चारागर न आयेगा, अब चारागर गया
अब इब्तिदाए-इश्क़ का आलम[6] कहाँ 'हफ़ीज़'
कश्ती मिरी डुबो के वो साहिल उतर गया

---

(2) 3. कहानी 4. तलाश की राह के पत्थर 5. राह दिखाने वाला 6. तलाश की दिलचस्पी 7. मरने का कारण (3) 1. प्रेम का रोगी चिकित्सक को 2. जिस राह से सुंदरियाँ गुज़रती हैं उसके सिरे पर 3. तलवार भांजने वाली की 4. ईश्वर के लिये 5. लम्बे खिंचने वाले मर्ज़ का भेद 6. प्रेम के प्रारम्भ करने का समय

अश्फ़ाक़उल्लाह खाँ 'हसरत' वारसी*

(1901–1927)

(1)

वह रंग अब कहाँ है नसरीनो-नस्तरन में
उजड़ा हुआ पड़ा है, क्या ख़ाक है वतन में
कुछ आर्ज़ू नहीं है, है आर्ज़ू तो ये है
रख दे कोई ज़रा सी ख़ाके-वतन क़फ़न में
ऐ पुख़्ताकारे - उल्फ़त हुशियार, डिग न जाना
मेराजे - आशिक़ाँ है इस दार ओ रसन में
था नारा -ए- अनलहक़ और दावा -ए- मुहब्बत
रक्खा हुआ था और क्या मंसूरो-कोहकन में
मौत और ज़िंदगी है दुनिया का इक तमाशा
फ़र्मान कृश्न का था अर्जुन को बीच रन में
जिसने हिला दिया है दुनिया को एक पल में
अफ़सोस क्यों नहीं है वो रूह अब वतन में
ऐ वारिसीने - मिल्लत यह ख़ूब याद रखना
हैं बोस और कन्हाई अब भी बहुत वतन में
सैयादे - ज़ुल्मपेशा आया है जब से 'हसरत'
है बुलबुले-वतन में जागो-जगन चमन में

(2)

सुनाएँ ग़म की किसे कहानी, हमें तो अपने सता रहे हैं
हमेशा वो सुब्हो-शाम दिल पर सितम के ख़ंज़र चला रहे हैं
न कोई इंग्लिश, न कोई जर्मन, न कोई रशियन, न कोई तुर्की
मिटाने वाले हैं अपने हिंदी, जो आज हमको मिटा रहे हैं

---

* काकोरी कांड के चार अमर शहीदों में एक। अशफ़ाक़ शौकिया तौर पर शायरी भी करते थे। ये दोनों ग़ज़लें फ़ैज़ाबाद जेल में फाँसी पर लटकाये जाने से पूर्व लिखी गयी थीं।

कहाँ गया कोहेनूर हीरा, किधर गई हाय अपनी दौलत
वो सबका सब लूट करके उल्टा हमीं को डाकू बता रहे हैं
जिसे फ़ना वो समझ रहे हैं वफ़ा का है राज़ इसी में मुज़्मर
नहीं मिटाये से मिट सकेंगे, वो लाख हमको मिटा रहे हैं
जो है हुकूमत वो मुद्दई है, जो अपने भाई हैं, वो हैं दुश्मन
ग़ज़ब में जान अपनी आ गई है, क़ज़ा के पहलू में जा रहे हैं
चलो चलें यारो 'रिंग थियेटर', दिखायेंगे तुमको वाँ पे 'लिबरल'
जो चंद टुकड़ों पे' सीमोज़र के नया तमाशा दिखा रहे हैं
ख़मोश 'हसरत', ख़मोश 'हसरत', अगर है जज़्बा वतन का दिल में
जज़ा को पहुँचेंगे अपनी बेशक, जो आज हमको सता रहे हैं

हरीचंद 'अख़्तर'

(1901–1958)

(1)

जिस ज़मीं पे तिरा नक़्शे-कफ़े-पा[1] होता है
एक इक ज़र्रा वहाँ क़िब्लानुमा[2] होता है
काश वो दिल पे' रखे हाथ और इतना पूछे
क्यूँ तड़प उठता है, क्या बात है, क्या होता है
बज़्मे-दुश्मन है, ख़ुदा के लिये, आराम से बैठ
बार बार ऐ दिले-नादाँ तुझे क्या होता है
मेरी सूरत, मेरी हालत, मेरी रंगत देखी
आपने देख लिया इश्क़ में क्या होता है
हम जो कहते हैं हमेशा ही ग़लत कहते हैं
आपका हुक्म दुरुस्त और बजा[3] होता है

(2)

सुना कर हाल, क़िस्मत आज़मा कर लौट आये हैं
उन्हें कुछ और बेगाना बना कर लौट आये हैं
फिर इक टूटा हुआ रिश्ता, फिर इक उजड़ी हुई दुनिया
फिर एक दिलचस्प अफ़साना सुनाकर लौट आये हैं
फ़रेबे - आर्ज़ू[1] अब तो न दे ऐ मर्गे - मायूसी[2]
हम उम्मीदों की इक दुनिया लुटा कर लौट आये हैं
खुदा शाहिद[3] है अब तो उन सा भी कोई नहीं मिलता

---

(1) 1. पैरों का निशान 2. पवित्र 3. उचित, सही (2) 1. ख़्वाहिश का छलावा 2. मृत्यु की उदासीनता 3. गवाह

बज़ामे-ख़्वेश[4] उनको आज़्मा कर लौट आये हैं
बिछे जाते हैं या रब क्यों किसी काफ़िर के क़दमों में
वो सज्दे जो दरे-काबा पे जाकर लौट आये हैं

(3)

मोहब्बत में तपाक़े ज़ाहिरी से[1] कुछ नहीं होता
जहाँ दिल की लगी हो, दिल्लगी से कुछ नहीं होता
ये है जब्रे-मशीयत[2] या मिरी तक़दीर है यारब
सहारा जिससे लेता हूँ, उसी से कुछ नहीं होता
कोई मेरी ख़ता है, या तिरी सनअत[3] की ख़ामी है
फ़रिश्ते कह रहे हैं आदमी से कुछ नहीं होता
रज़ा तेरी, लिखा तक़दीर का, मेरी [illegible]याँ कोशी[4]
किसी की दोस्ती या दुश्मनी से कुछ नहीं होता
मिरे दस्ते-तलब को जुरअते-गुस्ताख़ दे[5] यारब
यहाँ दस्ते-दुआ की आजिज़ी से कुछ नहीं होता
अगर तेरी ख़ुशी है तेरे बंदों की मसर्रत में[6]
तो ऐ मेरे ख़ुदा तेरी ख़ुशी से कुछ नहीं होता

---

(2) 4. अपने गलत विचार में (3) 1. दिखावा 2. भाग्य या हठ 3. कारीगरी 4. कदाचार 5. मेरी चाहत को दुस्साहस दे 6. ख़ुशी में

'मैकश' अकबराबादी

(1902–1991)

(1)

तुम मुज़्तरिब[1] नहीं मेरे हाले-तबाह से
देखो ज़रा निगाह मिला कर निगाह से
देखा तो तुमने होगा हमारा मुक़ाम भी
गुज़रे कभी तो होगे मुहब्बत की राह से
क़ायम है ये जहाँ तेरी इस्मत[2] ही से मगर
रौनक़ जहाँ की है मेरे ज़ौके-गुनाह[3] से
वो दिल रईने-कश्मकशे-इज़्तिराबो-कैफ़
वो उज़्रे - बेरुख़ी निगहे - गाह गाह से
सब कुछ है और कुछ नहीं, ऐ दादख़्वाहे-इश्क़[4]
वो देखकर न देखना नीची निगाह से

1. व्याकुल, बेचैन _. पाकदामनी, सच्चरित्रता 3. गुनाह करने में रुचि 4. इश्क़ का फ़रयादी

'शमीम' फ़तेहपुरी

(1902–1966)

ज़िंदगी हँसती है सुबहोशाम तेरे शह्र में
आम है दौरे-मये-गुलफ़ाम तेरे शह्र में
किस क़दर मशहूर हैं वो लोग जो हैं बुलहवस[1]
और इक हम हैं कि हैं बदनाम तेरे शह्र में
कोई सौदाई, कोई कहता है दीवाना मुझे
रोज़ मिलता है नया इक नाम तेरे शह्र में
हम जुनूने-इश्क़ के बावस्फ़[2] भी हुशियार हैं
सुब्ह तेरे शह्र में है, शाम तेरे शह्र में
ज़िंदगी मुझको मिले या मौत का हो सामना
जो भी होना है वो हो अंजाम तेरे शह्र में
उँगलियाँ मुझ पर उठें या लोग जो चाहे कहें
सब गवारा है हमें इल्ज़ाम तेरे शह्र में
कारफ़र्मा[3] तेरी नज़रें, हुक्मराँ तेरा जमाल
काँपती है गर्दिशे-अय्याम तेरे शह्र में
हर तरफ़ ऐशो-मसर्रत, हर तरफ़ मौजे-'शमीम'
लुत्फ़े - सामाँ ज़िंदगी है आम तेरे शह्र में

---

1. लोलुप, लालची 2. बावजूद 3. असरदार

'फ़रहत' कानपुरी (गंगाधरनाथ निगम)

(1905–1952)

वो बहकी निगाहें क्या कहें, वो महकी जवानी क्या कहें
वो कैफ़[1] में डूबे लम्हों की अब रात सुहानी क्या कहें
उलझी हुई ज़ुल्फ़ें ख़्वाब असर, बदमस्त निगाहें वज्हे बक़ा[2]
दुनिया से मगर इम्काने-शब[3] अस्रार-ओ-मआनी[4] क्या कहें
रूदादे–मुहब्बत[5] सुन सुन कर ख़ुद हुस्न को भी नींद आने लगी
अब और कहाँ से लायें दिल, अब और कहानी क्या कहें
जीना भी बहुत ही मुश्किल है, मरना भी कोई आसान नहीं
अल्ला रे कशाकश उल्फ़त की, क्या जी में है ठानी, क्या कहें
'फ़रहत' का पता पूछे जो कोई, काफ़ी है फ़क़त ये काफ़ी है
फूटी हुई क़िस्मत, टूटा दिल, अब और निशानी क्या कहें

---

1. नशा 2. अमरता या अनश्वरता का कारण 3. रात की सम्भावना 4. भेद और अर्थ
5. मुहब्बत की कहानी

'अख़्तर' शीरानी (मोहम्मद दाऊद ख़ाँ)

(1905–1948)

(1)

उनको बुलाएँ औ न वो आएँ, तो क्या करें
बेकार जायें अपनी दुआएँ, तो क्या करें
इक ज़ोहरा वश[1] है आँख के पर्दे पे जल्वागर[2]
नज़रों में आस्माँ न समाएँ, तो क्या करें
माना कि सबके सामने मिलने से है हिजाब[3]
लेकिन वो ख़्वाब में भी न आएँ, तो क्या करें
हम लाख क़समें खायें न मिलने की, सब ग़लत
वो दूर ही से दिल को लुभाएँ, तो क्या करें
बदक़िस्मतों का याद न करने पे है ये हाल
अल्लाह, गर वो याद न आयें तो क्या करें
नासेह[4] हमारी तौबा में कुछ शक नहीं, मगर
शाना[5] हिलाएँ आके घटाएँ, तो क्या करें
मैख़ाना दूर, रास्ता तारीक[6], हम मरीज़
मुँह फेर दें उधर जो हवाएँ तो क्या करें
रातों के दिल में याद बसाएँ किसी की हम
'अख़्तर' हरम में[7] वो न बुलाएँ तो क्या करें

---

(1) 1. ज़ोहरा नाम वाले सितारे जैसी खूबसूरत 2. छवि दिखा रही है 3. लाज, संकोच 4. उपदेशक 5. कन्धे 6. अँधेरा 7. भीतरी कक्ष में

(2)

मुहब्बत की दुनिया में मशहूर कर दूँ
मेरी सादा दिल तुझको मग़रूर[1] कर दूँ
मुझे ज़िंदगी दूर रखती है तुझसे
जो तू पास हो, तो उसे दूर कर दूँ
मुहब्बत के इक़रार[2] से शर्म कब तक
कभी सामना हो तो मजबूर कर दूँ
तू गर सामने हो तो मैं बेख़ुदी में[3]
सितारों को सिज्दे[4] पे मजबूर कर दूँ
नहीं ज़िंदगी को वफ़ा[5] वर्ना 'अख़्तर'
मोहब्बत से दुनिया की मामूर[6] कर दूँ

(3)

तमन्नाओं को ज़िंदा, आर्ज़ूओं को जवाँ कर लूँ
ये शर्मीली नज़र कह दे तो कुछ गुस्ताख़ियाँ कर लूँ
बहार आई है बुलबुल दर्दे-दिल कहती है फूलों से
कहो तो मैं भी अपना दर्दे-दिल तुझसे बयाँ कर लूँ
किसे मालूम कब किस वक़्त किस पर गिर पड़े बिजली
अभी से मैं चमन में चलके आबाद आशियाँ[1] कर लूँ
मुझे दोनों जहाँ में एक वो मिल जायें गर 'अख़्तर'
तो अपनी हस्रतों को बेनियाज़े-दो जहाँ[2] कर लूँ

---

(2) 1. संकोचहीन, हठी 2. वचनबद्धता, वादा 3. बेहोशी में 4. सिर झुकाने को 5. निबाह, निर्वाह 6. परिपूर्ण (3) 1. नीड़, बसेरा 2. दोनों लोकों से उदासीन यानी बेपरवाह

महमूदुल हसन 'बहार'

(1908–1971)

कर दें जो कर रहे हैं उसे संगे-दर[1] से दूर
दस्ते-जुनूँ से[2] दूर हैं पत्थर, न सर से दूर
तारे कहें कि लोग शरारे[3] कहें उन्हें
कुछ अश्क जा पड़े मेरे दामाने - तर[4] से दूर
अब नाख़ुदा[5] पे छोड़ इसे या ख़ुदा पे छोड़
साहिल से दूर है न सफ़ीना भँवर से दूर
ये अपने अपने जज़्बए-वहशत[6] की बात है
वर्ना चमन क़रीब था वीराना घर से दूर
ख़ुद ए'तमादियों का[7] सताया हुआ हूँ मैं
जब भी लुटा, लुटा हूँ रहे-पुरख़तर[8] से दूर
शायद ही कामगारे - अदब[9] हो सकूँ 'बहार'
फेंका गया हूँ मज़मये-अहले-नज़र[10] से दूर

---

1. दहलीज़ 2. पागलपन पर उतारू हाथों से 3. चिनगारियाँ 4. आँसुओं से गीले बदन 5. नाविक, मार्गदर्शक 6. सनक, दीवानगी 7. आश्रय, सहारे 8. खतरनाक रास्ता 9. साहित्य-सेवी 10. साहित्य-प्रेमियों की दृष्टि से

'मख़्दूम' मोहिउद्दीन

(1908–1969)

(1)

आप की याद आती रही रात भर
चश्मे-नम मुस्कुराती रही रात भर
रात भर दर्द की शम्अ जलती रही
ग़म की लौ थरथराती रही रात भर
बाँसुरी की सुरीली सुहानी सदा
याद बन बन के आती रही रात भर
याद के चाँद दिल में उतरते रहे
चाँदनी जगमगाती रही रात भर
कोई दीवाना गलियों में फिरता रहा
कोई आवाज़ आती रही रात भर

(2)

वो जो छुप जाते थे काबों में सनम खानों में
उनको ला ला के बिठाया गया दीवानों में
फ़स्ले-गुल होती थी, क्या जश्ने-जुनूँ होता था
आज कुछ भी नहीं होता है गुलिस्तानों में
आज तो तल्ख़िए-दौराँ[1] भी बहुत हल्की है
घोल दो हिज्र की रातों को भी पैमानों में
आज तक तंज़े - मुहब्बत[2] का असर बाक़ी है
क़हक़हे गूँजते फिरते हैं बियाबानों में
वस्ल है उनकी अदा, हिज्र है उनका अंदाज़
कौन सा रंग भरूँ इश्क़ के अफ़सानों में
शहर में धूम है इक शोलानवा की[3] 'मख़्दूम'
तज़्किरे[4] रस्ते में, चर्चे हैं परीख़ानों में

(2) 1. दौर की तल्खी यानी कड़वाहट 2. प्रेम की विडम्बना 3. आग उगलने वाला 4. क़िस्से, चर्चे

(3)

ज़िंदगी मोतियों की ढलकती लड़ी,
ज़िंदगी रंगे - गुल का बयाँ दोस्तो
गाह[1] रोती हुई, गाह हँसती हुई,
मेरी आँखें हैं अफ़सानाख़्वाँ[2] दोस्तो
है उसी के जमाले - नज़र[3] का असर,
ज़िंदगी ज़िंदगी है सफ़र है सफ़र
सायाए-शाख़े-गुल[4], शाख़े - गुल बन गया,
बन गया अब्र अब्रेरवाँ[5] दोस्तो
इक महकती बहकती हुई रात है,
लड़खड़ाती निगाहों की सौग़ात है
पंखुड़ी की ज़बाँ, फूल की दास्ताँ,
उसके होठों की परछाइयाँ दोस्तो
कैसे तय होगी ये मंज़िले - शामे - ग़म,
किस तरह से हो दिल की कहानी रक़म[6]
इक हथेली में दिल, इक हथेली में जाँ,
अब कहाँ का ये सूदो-ज़ियाँ[7] दोस्तो
दोस्तो, एक दो जाम की बात है,
दोस्तो एक दो गाम की बात है
हाँ, उसी के दरो - बाम[8] की बात है,
बढ़ न जाएँ कहीं दूरियाँ दोस्तो
सुन रहा हूँ हवादिस की[9] आवाज़ को,
पा रहा हूँ ज़माने के हर राज़ को
दोस्तो, उठ रहा है दिलों से धुआँ,
आँख लेने लगी हिचकियाँ दोस्तो

---

(3) 1. कभी 2. अफ़साना या दास्तान बयाँ करती हुई 3. नज़र की खूबसूरती 4. फूल की डाली की छाया 5. बहता हुआ बादल 6. लिखी जाए 7. लाभ-हानि, नफ़ा-नुकसान 8. दरवाज़ा और छत 9. हादसों, दुर्घटनाओं की

'अर्श' मल्सियानी (बालमुकुंद)

(1908–1979)

(1)

वो हाज़िर हो कि ग़ायब हो, निहाँ[1] यूँ भी है और यूँ भी
सरासर राज़, राज़े – कुन्फ़काँ[2] यूँ भी है और यूँ भी

तहैयुर है[3] हुजूरी में, तो बेताबी है दूरी में
मुसीबत में ये जाने – नातवाँ[4] यूँ भी है और यूँ भी

तमन्ना की तरह तर्के – तमन्ना[5] भी मुसीबत है
ये दुनिया इक मुक़ामे – इम्तिहाँ यूँ भी और यूँ भी

वो आकर भी रुलाते हैं, वो जाकर भी रुलाते हैं
दिले – नाकाम मश्ग़ूले – फ़ुग़ाँ[6] यूँ भी है और यूँ भी

वो दिल में दाग़ रौशन है, तो अश्के – ख़ूँ हैं आँखों में
ये मंज़र गुलिस्ताँ दर गुलिस्ताँ यूँ भी है और यूँ भी

फ़क़त कहने को है ये कामयाबी और नाकामी
मुहब्बत फ़ातहे – कोनो – मकाँ[7] यूँ भी है और यूँ भी

सितम हो या करम दोनों का हम पर शुक्र वाजिब है
जो अपना मेहरबाँ है मेहरबाँ यूँ भी है और यूँ भी

घटा सावन की और ऐ 'अर्श' इल्हामात[8] की बारिश
ज़मीं पर आज फ़ैज़े – आस्माँ[9] यूँ भी है और यूँ भी

---

(1) 1. अंतर्निहित 2. संसार का रहस्य 3. अचरज है 4. दुर्बल जान 5. इच्छा का परित्याग 6. नाकाम दिल आर्तनाद किये जा रहा है 7. प्रेम ब्रह्माण्ड का विजेता 8. आकाशवाणी 9. आसमानी कृपा

(2)

जिस ग़म से दिल को राहत हो, उस ग़म का मुदावा[1] क्या मानी
जब फ़ितरत[2] तूफ़ानी ठहरी, साहिल की तमन्ना[3] क्या मानी
इश्रत में रंज की आमेज़िश[4], राहत में अलम की आराइश[5]
जब दुनिया ऐसी दुनिया है, फिर दुनिया दुनिया क्या मानी
ख़ुद शैख़ो-बरहमन मुजरिम हैं, इक जाम से दोनों पी न सके
साक़ी की बुख़्लपसंदी[6] पर साक़ी का शिकवा क्या मानी
जल्वों का तो ये दस्तूर नहीं पर्दों से कभी बाहर आयें
ये दीद-ए-बेतौफ़ीक[7] तिरा ये ज़ौक़े-तमाशा क्या मानी
इख़्लासो-वफ़ा[8] के सिज्दों को जिस दर पर दाद नहीं मिलती
ऐ ग़ैरते-दिल, ऐ अज़्मे-ख़ुदी[9], उस दर पर सिज्दा क्या मानी
ऐ साहिबे-नक़्दो-नज़र[10] माना इंसां का निज़ाम[11] नहीं अच्छा
उसकी इस्लाह[12] के पर्दे में अल्लाह से झगड़ा क्या मानी
मैख़ाने में तो ऐ वाइज़ तल्क़ीन[13] के कुछ असलूब[14] बदल
अल्लाह का बंदा बनने को जन्नत का सहारा क्या मानी
इज़्हारे-वफ़ा लाज़िम ही सही, ऐ 'अर्श' मगर फ़रियादें क्यों
वो बात जो सब पर ज़ाहिर है उस बात का चर्चा क्या मानी

(3)

जिस तमन्ना पर शबाब आया उसे मौत आ गई
ज़िंदगी भी ज़िंदगी के नाम से शर्मा गई
पहले आज़ुर्दा[1] बनाया दिल को फिर बहला गई
हम पे क्या - क्या नाज़ उनकी आर्ज़ू फ़रमा गई
ख़्वाहिशे - मादूम[2] अच्छी ख़्वाहिशे - नाकाम से
हैफ़ उस पर फूल बन कर वो कली मुर्झा गई

---

(2) 1. उपचार 2. स्वभाव 3. तट की कामना 4. सुख में दुख की मिलावट 5. राहत में दुख की मिलावट 6. कंजूसी 7. असमर्थ आँख 8. शुद्ध हृदय और विश्वास 9. दिल की शर्म 10. पारखियों 11. शासन 12. परामर्श, सलाह 13. आचार 14. नियम (3) 1. दुखी 2. इच्छा का न होना

आह, इब्रतनाक[3] था कितना बयाने - आशिक़ी
ज़िंदगी की दास्ताँ से ज़िंदगी घबरा गई
बे उमीदो - बीम[4] राज़े - ज़िंदगी पाता न मैं
इक यही उल्झन थी जो उक़्दे[5] मेरे सुल्झा गई
कौन होगा अब हदफ़[6] नाकामिए - तदबीर का[7]
ज़िंदगी की राह में तक़दीर तो काम आ गई
अब अयाँ[8] होते फिरो तुम, अब तुम्हें देखेगा कौन
दीद की हस्रत[9] में चश्मे - मुंतज़िर[10] पथरा गई
मार डाला 'अर्श' यूँ तो दोस्तों के लुत्फ़ ने
ये ग़नीमत है कि आख़िर ज़िंदगी काम आ गई

---

(3) 3. शिक्षाप्रद 4. आशा-निराशा के बिना 5. समस्याएँ 6. लक्ष्य, निशाना 7. प्रयत्न की असफलता का 8. [illegible]ट 9. देखने की चाह 10. प्रतीक्षित आँखें

'अदम' (अब्दुल हमीद)

(1909–1981)

(1)

पास रहता है, दूर रहता है
कोई दिल में ज़रूर रहता है
जब से देखा है उसकी आँखों को
हल्का – हल्का सुरूर[1] रहता है
ऐसे रहते हैं वो मिरे दिल में
जैसे जुल्मत[2] में नूर रहता है
अब 'अदम' का ये हाल है, हर वक़्त
मस्त रहता है, चूर रहता है

(2)

वक़्त उस हसीं के पास कुछ इतना क़लील[1] था
क़िस्सा इक आह में भी सिमट कर तवील[2] था
मौत आई और देख के वापस चली गई
जो था वो ज़िंदगी की अदा का क़तील[3] था
मैं मैकदे की[4] राह से होकर निकल गया
वर्ना सफ़र हयात का[5] काफ़ी तवील था

(3)

मस्ती में उस हसीं को ख़ुदा कह गया हूँ मैं
फिर भी जो कह गया हूँ बजा[1] कह गया हूँ मैं
कुछ तो मेरे गुनाह की अज़्मत पे[2] ग़ौर कर
अपनी ख़ता को[3] तेरी रज़ा[4] कह गया हूँ मैं

---

(1) 1. नशा 2. अंधकार (2) 1. कम 2. लम्बा 3. मारा हुआ 4. शराबखाने की 5. ज़िंदगी का सफ़र (3) 1. उचित, ठीक 2. महानता पर 3. गुनाह को 4. मर्ज़ी, इच्छा

क्यूँ देखते हैं ग़ौर से मैकश मेरी तरफ़
साक़ी तिरी निगाह से क्या कह गया हूँ मैं
या रब मेरे ख़ुलूस की बारफ़्तगी[5] तो देख
किस सादगी से तुझको ख़ुदा कह गया हूँ मैं

(4)

साहिल के रुख़[1] न जाऊँ अगर मेरा बस चले
तूफ़ाँ में डूब जाऊँ अगर मेरा बस चले
क्यूँ मुंतरिज़ है[2] मेरी ख़मोशी पे ऐ नदीम[3]
क्या मैं न मुस्कराऊँ अगर मेरा बस चले
मैं और तेरी याद की तकलीफ़ का अज़ाब[4]
ख़ुद को न भूल जाऊँ अगर मेरा बस चले
इक बार गर निज़ात[5] मयस्सर[6] हो होश से
फिर होश में न आऊँ अगर मेरा बस चले
ज़िल्लत की ज़ीस्त[7] मौत से बदतर है ऐ 'अदम'
ये ज़हर तो न खाऊँ अगर मेरा बस चले

(5)

मैख़ानए-हस्ती में[1] अक्सर हम अपना ठिकाना भूल गये
या होश से जाना भूल गये या होश में आना भूल गये
असबाब[2] तो बन ही जाते हैं, तक़दीर की ज़िद को क्या कहिए
इक जाम तो पहुँचा था हम तक, हम जाम उठाना भूल गये
आये थे बिखेरे ज़ुल्फ़ों को इक रोज़ हमारे मर्क़द[3] पर
दो अश्क तो टपके आँखों से, दो फूल चढ़ाना भूल गये
तस्वीर बनाने वालों ने जब उसकी निगाहों को देखा
तस्वीर मुरत्तिब[4] क्या करते, तस्वीर बनाना भूल गये
चाहा था कि उनकी आँखों से कुछ रंगे-बहाराँ ले लीजे
तक़रीब[5] तो अच्छी, थी, लेकिन वो आँख मिलाना भूल गये
मालूम नहीं आईने में, चुपके से हँसा था कौन 'अदम'
हम जाम उठाना भूल गये, वो साज़ बजाना भूल गये

---

(3) 5. निष्कपटता की रीझ (मुग्धता) (4) 1. तट की ओर 2. ऐतराज़ करता है 3. दोस्त 4. कष्ट की वेदना या टीस 5. छुटकारा 6. मिले 7. अपमान की ज़िंदगी (5) 1. ज़िंदगी के शराबखाने में 2. सामान, सामग्री 3. कब्र 4. पूरी 5. मौका, अवसर

'बाक़ी' सिद्दीक़ी (मोहम्मद अफ़ज़ल)

(1909–1972)

(1)

अपनी धूप में भी कुछ जल
हर साये के साथ न ढल
लफ़्ज़ों के फूलों पे न जा
देख सिरों पर चलते हल
दुनिया बर्फ़ का तोदा है
जितना जल सकता है जल
ग़म की नहीं आवाज़ कोई
काग़ज़ काले करता चल
बन के लकीरें उभरे हैं
माथे पर राहों के बल
मैंने तेरा साथ दिया
मेरे मुंह पर कालख मल
आस के फूल खिले 'बाक़ी'
दिल से गुज़रा फिर बादल

(2)

यूँ भी होने का पता देते हैं
अपनी ज़ंजीर हिला देते हैं
पहले हर बात पे हम सोचते थे
अब फ़क़त हाथ उठा देते हैं
काफ़िला आज कहाँ ठहरेगा
क्या ख़बर आब्ला पा[1] देते हैं

---

(2) 1. पैरों के फफोले

बाज़ औक़ात[2] हवा के झोंके
लौ चराग़ों की बुझा देते हैं
दिल में जब बात नहीं रह सकती
किसी पत्थर को सुना देते हैं
एक दीवार उठाने के लिये
एक दीवार गिरा देते हैं
सोचते हैं सरे-साहिल[3] 'बाक़ी'
ये समंदर हमें क्या देते हैं!

(3)

कहता है हममकीं[1] से मकाँ, बोलते रहो
इस चुप में भी है जी का ज़ियाँ[2] बोलते रहो
हर याद हर ख़याल है लफ़्ज़ों का सिलसिला
यह महफ़िले-नवा[3] है, यहाँ बोलते रहो
मौजे-सदाए-दिल पे' रवाँ है हिसारे-ज़ीस्त[4]
जिस वक़्त तक है मुँह में ज़ुबाँ, बोलते रहो
अपना लहू ही रंग है, अपनी तपिश ही बू
हो फ़स्ले-गुल कि दौरे-ख़िज़ाँ[5], बोलते रहो
क़दमों पे बार होते हैं सुनसान रास्ते
लम्बा सफ़र है, हम सफ़राँ, बोलते रहो
है ज़िंदगी भी टूटा हुआ आईना तो क्या
तुम भी बतर्ज़े-शीशागराँ[6] बोलते रहो
'बाक़ी' जो चुप रहोगे तो उट्ठेंगी उँगलियाँ
है बोलना भी रस्मे-जहाँ, बोलते रहो

---

(2) 2. कभी-कभार, यदा-कदा 3. समुद्र के किनारे (3) 1. घर में रहने वाले से 2. संकट, मुसीबत 3. सुरों की सभा 4. दिल की आवाज़ की लहर को ज़िंदगी का दुर्ग घेरे हुए है 5. वसंत हो या पतझड़ 6. शीशा बनाने वालों की तरह

'मजाज़' (असरारुल हक़)

(1911*–1955)

(1)

सीने में उनके जलवे छिपाए हुए तो हैं
हम अपने दिल को तूर[1] बनाए हुए तो हैं
तासीरे-जज़्बे-शौक़[2] दिखाए हुए तो हैं
हम तेरा हर हिजाब[3] उठाए हुए तो हैं
हाँ, क्या हुआ वो हौसला-ए-दीद[4], अहले-दिल[5]
देखो न, वो निक़ाब उठाए हुए तो हैं
तेरे गुनाहगार, गुनहगार ही सही
तेरे करम की[6] आस लगाए हुए तो हैं
अल्लाह री कामयाबिए - आवारगाने इश्क़[7]
ख़ुद गुम हुए तो क्या, उसे पाये हुए तो हैं
यूँ तुझको इख़्तियार है तासीर[8] दे न दे
दस्ते-दुआ[9] हम आज उठाये हुए तो हैं
मिटते हुओं को देख के क्यों रो न दे 'मजाज़'
आख़िर किसी के हम भी मिटाये हुए तो हैं

(2)

कुछ तुझको ख़बर है हम क्या-क्या, ऐ शोरिशे-दौराँ[1], भूल गये
वो ज़ुल्फ़े-परेशाँ[2] भूल गये, वो दीदा-ए-गिरियाँ[3] भूल गये
ऐ शौक़े-नज़ारा[4] क्या कहिए, नज़रों में कोई सूरत ही नहीं
ऐ ज़ौक़े-तसव्वुर[5] क्या कीजै, हम सूरते-जानाँ[6] भूल गये

---

* कुछ लोग 1909 में 'मजाज़' का जन्म मानते हैं। (1) 1. एक पौराणिक पर्वत, जिस पर पैगम्बर मूसा ने ईश्वर का जल्वा देखा था 2. प्रेम-भावना का प्रभाव 3. पर्दा 4. देखने की हिम्मत 5. दिलवालों 6. कृपा की 7. आवारा प्रेमियों की कामयाबियाँ 8. फल 9. दुआ के लिये हाथ (2) 1. दुनिया के उपद्रव 2. बिखरे केश 3. रोती हुई आँखें 4. देखने की चाह 5. कल्पनाशीलता 6. प्रेयसी का चेहरा

अब गुल से नज़र मिलती ही नहीं, अब दिल की कली खिलती ही नहीं
ऐ फ़स्ले-बहाराँ[7] रुख़्सत हो, हम लुत्फ़े-बहाराँ[8] भूल गये
सबका तो मुदावा[9] कर डाला, अपना ही मुदावा कर न सके
सबके तो गरेबाँ सी डाले, अपना ही गरेबाँ भूल गये
ये अपनी वफ़ा का आलम है, अब उनकी जफ़ा[10] को क्या कहिए
इक नश्तरे-ज़हर् आगीं रख कर नज़दीके-रगे-जाँ भूल गये[11]

(3)

जुनूने-शौक़[1] अब भी कम नहीं है
मगर वो आज भी बरहम[2] नहीं है
बहुत मुश्किल है दुनिया का सँवरना
तिरी ज़ुल्फ़ों का पेचो-ख़म[3] नहीं है
बहुत कुछ और भी है इस जहाँ में
ये दुनिया महज़ ग़म ही ग़म नहीं है
तक़ाज़े क्यों करूँ पैहम[4] न साक़ी
किसे याँ फ़िक्रे-बेशो-कम[5] नहीं है
इधर मश्कूक है मेरी सदाक़त[6]
उधर भी बदगुमानी कम नहीं है
मेरी बर्बादियों का हमनशीनों[7]
तुम्हें क्या, ख़ुद मुझे भी ग़म नहीं है
अभी बज़्मे-तरब से[8] क्या उठूँ मैं
अभी तो आँख भी पुरनम[9] नहीं है
ब - ईं सैले - ग़मो - सैले - हवादिस[10]
मेरा सर है कि अब भी ख़म[11] नहीं है

---

(2) 7. वसंत ऋतु 8. वसंत का आनंद 9. उपचार, इलाज 10. अन्याय जुल्म 11. विष बुझा ज़ख्म दिल से जुड़ी रग के पास रखकर भूल गये (3) 1. इश्क की दीवानगी 2. गुस्सा 3. उलझाव 4. लगातार 5. कम ज़्यादा की चिन्ता 6. इधर मेरी सच्चाई में संशय है 7. दोस्तों 8. खुशियों की महफ़िल से 9. अश्रुसिक्त 10. दुखों और दुर्घटनाओं की जल-प्रलय के बावजूद 11. झुका हुआ

'मजाज़' इक बादाकश[12] तो है यक़ीनन
जो हम सुनते थे वो आलम नहीं है

(4)

सारा आलम गोश बर आवाज़[1] है
आज किन हाथों में दिल का साज़ है
तू जहाँ है ज़म्ज़मा पर्दाज़[2] है
दिल जहाँ है गोश बर आवाज़ है
हाँ, ज़रा जुरअत[3] दिखा ऐ जज़्बे-दिल
हुस्न को पर्दे पे अपने नाज़ है
हमनशीं दिल की हक़ीक़त क्या कहूँ
सोज़ में डूबा हुआ इक साज़ है
आपकी मख़्मूर[4] आँखों की क़सम
मेरी मैख़्वारी[5] अभी तक राज़ है
हँस दिये वो मेरे रोने पर मगर
उनके हँस देने में भी इक राज़ है
छुप गये वो साज़े-हस्ती[6] छेड़ कर
अब तो बस आवाज़ ही आवाज़ है
हुस्न को नाहक पशेमाँ कर दिया[7]
ऐ जुनूँ, ये भी कोई अंदाज़ है
सारी महफ़िल जिस पे झूम उट्ठी 'मजाज़'
वो तो आवाज़े - शिकस्ते - साज़[8] है

---

(3) 12. शराबी (4) 1. सारी दुनिया आवाज़ पर कान लगाए है 2. गाने में डूबा हुआ 3. हिम्मत 4. नशीली 5. शराबनोशी 6. जीवन संगीत 7. सौन्दर्य को व्यर्थ ही शर्मिंदा कर दिया 8. साज़ के टूटने की आवाज़

'वामिक' जौनपुरी (सैयद अहमद मुज़्तबा)

(1909–1998)

(1)

रास्ते पुरख़तर, हर क़दम इक सफ़र, ज़िंदगी मुख़्तसर[1]
पेचोख़म किस क़दर, राहज़न राहबर, कोई जाए किधर
साक़िए-बेख़बर तेरे मैख़ाना पर किसने डाली नज़र
मर्कज़े-आर्ज़ू[2] कितने जामो-सुबू[3] रह गये टूट कर
दौरे-ग़म जाते ही, फ़स्ले-गुल आते ही, इज़्ने-रम[4] पाते ही
ऐसी बिजली गिरी, क़ैद से छुटते ही जल गये बालो-पर
चल गईं आँधियाँ, बुझ गईं बत्तियाँ, लुट गईं बस्तियाँ
उठ रहा है जहाँ आह बन कर धुआँ है वही मेरा घर
शीशए-दिल में बस भर दे यादों का रस ऐ मसीहा नफस[5]
जुज़ तेरे शौक़ के इस ग़मे-दह्र से[6] वर्ना किसको सफ़र[7]
हुस्न ज़रबुलमसल[8] हर अदा बरमहल[9] तू सरापा ग़ज़ल
जिस तरह चाँदनी में नहाया हुआ ताज आये नज़र
शे'र ज़िक्रे-बुताँ[10] शे'र फ़िक्रे-जहाँ, शे'र इतरे-ज़ुबाँ[11]
शे'र है इक फुसूँ[12], क्या ख़िरद[13], क्या जुनूँ[14] इसके ज़ेरे-असर[15]

---

(1) 1. संक्षिप्त 2. इच्छाओं के केन्द्र 3. प्याले वगैरह 4. दौड़ने का इशारा 5. जिसकी साँस में मसीहाई हो 6. दुनिया के दुख 7. छुटकारा 8. जो मिसाल बने 9. मुकम्मल लाजवाब 10. सुंदरियों का वर्णन 11. ज़ुबान की ख़ुशबू, भाषा की सुगंध 12. जादू 13. बुद्धि 14. दीवानगी 15. अधीन, अंतर्गत

फ़ैज़ अहमद 'फ़ैज़'

(1911–1984)

(1)

दोनों जहान तेरी मुहब्बत में हार के
वो जा रहा है कोई शबे-ग़म गुज़ार के
वीराँ है मैकदा, ख़ुमो-साग़र[1] उदास है
तुम क्या गये कि रुठ गये दिन बहार के
इक फ़ुर्सते-गुनाह मिली वो भी चार दिन
देखे हैं हमने हौसले पर्वर्दिगार के
दुनिया ने तेरी याद से बेगाना कर दिया
तुझसे भी दिलफ़रेब हैं ग़म रोज़गार के
भूले से मुस्करा तो दिये थे वो आज 'फ़ैज़'
मत पूछ वलवले दिले-नाकर्दाकार[2] के

(2)

तुम आये हो न शबे-इंतिज़ार गुज़री है
तलाश में है सहर बार-बार गुज़री है
जुनूँ में जितनी भी गुज़री ब कार[1] गुज़री है
अगर्चे दिल पे ख़राबी हज़ार गुज़री है
हुई है हज़रते-नासेह से गुफ़्तगू जिस शब
वो शब ज़रूर सरे-कू-ए-यार[2] गुज़री है
वो बात, सारे फ़साने में जिसका ज़िक्र न था
वो बात उनको बहुत नागवार गुज़री है

---

(1) 1. शराब का मटका और प्याले 2. अनुभवहीन दिल की उमंग (2) 1. सोद्देश्य 2. प्रेमी की गली में

न गुल खिले हैं, न उनसे मिले, न मै पी है
अजीब रंग में अबके बहार गुज़री है
चमन पे ग़ारते-गुलचीं से[3] जाने क्या गुज़री
क़फ़स से आज सबा बेक़रार गुज़री है

(3)

गुलों में रंग भरे बादे-नौ बहार चले
चले भी आओ कि गुलशन का कारोबार चले
क़फ़स[1] उदास है यारो, सबा से[2] कुछ तो कहो
कहीं तो बह्‌रे-ख़ुदा[3] आज ज़िक्रे-यार चले
कभी तो सुबह तिरे कुंजे-लब से हो आग़ाज़[4]
कभी तो शब सरे-काकुल से मुश्कबार चले[5]
बड़ा है दर्द का रिश्ता, ये दिल ग़रीब सही
तुम्हारे नाम पे आयेंगे ग़मगुसार चले
जो हम पे गुज़री सो गुज़री मगर शबे-हिज्राँ
हमारे अश्क तिरी आक़बत[6] सँवार चले
हुज़ूरे-यार हुई दफ़्तरे-जुनूँ की तलब
गिरह में लेके गरेबाँ का तार तार चले
मुक़ाम, 'फ़ैज़' कोई राह में जचा ही नहीं
जो कू-ए-यार से निकले तो सू-ए-दार[7] चले

(4)

बेदम हुए बीमार दवा क्यों नहीं देते
तुम अच्छे मसीहा हो, शफ़ा[1] क्यों नहीं देते
दर्दे-शबे-हिज्राँ की जज़ा[2] क्यों नहीं देते
ख़ूने-दिले-बहशी का सिला[3] क्यों नहीं देते

(2) 3. फूल चुनने वाले ने जो तबाही मचाई (3) 1. पिंजरा 2. प्रात: समीर 3. खुदा के लिये 4. कभी तो सुबह तेरे होठों के कोनों से शुरू हो 5. कभी तो रात तुम्हारी लटों के सिरे से होकर बीते 6. परलोक 7. सूली या फाँसी के फंदे की तरफ़ (4) 1. उपचार, इलाज 2. विरह की रातों के दर्द का पुरस्कार 3. उन्मादग्रस्त लोगों की हत्यारी प्रवृत्ति का इनाम

मिट जायेगी मख़्लूक[4] तो इंसाफ़ करोगे
मुंसिफ़ हो तो अब हश्र[5] उठा क्यों नहीं देते
हाँ नुक़्तावरो[6] लाओ लबो-दिल की गवाही
हाँ नग़्मागरो[7] साज़ सदा[8] क्यों नहीं देते
पैमाने-जुनूँ[9] हाथों को शरमायेगा कब तक
दिलवालो, गरेबाँ का पता क्यों नहीं देते
बर्बादिए-दिल[10] जब्र[11] नहीं 'फ़ैज़' किसी का
वो दुश्मने-जाँ है तो भुला क्यों नहीं देते

(5)

कहीं तो कारवाने-दर्द की मंज़िल ठहर जाये
किनारे आ लगे उम्रे-रवाँ या दिल ठहर जाये
अमाँ[1] कैसी कि मौजे-ख़ूँ अभी सर से नहीं गुज़री
गुज़र जाये तो शायद बाज़ुए-क़ातिल ठहर जाये
कोई दम बादबाने-कश्तिए-सहबाँ को तह रक्खो[2]
ज़रा ठहरो ग़ुबारे-ख़ातिरे-महफ़िल[3] ठहर जाये
ख़ुमे-साक़ी में[4] जुज़[5] ज़हरे-हलाहल कुछ नहीं बाक़ी
जो हो महफ़िल में इस इक़राम के क़ाबिल[6] ठहर जाये
हमारी ख़ामुशी बस दिल में लब तक एक वक़्फ़ा है
य' तूफ़ाँ है जो पल भर बर-लबे-साहिल ठहर जाये
निगाहे-मुंतज़िर[7] कब तक करेगा आइनाबंदी[8]
कहीं तो दश्ते-ग़म में[9] यार का महमिल[10] ठहर जाये

---

(4) 4. दुनिया 5. प्रलय का दिन 6. मर्म की बात जानने वाला 7. गायकों 8. आवाज़ 9. उन्माद का पैमाना 10. दिल की बर्बादी 11. जुल्म, अत्याचार (5) 1. शान्ति 2. शराब के दौर की मस्ती के झोंके देने वाली सोहबत को नियन्त्रित रखो 3. महफ़िल के दिल का गुबार 4. मधुबाला के मटके में 5. सिवाय 6. इस सत्कार के योग्य 7. इंतज़ार करती नज़र 8. स्वागत उत्सव की सजावट 9. दुखों के बियावान में 10. ऊँट पर औरतों के बैठने के लिए एक पालकीनुमा आसन

(6)

नहीं निगाह में मंज़िल, तो जुस्तजू[1] ही सही
नहीं विसाल मयस्सर[2], तो आर्ज़ू ही सही
न तन में ख़ून फ़राहम[3] न अश्क आँखों में
नमाज़े-शौक़ तो वाजिब है, बे वुजू ही सही
यही बहुत है कि सालिम[4] है दिल का पैराहन[5]
ये चाक चाक गरेबान बे रफ़ू ही सही
किसी तरह तो थमे बज़्म[6], मैकदे वालो
नहीं जो बादा-ओ-साग़र[7] तो हा ओ हू ही सही
गर इंतज़ार कठिन है तो जब तलक ऐ दिल
किसी के वादा-ए-फ़र्दा[8] से गुफ़्तगू ही सही
दयारे-ग़ैर में महरम[9] अगर नहीं कोई
तो 'फ़ैज़' ज़िक्रे-वतन अपने रू-ब-रू[10] ही सही

---

(6) 1. तलाश 2. मिलन सुलभ नहीं 3. मौजूद 4. सही सलामत 5. पोशाक 6. महफ़िल 7. शराब और प्याला 8. कल के वादे 9. पराई जगह में अपना 10. अपने आपसे ही

शमशेर बहादुर सिंह*

(1911–1993)

(1)

अपने दिल का हाल यारो, हम किसी से क्या कहें
कोई भी ऐसा नहीं मिलता जिसे अपना कहें
हो चुकी जब ख़त्म अपनी ज़िंदगी की दास्ताँ
उनकी फ़रमाइश हुई है, इसको दोबारा कहें
आज इक ख़ामोश मातम-सा[1] हमारे दिल में है
ख़्वाब के से दिन हैं, वर्ना हम इसे जीना कहें
यास[2], दिल को बाँध, सर पर जल्द साया कर जुनूँ
दम नहीं इतना जो तुमसे साँस का धोखा कहें
देख कर आख़ीर वक़्त उनकी मोहब्बत की नज़र
हमको याद आया वो कुछ कहना, जिसे शिकवा कहें
उनकी पुरहसरत[3] निगाहें देखकर रहम आ गया
वर्ना जी में था कि हम भी हँस के दीवाना कहें
क़ाफ़िले वालो कहाँ जाते हो? सहरा[4] की तरफ़!
आओ, बैठो, तुमसे हम मजनूँ का अफ़साना कहें
मुश्कबू-ए-ज़ुल्फ़[5] उसकी, घेर ले जिस जा[6] हमें
दिल ये कहता है, उसी को अपना काशाना[7] कहें

(2)

बंदगी इक् मुक़ाम था, और वो मुक़ाम हो चुका
इश्क़ भी नाम था तेरा, और तेरा नाम हो चुका

---

* हिन्दी के अग्रणी प्रगतिशील कवि, जो उर्दू में भी बाक़ायदा शायरी करते थे।

(1) 1. एकांतवासी 2. निराशा 3. चाहनायुक्त 4. जंगल 5. केशों की कस्तूरी जैसी सुगंध 6. जगह 7. घर

महवियते–सुजूद में[1] अस्ल वुजूद[2] भी गया
सुबह को भी समझ के शाम, बदए–शाम हो चुका
आपकी दास्तान थी गोया किसी की ज़िंदगी
आपके आने आने तक क़िस्सा तमाम हो चुका
महव है[3] कायनात कुल, महव है उसकी ज़ात कुल
कौन किसे ख़बर करे किसका निज़ाम[4] हो चुका
एक ख़याले-ख़ाम हूँ[5], दिल से मुझे भुलाइए
आपको आ चुका हूँ याद, इश्क़ तमाम[6] हो चुका
इश्क़ में कैफ़ीयत[7] नहीं, हुस्न में तम्कनत[8] नहीं
हिज्र में वो सकत नहीं, वस्ले–दवाम[9] हो चुका

(3)

जहाँ में अब तो जितने रोज़ अपना जीना होना है
तुम्हारी चोंटें होनी हैं, हमारा सीना होना है
वो जल्वे लोटते फिरते हैं ख़ाको–ख़ूने–इंसाँ में
'तुम्हारा तूर पर जाना मगर नाबीना होना है'
क़दमरंजा है सू–ए–बाम[1] इक शोखी क़यामत की
मेरे ख़ूने - हिना परवर से[2] रंगीं ज़ीना होना है
वो कल आएँगे वादे पर, मगर कल देखिए कब हो
ग़लत फिर, हज़रते–दिल, आपका तख़्मीना[3] होना है
बस, ऐ शमशेर, चल कर, अब कहीं उज़्लत गज़ीं[4] हो जा
कि हर शीशे[5] को महफ़िल में गदा–ए–मीना[6] होना है

---

(2) 1. सजदा करने वालों की तन्मयता में 2. वजूद, अस्तित्व 3. तल्लीन 4. सृष्टि, व्यवस्था 5. भ्रम हूँ 6. खत्म 7. नशा 8. गर्व, तेज़ 9. स्थायी मिलन (3) 1. छत पर आने वाली है 2. मेहंदी की सी रंगत वाले खून से 3. अनुमान 4. एकांतवासी 5. जाम 6. सुराही का भिक्षुक

(4)

मेरे मन के राग नये नये, तुझे गीत में जो बुला गये
वो न जाने किसके गले लगे, वो न जाने किसको सुहा गये
हमें आज यह भी ख़बर नहीं कि वही फ़लक़ है, वही ज़मीं
वही चाँदनी है कि ये हमीं कोई ख़्वाब है कि दिखा गये
मुझे कितना कितना दुखा गई, मेरे दिल को छलनी बना गई
वही टीस सी, वही आह सी, जिसे हम ज़रा सा दबा गये
वो हैं लाख दुश्मने-जाँ तो क्या, मेरा दिल उन्हीं पे फ़िदा हुआ
वो जो दिल को आग लगा गये, मेरी ज़िंदगी में समा गये
हमें 'शम्स' पर बड़ा नाज़ था, उन्हें हम समझते थे पारसा[1]
मगर आख़िर आख़िरे-इम्तहाँ वही अपना रंग दिखा गये

(5)

राह तो एक थी हम दोनों कीः आप किधर से आए गये
हम जो लुट गये पिट गये, आप जो राजभवन में पाये गये
किस लीला युग में आ पहुँचे अपनी सदी के अंत में हम
नेता, जैसे घास-फूस के रावन खड़े कराये गये
जितना ही लाउडस्पीकर चीखा उतना ही ईश्वर दूर हुआ

उतने ही दंगे फैले, जितने 'दीन धरम' फैलाए गये
मूर्ति - चोर मंदिर में बैठा औ' गाहक अमरीका में
दान दच्छिना लाखों डॉलर गुपुत दान करवाये गये
दादा की गोद में पोता बैठा 'महबूबा महबूबा...' गाये
दादी बैठी मूड़ हिलाए... 'हम किस जुग में आय गये'
गीत ग़ज़ल है फिल्मी लय में शुद्ध गलेबाज़ी 'शमशेर'
आज कहाँ वो गीत, जो कल थे गलियों गलियों गाये गये!

---

(4) 1. सात्विक, पवित्र हृदय

मीराजी (सनाउल्लाह)

(1912–1949)

(1)

चाँद सितारे क़ैद हैं सारे वक़्त के बंदीख़ाने में
लेकिन मैं आज़ाद हूँ साक़ी छोटे से पैमाने में
उम्र है फ़ानी, उम्र है बाक़ी, इसकी कुछ पर्वा ही नहीं
तू ये कह दे वक़्त लगेगा कितना आने-जाने में
तुझ से दूरी दूरी कब थी, पास और दूर तो धोखा है
फ़र्क़ नहीं अनमोल रतन को खोकर फिर से पाने में
दो पल की थी अंधी जवानी, नादानी की, भर पाया
उम्र भला क्यूँ बीते सारी रो रोकर पछताने में
पहले तेरा दीवाना था, अब है अपना दीवाना
पागलपन है वैसा ही कुछ, फ़र्क़ नहीं दीवाने में
ख़ुशियाँ आईं, अच्छा आईं, मुझको क्या अहसास नहीं
सुध-बुध सारी भूल गया हूँ दुख के गीत सुनाने में
अपनी बीती कैसे सुनाएँ, मदमस्ती की बातें हैं
'मीराजी' का जीवन बीता पास के इक मैख़ाने में

(2)

दीद - ए - अश्कबार[1] है अपना
और दिल बेक़रार है अपना
रश्के - सहरा[2] है घर की बीरानी
यही रंगे - बहार है अपना

---

(2) 1. आँसू बहाती आँखें 2. बयाबाँ भी जिससे ईर्ष्या करे

चश्मे – गिर्यां से[3], चाके – दामन से
हाल सब आश्कार[4] है अपना
सिर्फ़ वो एक सबके हैं मुख़्तार
उन पे क्या इख़्तियार[5] है अपना
बज़्म[6] से उनकी जब से निकला है
दिल ग़रीबुद्दयार[7] है अपना
उनको अपना बना के छोड़ेंगे
वक़्त गर साज़गार[8] है अपना
पास तो क्या है अपने, फिर भी मगर
उस पे सब कुछ निसार[9] है अपना
हमको हस्ती रक़ीब[10] कीं मंज़ूर
फूल के साथ ख़ार[11] है अपना
है यही रस्मे – मैकदा[12] शायद
नश्शा उनका ख़ुमार है अपना
जीत के ख़्वाब देखते जाओ
दिले – बादे – क़िमार[13] है अपना
क्या ग़लत सोचते हैं 'मीराजी'
शे'र कहना शिआर[14] है अपना

---

(2) 3. रोती आँखों से 4. जाना–पहचाना 5. अधिकार, बस 6. महफ़िल 7. गरीब का घर 8. अनुकूल 9. न्योछावर 10. प्रतिद्वन्द्वी 11. काँटा 12. मैख़ाने का रिवाज़ 13. दिल जुए के दौरान पी जाने वाली शराब है 14. आदत

'जज़्बी' (मुईन अहसन)

(1912–2005)

(1)

इंतेहा - ए - ग़म में[1] मुझको मुस्कुराना आ गया
हाथ इख़्फ़ा - ए - मुहब्बत का[2] बहाना आ गया
इस तरफ़ इक आशियाने की हक़ीक़त खुल गई
उस तरफ़ इक शोख़ को बिजली गिराना आ गया
रो दिये वो ख़ुद भी मेरे गिरिया-ए-पैहम पे[3] आज
अब हक़ीक़त में मुझे आँसू बहाना आ गया
मेरी ख़ाके-दिल भी आख़िर उनके काम आ ही गई
कुछ नहीं तो उनको दामन ही बचाना आ गया
वो ख़राशे-दिल[4] जो, ऐ 'जज़्बी', मेरी हमराज़ थी
आज उसे भी ज़ख़्म बन कर मुस्कुराना आ गया

(2)

मरने की दुआएँ क्यों माँगू, जीने की तमन्ना कौन करे
ये दुनिया हो या वो दुनिया, अब ख़्वाहिशे-दुनिया कौन करे
जब कश्ती साबितो-सालिम[1] थी, साहिल[2] की तमन्ना किसको थी
अब ऐसी शिकस्ता[3] कश्ती पर साहिल की तमन्ना कौन करे
जो आग लगाई थी तुमने, उसको तो बुझाया अश्कों ने
जो अश्कों ने भड़काई है, उस आग को ठंडा कौन करे
दुनिया ने हमें छोड़ा 'जज़्बी', हम छोड़ न दें क्यों दुनिया को
दुनिया को समझ कर बैठे हैं, अब दुनिया-दुनिया कौन करे

---

(1) 1. दुख की अधिकता में 2. प्रेम प्रकट न होने देने का 3. लगातार रोने पर 4. दिल का ज़ख्म (2) 1. सही-सलामत 2. तट, किनारा 3. टूटी

(3)

बीते हुए दिनों की हलावत[1] कहाँ से लायँ
इक मीठे मीठे दर्द की राहत कहाँ से लायँ
ढूँढें कहाँ वो नाला-ए-शबताब का[2] जमाल
आहे - सहर गही की सबाहत[3] कहाँ से लायँ
समझाएँ कैसे दिल की नज़ाकत का माजरा
खामोशिए-नज़र की ख़िताबत[4] कहाँ से लायँ
तर्के-तअल्लुक़ात[5] का हो जिससे एहतिमाल[6]
बेबाक़ियों में इतनी सदाक़त[7] कहाँ से लायँ
अफ़सुर्दगी-ए-ज़ब्ते-अलम[8] आज भी सही
लेकिन निशाते - ज़ब्ते - मसर्रत[9] कहाँ से लायँ
हर फ़तह के ग़रूर में बे वज्ह, बे सबब
एहसासे - इन्फ़आले - हज़ीमत[10] कहाँ से लायँ
आसूदगी - ए - लुत्फ़ों - इनायत[11] के साथ-साथ
दिल में दबी दबी सी क़यामत कहाँ से लायँ
वो जोशे-इज़्तिराब पे[12] कुछ सोचने के बाद
हैरत कहाँ से लायँ, नदामत[13] कहाँ से लायँ
हर लहज़ा ताज़ा ताज़ा बलाओं का सामना
ना आज़मूदाकार की जुरअत[14] कहाँ से लायँ
है आज भी निगाहे - मुहब्बत की आरज़ू
पर ऐसी इक निगाह की क़ीमत कहाँ से लायँ
सब कुछ नसीब हो भी तो ऐ शोरिशे-हयात[15]
तुझसे नज़र चुराने की आदत कहाँ से लायँ

---

(3) 1. मिठास 2. चाँदनी का आर्तनाद 3. प्रभातकाल की खूबसूरती 4. खामोश नज़र की वाचालता सम्बन्ध विच्छेद 6. आशंका, सम्भावना 7. सच्चाई 8. दुख सहने से प्रकट होने वाली उदासी 9. खुशी को भीतर ही भीतर दबाने का आनंद 10. हार की शर्मिंदगी का एहसास 11. दया-दृष्टि की सम्पन्नता 12. बेचैनी की तीव्रता पर 13. पछतावा 14. अनुभवहीन का साहस 15. ऐ जीवन-संघर्ष

हफ़ीज़ होशियारपुरी

(1912–1973)

(1)

गर इसका सिलसिला भी उम्रे-जाविदाँ[1] से मिले
किसी को ख़ाक सुकूँ मर्गे-नागहाँ से मिले[2]
कोई ज़मीं से भी पहुँचाये आस्माँ को पयाम[3]
पयाम अहले ज़मीं को तो आस्माँ से मिले
ख़ुद अपनी गुमशुदगी से जिन्हें शिकायत है
तु ही बता, उन्हें तेरा निशाँ कहाँ से मिले
सुराग़े-उम्रे-गुज़िश्ता[4] मिले कहीं से 'हफ़ीज़'
सुराग़े-उम्रे-गुज़िश्ता मगर कहाँ से मिले

(2)

आज उन्हें कुछ इस तरह जी खोल कर देखा किये
एक ही लम्हे में जैसे उम्र-भर देखा किये
दिल अगर बेताब है, दिल का मुक़द्दर है यही
जिस क़दर थी हमको तौफ़ीक़े-नज़र[1], देखा किये
ख़ुद-फ़रोशाना[2] अदा भी, मेरी सूरत देखना
अपने ही जलवे ब अंदाज़े-दिगर[3] देखा किये
ना शनासे-ग़म[4] फ़क़त दादे-हुनर[5] देते रहे
हम मताए-ग़म[6] को रुस्वा-ए-हुनर[7] देखा किये

---

(1) 1. अमर्त्य, अनश्वर 2. अकस्मात मृत्यु से किसी को खाक शान्ति मिले 3. सन्देश 4. बीते हुए दिनों का सुराग (2) 1. देखने की शक्ति 2. विश्वासघाती 3. दूसरे अन्दाज़ से 4. दुखों से अपरिचित 5. गुणों की प्रशंसा 6. दुखों की पूँजी 7. गुणों की निंदा

देखने का अब ये आलम है, कोई हो या न हो
हम जिधर देखा किये, पहरों उधर देखा किये
हुस्न को देखा है मैंने हुस्न की ख़ातिर 'हफ़ीज़'
वर्ना सब अपना ही मेयारे-नज़र[8] देखा किये

(3)

राज़े-सरबस्ता मोहब्बत के[1] ज़बाँ तक पहुँचे
बात बढ़ कर ये ख़ुदा जाने कहाँ तक पहुँचे
तेरी मंज़िल पे' पहुँचना कोई आसान न था
सरहदे - अक्ल से[2] उतरे तो यहाँ तक पहुँचे
इब्तिदा में[3] जिन्हें हम नंगे - वफ़ा[4] समझे थे
होते होते वो गिले, हुस्ने-बयाँ[5] तक पहुँचे
आह वो हर्फ़े - तमन्ना[6] कि न लब तक आये
हाय वो बात कि इक एक ज़बाँ तक पहुँचे
न पता संगे - निशाँ का[7], न ख़बर रहबर की
जुस्तजू में[8] तिरे दीवाने यहाँ तक पहुँचे
साफ़ तौहीन है ये दर्दे - मोहब्बत की 'हफ़ीज़'
हुस्न का राज़ हो और मेरी ज़बाँ तक पहुँचे

---

(2) 8. देखने का ढंग (3) 1. प्रेम के रहस्य 2. समझ की सीमा से 3. आरम्भ में 4. भरोसे के नाम पर धब्बा 5. अभिव्यक्ति की खूबसूरती 6. चाहत के शब्द 7. मील पत्थर 8. तलाश में

नुशूर वाहिदी

(1912–1983)

(1)

मुहब्बत इक मुसल्सल[1] बदज़नी[2] मालूम होती है
कि उनसे हर मुलाक़ात आख़िरी मालूम होती है
य' दिल की तिश्नगी[3] है या नज़र की प्यास है साक़ी
हर इक बोतल जो ख़ाली है भरी मालूम होती है
मेरी रातों की खुनकी है तिरे गेसूए-पुरख़म[4] में
ये बढ़ती छाँव भी कितनी घनी मालूम होती है
दीया ख़ामोश है लेकिन किसी का दिल तो जलता है
चले आओ जहाँ तक रोशनी मालूम होती है
नसीमे-ज़िंदगी के सोज़ से[5] मुर्झाई जाती है
ये हस्ती फूल की इक पंखुड़ी मालूम होती है
जिधर देखा 'नुशूर', इक आलमे-दीगर नज़र आया
मुसीबत में ये दुनिया अजनबी मालूम होती है

(2)

उस दिल की मुसीबत कौन सुने जो ग़म के मुक़ाबिल आ जाये
किसने ये कहा था तिनके से वो बिजली से टकरा जाये
दुनिया की बहारों से आँखें यूँ फेर लीं जाने वालों ने
जैसे कोई लम्बे क़िस्से को पढ़ते-पढ़ते उकता जाये
आग़ाज़े-मुहब्बत है और दिल यूँ हाथ से निकला जाता है
जैसे किसी अल्हड़ का आँचल सरका जाये, ढलका जाये

---

(1) 1. लगातार 2. गलत चीज 3. प्यास 4. घुंघराले बाल 5. ज़िंदगी की भोर की हवा की तपिश

गुज़रे हुए दिलकश लम्हों की भूली हुई याद ऐसी आई
जैसे कोई पीतम परदेसी सोते में अचानक आ जाए
जब पहले पहल अहसास हुआ ग़म का तो दिल ऐसा काँपा
जैसे कि दुल्हन पहली शब की आहट जो मिले थर्रा जाए
कंधे से घनेरी ज़ुल्फ़ों में यूँ लहरें उठती जाती हैं
जैसे कि धुँधलका सावन का बढ़ता जाये बढ़ता जाये
हस्ती का नज़ारा क्या कहिए, मरता है कोई जीता है कोई
जैसे कि दिवाली हो कि दीया जलता जाये बुझता जाये
इक आस जो दिल की टूट गई फिर दिल की ख़ुशी बाकी न रही
जैसे कि अँधेरे घर का दीया गुल हो तो अँधेरा छा जाये
दिल है कि 'नुशूर' इक बाजा है सीने के अंदर तारों का
जब चोट पड़े झंकार उठे, जब लोट लगे थर्रा जाये

(3)

हम सायए - महताब में[1] पाले भी गये हैं
और कितनी बहारों से निकाले भी गये हैं
रहबर ही का अहसान नहीं राहे-जुनूँ पर[2]
कुछ दूर मिरे पाँव के छाले भी गये हैं
है जादए - तख़ईल में[3] इक छाँव सी अब भी
इस राह से कुछ गेसुओं वाले भी गये हैं
हर साँस मुहब्बत की है इक बोझ अलम का[4]
दीवार गिरी है तो सँभाले भी गये हैं
अशआर मेरे सुन के 'नुशूर' आपने देखा
इक शे'र वो आँखों में चुरा ले भी गये हैं

---

(3) 1. चाँदनी में 2. दीवानगी यानी जुनून की राह पर 3. कल्पना-पथ 4. दुख का

सरदार जाफ़री

(1913–2000)

(1)

काम अब कोई न आएगा बस इक दिल के सिवा
रास्ते बंद हैं सब कूचए - क़ातिल के सिवा
बाइसे - रश्क है तन्हारवी - ए - रहरबे - शौक़[1]
हमसफ़र कोई नहीं दूरिए - मंज़िल के सिवा
हमने दुनिया की हर इक शब से उठाया दिल को
लेकिन इक शोख़ के हंगाम-ए-महफ़िल के सिवा
तेग़ो-मुंसिफ़ हो जहाँ, दारो-रसन[2] हो शायद
बेगुनह कौन है इस शहर में क़ातिल के सिवा
जाने किस रंग से आई है गुलिस्ताँ में बहार
कोई नग़मा ही नहीं शोरे-सलासिल[3] के सिवा

(2)

सितारों के पयाम आये, बहारों के सलाम आये
हज़ारों नामा आये शौक़ मेरे दिल के नाम आये
न जाने कितनी नज़रें इस दिले-वहशी पे पड़ती हैं
हर इक को फ़िक्र है इसकी, ये शाहीं ज़ेरे-दाम आए[1]
इसी उम्मीद में बेताबिए-जाँ बढ़ती जाती है
सुकूने-दिल जहाँ मुमकिन हो शायद वो मुक़ाम आये

---

(1) 1. प्रेम-मार्ग के पथिक के अकेलेपन से ईर्ष्या होती है 2. सूली और फाँसी 3. ज़ंजीरों और बेड़ियों का शोर (2) 1. यह बाज फंदे में आये

हमारी तिश्नगी बुझती नहीं शबनम के क़तरों से
जिसे साक़ीगरी[2] की शर्म हो आतिश ब जाम[3] आये
इन्हीं राहों में शैख़ो-मुहतसिब[4] हाइल रहे अक्सर
इन्हीं राहों में हूराने-बिहिश्ती के ख़याम[5] आये
निगाहें मुंतज़िर[6] हैं एक ख़ुर्शीदे-तमन्ना[7] की
अभी तक जितने मेहरी-माह[8] आये ना तमाम आये
ये आलम लज़्ज़ते-तख्लीक[9] का है रक़्से-लाफ़ानी[10]
तसव्वुरखानए-हैरत में[11] लाखों सुब्हो-शाम आये
कोई 'सरदार' कब था इससे पहले तेरी महफ़िल में
बहुत अहले-सुखन[12] उट्ठे, बहुत अहले-कलाम[13] आए

---

(2) 2. शराब पिलाने या पेश करने की 3. आग और प्याला लेकर 4. महंत और उपदेशक 5. स्वर्ग की अप्सराओं के पड़ाव 6. इंतज़ार कर रही है 7. चाहत के सूर्य की 8. सूरज-चाँद 9. सृष्टि या सृजन के आनंद का 10. शाश्वत्व के नृत्य का 11. हैरत या आश्चर्य के चिंतन लोक में 12-13. कवि-लेखक

चौधरी अब्दुल 'हमीद' जालंधरी

(1913–मृत्यु : अज्ञात)

(1)

डूबता देख के तूफ़ाँ में सफ़ीना[1] अपना
दोस्त आये हैं कि ठंडा करें सीना अपना
छोड़कर शहर को जंगल में गुज़ारे सावन
साल भर में है यही एक महीना अपना
चार सू गूँज रही है ये सदा बस्ती में
रहियो हुशियार कि दुश्मन है कमीना अपना
तुम वो मुख़्तार कि मुर्दों को जिला देते हो
हम वो मजबूर कि मरना है न जीना अपना
कोई सुनता नहीं दुनिया में फ़ुग़ाने-दरवेश[2]
वही दावर[3] है कि हक़ जिसने है छीना अपना
क्या मिलेगा हमें उस महफ़िले-मै से कि जहाँ
जाम अपना है, न ख़ूँ अपना, न मीना[4] अपना
रह गई पास फ़क़त दौलते-इख़्लास[5] 'हमीद'
बह गया सैले-हवादिस में दफ़ीना[6] अपना

(2)

वहाँ फूलों की बारिश है, यहाँ पत्थर बरसते हैं
ये अपनी अपनी क़िस्मत है कि हम रोते वो हँसते हैं
मुसीबत में कभी ऐसा भी वक़्त आता है इंसाँ पर
निवाले हलक़ में जब संगरेज़े बन के फँसते हैं

---

(1) 1. नाव 2. दरवेश की दुहाई 3. न्यायकर्ता 4. सुराही 5. निश्छलता की दौलत 6. हादसों के सैलाब में, गड़ा हुआ ख़ज़ाना

हमें पहुँचे हैं अपने दोस्तों से इस क़दर सदमे
कि दुश्मन भी हमारे हाल पर आवाज़ें कसते हैं
कभी हर रंजो-राहत का असर महसूस करते थे
मगर अब हम पे' क्या बीती कि रोते हैं न हँसते हैं
ग़ुबारे - ख़ातिरे - नाशाद[1] धुल जाता है अश्कों से
फ़ज़ा शफ़्फ़ाफ़ हो जाती है जब बादल बरसते हैं
ख़ुदा महफ़ूज़ रक्खे क़स्रे - सुलतानी[2] के गुंबद से
कि उसके साये में इंसान को इंसान डसते हैं
कभी ऐ काश हमसे भी मिलें वो ख़ंदा रू[3] होकर
सुना है ये बुज़ुर्गों से कि घर हँसते ही बसते हैं
कभी रौनक़ थी जिनके दम-क़दम से बज़्मे-हस्ती में
अब अपने दीदा-ओ-दिल उनकी सूरत को तरसते हैं
कलेजा मुँह को आता है जो उनको याद करता हूँ
मिरे अहबाब[4] या रब कौन सी दुनिया में बसते हैं

---

(2) 1. दुखी मन का गुबार 2. राजमहल 3. मुस्कुराते हुए 4. दोस्त

जाँ निसार अख़्तर

(1914–1976)

(1)

हरेक रूह में इक ग़म छुपा लगे है मुझे
ये ज़िंदगी तो कोई बद्दुआ लगे है मुझे
जो आँसुओं में कभी रात भीग जाती है
बहुत क़रीब वो आवाज़े-पा लगे है मुझे
मैं सो भी जाऊँ तो क्या मेरी बंद आँखों में
तमाम रात कोई झाँकता लगे है मुझे
मैं जब भी उसके ख़यालों में खो सा जाता हूँ
वो ख़ुद भी बात करे तो बुरा लगे है मुझे
दबा के आई है सीने में कौन सी आहें
कुछ आज रंग तेरा साँवला लगे है मुझे
न जाने वक़्त की रफ़्तार क्या दिखाती है
कभी कभी तो बड़ा ख़ौफ़ सा लगे है मुझे
अब एक आध क़दम का हिसाब क्या रखिए
अभी तलक तो वही फ़ासला लगे है मुझे
बिखर गया है कुछ इस तरह आदमी का वजूद
हरेक फर्द[1] कोई सानिहा[2] लगे है मुझे

(2)

इश्क़ ख़ूनाब-फ़िशानी[1] जो नहीं तो क्या है
दिल की तज्वीज़[2] दिवानी जो नहीं तो क्या है
क्यों न ऐ दोस्त कलेजे से लगाये रक्खूँ
दाग़े-दिल उनकी निशानी जो नहीं तो क्या है

---

(1) 1. शख़्स, व्यक्ति 2. हादसा, दुर्घटना (2) 1. खून के आँसू रोना 2. पेशकश, सलाह

वो भी क्या मौजे–लहू है कि जो थमथम के बहे
गर्म चश्मों की रवानी जो नहीं तो क्या है
कोई मुबहम सा तसव्वुर[3], कोई मद्धिम सी ख़लिश[4]
हिज्र की रात सुहानी जो नहीं तो क्या है
ऐ मेरे हमदमे – देरीना[5], मेरे शे'रों में
उम्रे – रफ़्ता[6] की कहानी जो नहीं तो क्या है

(3)

उफ़ुक़[1] अगर्चे[2] पिघलता दिखाई पड़ता है
मुझे तो दूर सवेरा दिखाई पड़ता है
हमारे शहर में बे चेहरा लोग बसते हैं
कभी कभी कोई चेहरा दिखाई पड़ता है
न कोई ख़्वाब, न कोई ख़लिश, न कोई ख़ुमार
ये आदमी तो अधूरा दिखाई पड़ता है
लचक रही हैं शुआओं की सीढ़ियाँ पैहम[3]
फ़लक से[4] कोई उतरता दिखाई पड़ता है
जो अपनी ज़ात से[5] इक अंजुमन[6] कहा जाये
वो शख़्स तक मुझे तन्हा दिखाई पड़ता है

(4)

इसी सबब से हैं शायद, अज़ाब[1] जितने हैं
झटक के फेंक दो पलकों पे ख़्वाब जितने हैं
वतन से इश्क़, ग़रीबी से बैर, अम्न[2] से प्यार
सभी ने ओढ़ रखे हैं नक़ाब जितने हैं
समझ सके तो समझ ज़िंदगी की उलझन को
सवाल इतने नहीं हैं जवाब जितने हैं

---

(2) 3. पोशीदा यानी अस्पष्ट बिम्ब 4. कोई मीठी मीठी चुभन 5. मेरे पुराने दोस्त 6. बीती हुई उम्र (3) 1. क्षितिज 2. यद्यपि 3. किरनों की सीढ़ियाँ लगातार 4. आसमान से 5. व्यक्तित्व 6. सभा (इस शे'र का रूपक जवाहरलाल नेहरू पर बहुत उपयुक्त बैठता है (4) 1. दुख, तकलीफ़, संकट 2. शान्ति

एहसान बिन दानिश

(1914–1982)

(1)

कुछ लोग जो सवार हैं काग़ज़ की नाव पर
तोहमत तराशते हैं हवा के दबाव पर
मौसम है सर्दे-मेहर[1], लहू है जमाव पर
चौपाल चुप है, भीड़ लगी है अलाव पर
सब चाँदनी से ख़ुश हैं, किसी को ख़बर नहीं
फाहा है माहताब का गर्दूं[2] के घाव पर
अब वो किसी बिसात[3] की फ़िहरिस्त में नहीं
जिन मनचलों ने जान लगा दी थी दाव पर
सूरज के सामने हैं नये दिन के मरहले
अब रात जा चुकी है गुज़िश्ता[4] पड़ाव पर
गुलदान पर है नर्म सवेरे की ज़र्द धूप
हल्क़ा[5] बना है काँपती किरनों का घाव पर
यूँ ख़ुदफ़रेबियों[6] में सफ़र हो रहा है तै
बैठे हैं पुल पे' और नज़र है बहाव पर
क्या दौर है कि मरहमे - ज़ंगार[7] की जगह
अब चारागार[8] शराब छिड़कते हैं घाव पर
पहले कभी रिवाज़ बनी थी न बेहिसी[9]
नादिम[10] बिगाड़ पर हैं न ख़ुश हैं बनाव पर
'दानिश' मेरे शरीके-सफ़र[11] हैं वो कज-मिज़ाज[12]
साहिल ने[13] जिन्हें फेंक दिया है बहाव पर

---

(1) 1. बहुत ठंडा 2. आसमान 3. औकात 4. पुराने 5. घेरा, दायरा 6. आत्मवंचना 7. मंडूर भस्म के गुणों वाला एक मरहम 8. इलाज करने वाला 9. बेखयाली 10. लज्जित, शर्मिंदा लोभ 11. सहयात्री 12. टेढ़े स्वभाव वाले 13. तट, किनारे ने

(2)

कभी-कभी जो वो ग़ुर्बतकदे में[1] आये हैं
मिरे बहे हुए आँसू, जबीं पे[2] लाये हैं
न सरगुज़श्ते-सफ़र[3] पूछ, मुख़्तसिर[4] यह है
कि अपने नक़्शे-क़दम हमने ख़ुद मिटाये हैं
नज़र न तोड़ सकी आँसुओं की चिलमन[5] को
वो रोज़ गर्चे[6] मेरे आइने में आये हैं
उस एक शम्मा से उतरे हैं बामो-दर[7] के लिबास
उस एक लौ ने बड़े फूलबन जलाये हैं
य' दोपहर, य' ज़मीं पर लिपा हुआ सूरज
कहीं दरख़्त, न दीवारो-दर के साये हैं
कली-कली में है धरती के दूध की ख़ुश्बू
तमाम फूल उसी एक माँ के जाये हैं
नज़र ख़लाओं पे[8], और इंतिज़ारे-बे वादा
ब ईं अमल भी वो आँखों में झिलमिलाए हैं
फ़ुसूने-शे'र से[9] हम उस महे-गुरेज़ाँ[10] को
ख़लाओं से सरे-कागज़[11] उतार लाये हैं
रिसाला हाथ से रखते न क्यूँ वो शर्मा कर
ग़ज़ल पढ़ी है तो हम सामने भी आये हैं
चले हैं ख़ैर से उनको पुकारने 'दानिश'
मगर वो यूँ तो न आयेंगे और न आये हैं

(3)

वफ़ा का अहद[1] था दिल को सँभालने के लिये
वह हँस पड़े, मुझे मुश्किल में डालने के लिये

---

(2) 1. उजड़ा हुआ घर 2. माथे पर 3. यात्रा वृत्तान्त 4. संक्षिप्त, सारांश 5. घूंघट 6. यद्यपि 7. छत-दरवाज़ा 8. आसमान के सूनेपन पर 9. शे'र के जादू से, काव्य-कौशल से 10. पकड़ाई न देने वाले चाँद को 11. काग़ज़ पर (3) 1. वचन

बँधा हुआ है बहारों का अब वहीं ताँता
जहाँ रुका था मैं काँटे निकालने के लिये
कोई नसीम[2] का नग़्मा, कोई शमीम[3] का राग
फ़ज़ा को अम्न के क़ालिब[4] में ढालने के लिये
ख़ुदा न कर्दा[5], ज़मीं पाँव से अगर खिसकी
बढ़ेंगे तुंद[6] बगूले सँभालने के लिये
उतर पड़े हैं किधर से ये आँधियों के जुलूस
समंदरों से जज़ीरे[7] निकालने के लिये
तिरे सलीक़ए -ए- तर्तीबे - नौ[8] का क्या कहना
हम ये क़र्या-ए-दिल[9] से दिल निकालने के लिये
कभी हमारी ज़रूरत पड़ेगी दुनिया को
दिलों की बर्फ़ को शोलों में ढालने के लिये
ये शोबदे[10] ही सही, कुछ फ़ुसूँगरों को[11] बुलाओ
नयी फ़ज़ा में सितारे उछालने के लिये
है सिर्फ़ हमको तेरे ख़ालो-ख़द[12] का अंदाज़ा
ये आइने तो हैं हैरत में डालने के लिये
न जाने कितनी मुसाफ़त[13] से आयेगा सूरज
निगारे-शब[14] का जनाज़ा निकालने के लिये
मैं पेशरौ[15] हूँ, उसी ख़ाक से उगेंगे चिराग़
निगाहो-दिल के उफ़ुक़[16] को उजालने के लिये
फ़सीले-शब से कोई हाथ बढ़ने वाला है
फ़ज़ा की जेब से सूरज निकालने के लिये
कुएँ में फेंक के पछता रहा हूँ ऐ 'दानिश'
कमंद[17] थी जो मिनारों पे' डालने के लिये

---

(3) 2. शीतल मंद समीर 3. ख़ुश्बू 4. शान्ति के साँचे में 5. ख़ुदा न करे 6. तेज़ 7. बजरे 8. नये प्रबन्ध की हुनरमंदी 9. दिल के गाँव से 10. जादू के खेल 11. जादूगरों को 12. तिल और गाल 13. दूरी तै करके 14. रात के बुत का 15. आगे चलने वाला 16. क्षितिज 17. रस्सी, डोर

मजीद अहमद

(1914–1974)

(1)

दिल ने इक एक दुख सहा तन्हा
अंजुमन अंजुमन रहा तन्हा
ढलते सायों में तेरे कूचे से
कोई गुज़रा है बारहा[1], तन्हा
तिरी आहट क़दम क़दम, और मैं
उस मअइय्यत में[2] भी रहा तन्हा
कुहना यादों के बर्फ़ ज़ारों से[3]
एक आँसू बहा, बहा तन्हा
डूबते साहिलों के[4] मोड़ पे दिल
इक खँडर सा रहा सहा तन्हा
गूँजता रह गया ख़लाओं में[5]
वक़्त का एक क़हक़हा तन्हा

(2)

अब ये मुसाफ़त[1] कैसे तै हो, ऐ दिल, तू ही बता
कटती उम्र और घटते फ़ासले, फिर भी वही सहरा
चैत आया, चेतावनी भेजी, अपना वचन निभा
पतझड़ आई, पत्र लिखे, आ, जीवन बीत चला

---

(1) 1. बार-बार 2. संगति 3. पुरानी यादों के बर्फ़ीले इलाकों से 4. किनारों या तटों के 5. शून्य में, या अंतरिक्ष में (2) 1. फ़ासला

ख़ुशियों का मुख चूम के देखा, दुनिया मान भरी
दुख वह सजन कठोर, कि जिसको रूह करे सज्दा[2]
अपना पैकर[3], अपना साया, काले कोस कठिन
दूरी की जब संगत टूटी, कोई क़रीब न था
अपने गिर्द अब अपने आप में घुलती सोच भली
किसके दोस्त, और कैसे दुश्मन, सबको देख लिया
काँच की इक दीवार ज़माना, आमने-सामने हम
नज़रों से नज़रों का बंधन, जिस्म से जिस्म जुदा
राहें धड़कीं, शाख़ें कड़कीं, इक इक टीस अटल
कितनी तेज़ चली है अबके धूल भरी दखिना
दुखड़े कहते लाखों मुखड़े, किस किस की सुनिए
बोली तो इक इक की वैसी, बानी सबकी जुदा

---

(2) 2. माथा रगड़ता 3. काया

'ताबाँ', ग़ुलाम रब्बानी

(1914–1992)

(1)

आज किसी ने बातों बातों में जब उनका नाम लिया
दिल ने जैसे ठोकर खाई, दर्द ने बढ़ कर थाम लिया
घर से दामन झाड़ के निकले, वहशत[1] का सामाँ मत पूछ
यानी गर्दे-राह से हमने रख़्ते-सफ़र[2] का काम लिया
दीवारों के साये - साये उम्र बिताई, दीवाने
मुफ़्त में तन आसानिए-ग़म[3] का अपने सर इल्ज़ाम लिया
राहे-तलब[4] में चलते-चलते थक के जब हम चूर हुए
ज़ुल्फ़ की ठंडी छाँव में बैठे, पल दो पल आराम लिया
होंठ जलें या सीना झुलसे, कोई तरस कब खाता है
जाम उसी का जिसने 'ताबाँ' जुरअत से[5] कुछ काम लिया

(2)

अश्क वही जो तारा बन कर पलकों पर थर्राता है
दर्द वही जो मीठे मीठे गीतों में ढल जाता है
रंगे-हया में डूबे आरिज़ पर[1] यूँ ज़ुल्फें बिखरी हैं
शाम की गहरी छाँव में जैसे कोई कँवल[2] जल जाता है
कितनी मुद्दत गुज़री उनसे रब्ते-तमन्ना[3] टूट चुका
सामने अब भी आते हैं जब, धक् से जी हो जाता है

---

(1) 1. बौखलाहट 2. सफ़र का सामान 3. दुख न झेल पाना 4. प्रेम-मार्ग 5. हिम्मत से
(2) 1. लाज के रंग में डूबे गालों पर 2. दीपक 3. चाहत का नाता

मैं तो इक आवारा शायर होशो-ख़िरद से[4] बेगाना
कोई अहले-होशो-ख़िरद[5] फिर मेरे मुँह क्यों आता है
ख़ूने-अंजुम[6] में जब शामिल ख़ूने-तमन्ना होता है
सुबह का रंगीं दामन जैसे रंगींतर हो जाता है
इक वो लम्हा जिसने 'ताबाँ' जीस्त[7] का धारा मोड़ दिया
मीठे मीठे सपने बन कर नज़रों में लहराता है

(3)

जो फूल खिला आग का परकाला[1] बनेगा
दामाने - सबा[2] शोलए - जव्वाला बनेगा
ऐ अहले - चमन होगा चमन दीद के क़ाबिल[3]
जब जोशे - नुमू[4] बढ़ के गुलो - लाला बनेगा
हर ग़ुंचा -ए- नौरस[5] का निखर जाएगा जोबन
हर नख़्ले - कुहन[6] बाग़ में हरियाला बनेगा
हाँ दूर नहीं वक़्त कि जब नग़्म-ए-जाँबख़्श[7]
ऐ बुलबुले - शोरीदा[8] तेरा नाला बनेगा
मौसम के तक़ाज़ों से छलकता हुआ साग़र[9]
काँटों के लिये पाँव का हर छाला बनेगा
आने तो दो पैग़ाम बहारों का दीवानो
फिर देखना है कौन ख़िरदवाला[10] बनेगा
जब झूम के छायेगी घटा हज़रते - 'ताबाँ'
हम रिंद ही क्या, शैख़ भी मतवाला बनेगा

---

(2) 4. चेतना और विवेक से 5. विवेकशील 6. सितारों के ख़ून में 7. ज़िंदगी
(3) 1. अंगारा 2. सुबह की हवा का दामन 3. दर्शनीय 4. आगे बढ़ने का उत्साह 5. नवरस युक्त कली 6. पुराना-बूढ़ा पेड़ 7. जीवन से भरपूर गीत 8. परेशान बुलबुल 9. प्याला 10. बुद्धिवाला

अहमद नदीम कासमी

(1916–2006)

(1)

गो मेरे दिल के ज़ख्म ज़ाती[1] हैं
उनकी टीसें तो कायनाती[2] हैं
आदमी शशजिहात[3] का दूल्हा
वक़्त की गर्दिशें बराती हैं
फ़ैसले कर रहे हैं अर्शनशीं[4]
आफ़तें आदमी पे आती हैं
कलियाँ किस दौर के तसव्वुर में[5]
ख़ून होते ही मुस्कुराती हैं
तेरे वादे हों जिनके शामिले-हाल
वो उमंगें कहाँ समाती हैं

(2)

तेरी जवानी के पासबाँ[1] हश्र तक[2] युँ ही नौजवाँ रहेंगे
तेरे गुलिस्ताने-रंगो-बू में नसीम[3] बन कर रवाँ रहेंगे
क़ुबूल है तेरी किब्रियाई[4], मगर कभी ये भी तूने सोचा
यहाँ भी तू है, वहाँ भी तू है, ग़रीब इंसाँ कहाँ रहेंगे
मैं ज़ुल्मतों से उलझ उलझ कर वो दौर नज़दीक ला रहा हूँ
मुसाफ़िरों की तलाश में जब नुजूम के[5] कारवाँ रहेंगे
मिरी बग़ावत का आख़िरी आसरा है रोज़े-हिसाब[6] तेरा
बहुत बड़े मारके[7] रहेंगे, बहुत बड़े इम्तिहाँ रहेंगे

---

(1) 1. व्यक्तिगत 2. सांसारिक 3. छहो दिशाएँ 4. सत्तासीन 5. खयाल में (2) 1. रखवाले 2. कयामत तक 3. सुहानी हवा 4. खुदाई 5. सितारों के 6. लिया-दिया के लेखा-जोखा का दिन 7. युद्धक्षेत्र, विवाद

ये तेरे बंदे हैं या मुक़द्दर के हाथ में काँच के खिलौने
फ़ना से[8] डरते रहेंगे, लेकिन हयात से सरगिराँ[9] रहेंगे
जकड़ती जायेंगी उनकी रूहों को गर्दिशे-नौ-ब-नौ की[10] कड़ियाँ
अगर तेरे आस्मान इंसान पे युँही मेह्रबाँ रहेंगे
मिज़ाजे-फ़ित्रत पे इब्ने-आदम की हर मसर्रत गिराँ रही है[11]
बहार आयेगी और हम मह्वे-इंतिज़ारे-ख़िज़ाँ[12] रहेंगे
वो टूटती रात की ख़मोशी, वो तेरी आँखों की मैफ़रोशी
हम उस धड़कती हुई हयात के उम्र-भर राज़दाँ रहेंगे
छुपा न ताख़ीर की हक़ीक़त[13], कि झूठी अँगड़ाइयों के पीछे
ये गाल भी गुलफ़िशाँ[14] रहेंगे, ये होंठ भी अर्ग़वाँ[15] रहेंगे
किनारे-महबूब पाके दो बेकराँ ख़लाओं में रक़्से-पैहम[16]
मेरे नुकूशे-क़दम सरे-कहकशाँ, अबद तक रवाँ रहेंगे[17]
निक़ाब उठते रहेंगे, तनते रहेंगे राज़ों के ताने-बाने
य' है मशीअत की मस्लहत[18], ऐ 'नदीम', वो बेनिशाँ रहेंगे

(3)

किस भयानक तीरगी में[1] आ गये
हम गजर बजने से धोखा खा गये
हाय ख़्वाबों की ख़याबाँ - साज़ियाँ[2]
आँख क्या खोली, चमन मुरझा गये
कौन थे आख़िर जो मंज़िल के क़रीब
आइने की चादरें फैला गये
उनका आना हश्र से कुछ कम न था
और जब पलटे क़यामत ढा गये

---

(2) 8. मौत से 9. ज़िंदगी से रूठे 10. नये-नये चक्करों की 11. प्रकृति के स्वभाव पर आदम के बेटे की हर खुशी हावी रहती है 12. पतझड़ के इन्तज़ार में मग्न रहेंगे 13. विलम्ब की वास्तविकता 14. फूल बरसाते रहेंगे 15. सुर्ख 16. महबूब का पहलू पाकर असीम शून्य में निरन्तर नृत्यरत 17. मेरे पैरों के निशान अन्त समय तक आकाशगंगा पर उभरते रहेंगे 18. खुदा की मर्ज़ी की खूबी (3) 1. अँधेरे में 2. बागबानी

फिर वही अख़्तर शुमारी का निज़ाम[3]
हम तो इस तक़रार से उकता गये
जिनको हम समझा किये अब्रे-बहार[4]
वो बगूले कितने गुलशन खा गये
आदमी के इर्तिक़ा का मुद्दआ[5]
वो छुपाते ही रहे, हम पा गये
अब कोई तूफ़ाँ ही लायेगा सहर
आफ़ताब उभरा तो बादल छा गये

(4)

फूलों से लहू कैसे टपकता हुआ देखूँ
आँखों को बुझा लूँ कि हक़ीक़त को बदल दूँ
हक़[1] बात कहूँगा मगर है जुरअते-इज़्हार[2]
जो बात न कहनी हो वही बात न कह दूँ
हर सोच पे ख़ंजर सा गुज़र जाता है दिल से
हैराँ हूँ कि सोचूँ तो किस अंदाज़ में सोचूँ
आँखें तो दिखाती हैं फ़क़त बर्फ़ से पैकर[3]
जल जाती हैं पोरें जो किसी जिस्म को छू लूँ
चेहरे हैं कि मरमर से तराशी हुई लौहें[4]
बाज़ार में या शहरे - ख़मोशी में खड़ा हूँ
सन्नाटे उड़ा देते हैं आवाज़ के पुर्ज़े
यारों को अगर दश्ते - मुसीबत में[5] पुकारूँ
मिलती नहीं जब मौत भी माँगे से, तो या रब
हो इज़्न[6] तो मैं अपना सलीब आप उठा लूँ!

---

(3) 3. तारे गिनने का सिलसिला 4. वसंत के बादल 5. आदमी की तरक्की का उद्देश्य
(4) 1. सच 2. स्वीकार करने का साहस 3. चेहरे 4. कब्र पर लगाया जाने वाला शिलापट्ट 5. मुसीबतों के जंगल में 6. इजाज़त

(5)

ख़ल्क[1] तकमील[2] की है दीवानी
मेरा सरमाया[3] मेरी हैरानी
इल्म ने कर्बे - इज़्तिराब दिया[4]
किस क़दर पुरसूकूँ थी[5] नादानी
हौसले आस्माँ को छूने के
और मैं अपना आप ज़िंदानी[6]
चाँद से बढ़ के लुत्फ़ दे शायद
चाँद पर से ज़मीं की ताबानी[7]
पेड़ को तोड़ कर बहुत ख़ुश हैं
उथली उथली हवाएँ तूफ़ानी
तेज़ बारिश ने छत पे दस्तक दी
जब मेरे घर में भर गया पानी
ख़ुद पशेमाँ[8] के काम आती है
बाद अज़ वक़्त की पशेमानी[9]
इस कड़ी धूप में भी जारी है
चंद यादों की शबनम अफ़शानी[10]

---

(5) 1. दुनिया 2. सम्पूर्णता 3. पूँजी 4. ज्ञान ने बेचैनी का दुख दिया 5. शान्तिपूर्ण भी 6. कैदी 7. रौशनी 8. पश्चाताप करने वाले 9. कभी-कभी का पश्चाताप 10. ओस का गिरना

'शकील' बदायूँनी

(1916–1970)

(1)

ज़िंदगी ले के अरबाबे-जाँ[1] चल दिये
राह सूनी हुई, कारवाँ चल दिये
बन के आये सरापा हक़ीक़त मगर
देख कर चंद ख़्वाबे-गिराँ[2] चल दिये
कहने आये थे महफ़िल में इक दास्ताँ
बन के उन्वाने – हर दास्ताँ[3] चल दिये
बाद तर्के – मुहब्बत[4] हम उनकी तरफ़
जाने वाले न थे नागहाँ[5] चल दिये
कब उठा बारे – हस्ती[6] कि अहले-जुनूँ[7]
नातवाँ[8] आये थे, नातवाँ चल दिये
ऐ 'शकील' उनकी महफ़िल से जाते तो हो
और अगर दिल ने पूछा, कहाँ चल दिये!

(2)

अश्के – ग़म ज़ाहिर भी होकर राज़दारों में रहा
मेरी आँखों से जुदा होकर सितारों में रहा
इम्बिसाते – आशिक़ी[1] मेरे मुक़द्दर में कहाँ
ज़िंदगी भर ज़िंदगी के सोगवारों में[2] रहा

---

(1) 1. ज़िंदगी के मालिक 2. बोझिल सपने 3. हर दास्तान का शीर्षक 4. मुहब्बत तर्क या परित्याग कर देने के बाद 5. अचानक 6. ज़िंदगी का बोझ 7. उन्मत लोग 8. कमज़ोर (2) 1. प्रेम करने का आनंद 2. शोक मनाने वालों में

दिल वो ज़ाहिद[3] है जो उन मख़्मूर नज़रों के तुफ़ैल[4]
बन गया मैख़्वार, फिर भी दीनदारों[5] में रहा
एक तुम, जो वादा-ए-लुत्फ़ो-करम[6] करते रहे
एक मैं, जो उम्र भर उम्मीदवारों में रहा
यूँ तो हैं मशहूर दोनों, फ़र्क़ ये है मुहतसिब[7]
मैं दिलों पर नक़्श हूँ, तू इश्तहारों में रहा
हर तबस्सुम[8] पर तिरे, बढ़ती गई दिल की ख़लिश
फ़स्ले-गुल भी आई, लेकिन फूल ख़ारों में रहा
एक मुश्ते-ख़ाक[9] हूँ लेकिन मेरे दर पर 'शकील'
आस्माँ भी उम्र भर, सिज्दा गुज़ारों में[10] रहा

---

(2) 3. संयमशील 4. मदमाती आँखों के कारण 5. धर्मशील 6. कृपा-दृष्टि का वादा 7. मयखाने में पीने वालों की निगरानी करने वाला 8. मुस्कान 9. मुट्ठी भर मिट्टी 10. माथा टेकने वालों में

मो. यूसुफ़ ज़फ़र

(1917–1973)

(1)

जो हरूफ़ लिख गया था मिरी आर्ज़ू का बचपन
उन्हें धो सके न दिल से मिरी ज़िंदगी के सावन
वो जो दिन बिखर चुके हैं, वो जो ख़्वाब मर चुके हैं
मैं उन्हीं का हूँ मुजाविर[1], मिरा दिल उन्हीं का मदफ़न[2]
यही एक आर्ज़ू थी कि मुझे कोई पुकारे
सो पुकारती है अब तक मुझे अपने दिल की धड़कन
तिरी मंज़िले-वफ़ा में, हुआ ख़ुद से आश्ना मैं
तिरी याद का करम है कि यही है दोस्त दुश्मन
तिरे रू-ब-रू हूँ लेकिन, नहीं रूशनास तुझसे
तुझे देखने न देगी, तिरे देखने की उल्झन
मिरे हाल की ख़बर दे कोई टूटता सितारा
कि ये कोहो-दश्तो-सहरा हैं सुकूते-शब से रौशन[3]
'ज़फ़र' आज दिल का आलम है अजीब, किससे पूछूँ
वो सबा[4] किधर से आई, जो खिला गई ये गुलशन

(2)

जिसका बदन है ख़ुश्बू जैसा, जिसकी चाल सबा सी है
उसको ध्यान में लाऊँ कैसे, वो सपनों का वासी है
फूलों के गजरे तोड़ गई आकाश पे' श्याम सलोनी शाम
वो राजा ख़ुद कैसे होंगे, जिनकी ये चंचल दासी है

---

(1) 1. दरगाह का सेवादार 2. दफ़न होने की जगह 3. कि ये पहाड़, जंगल और वीराना रात की ख़ामोशी यानी सन्नाटे से रोशन हैं 4. प्रात: समीर

काली बदरिया, सीप सीप तो बूँद बूँद से भर जायेगा
देख, ये भूरी मिट्टी तो बस मेरे ख़ून की प्यासी है
जंगल, मेले और शहरों में धरा ही क्या है मेरे लिये
जुग जुग जिसने साथ दिया है वो तो मेरी उदासी है
लौट के उसने फिर नहीं देखा, जिसके लिये हम जीते हैं
दिल का बुझना इक अँधेर है, यूँ तो बात ज़रा सी है
चाँद नगर से आने वाले मिट्टी-कंकर रोल के लाए
धरती माँ चुप है जैसे कुछ सोच रही हो, ख़फ़ा सी है
हर रात उसकी बातें सुन कर तुझको नींद आती है 'ज़फ़र'
हर रात उसी की बातें छेड़े, ये तो अजब विपदा सी है

(3)

लफ़्ज़ के ज़हर से बचना, वर्ना घुल घुल कर ही मर जाओगे
ज़िंदा रहेगा लफ़्ज़, जिसे तुम मर कर ज़िंदा कर जाओगे
अंधी लाठी अंधे की जो क़दम क़दम की रहनुमा है
लफ़्ज़ की बात को क्या समझोगे, समझोगे तो डर जाओगे
सहरा लफ़्ज़ है, लेकिन कोई सहरा उसमें समा नहीं सकता
सहरा में है ख़िज़्र[1], मगर तुम लफ़्ज़ के पीछे किधर जाओगे
'तुम' है लफ़्ज़ का पिंजरा, जिसमें भाँत भाँत का पंछी बोले
इससे जान छुड़ाओगे जब, पिंजरा ख़ाली कर जाओगे
सिमसिम की कुँजी से अगर्चे पत्थर के पट खुल जाते हैं
भूल गये तो जीते-जी उस दर से कहाँ बाहर जाओगे?
दिल ही कहे और दिल ही समझे, फिर तो बात भी है कहने की
आये ज़बान के चक्कर में तो आप ही कह के मुकर जाओगे
लफ़्ज़ों के मेले में 'ज़फ़र' शायर भी है गुमरह, शे'र भी गुम है
खोये रहे इस भीड़ में, तो किस राह से होकर घर जाओगे?

---

(3) 1. एक अमर पैगम्बर, सहरा यानी वीराने उसके अधिकार-क्षेत्र में हैं और वह भूले-भटकों को राह दिखाता है

(4)

ऐ बेख़बरी, जी का ये क्या हाल है कल से
रोने में मज़ा है, न बहलता है ग़ज़ल से
या शहर की दीवारों में है क़ैद मिरा ग़म
या दश्त की पिन्हाई में[1] हैं यादों के जलसे
बातों से सिवा[2] होती है कुछ वहशते-दिल और
अहबाब[3] परीशाँ है मिरे तर्ज़े-अमल[4] से
तन्हाई की ये शाम उदासी में ढली है
उठता है धुआँ फिर मिरे ख़्वाबों के महल से
रातों की है तक़दीर तिरा चाँद सा चेहरा
नज़रों में है तस्वीर तिरे नैन, कँवल[5] से
मैं जाँ से गुज़र जाऊँ, मगर दिल में तिरा ग़म
वो फाँस है, निकलेगी न जो दस्ते-अजल से[6]
देखो, मिरी तस्कीन[7] ये बेताबिए - जाँ[8] है
पायेगा ज़माना भी सुकूँ अपने ख़लल[9] से
छाये हैं मेरे जेहन पे सदियों के धुँदलके
मैं वक़्त नहीं गर्चे[10] हूँ गर्दिश में अज़ल से[11]
जो बात 'ज़फ़र' मेरे बयाँ में नहीं मिलती
मुमकिन है वो पा जाय मिरे रंगे-ग़ज़ल से

---

(4) 1. बयाबाँ के भीतरी भाग में 2. अधिक 3. दोस्त 4. तौर-तरीके 5. कमल 6. मौत का हाथ 7. संतोष 8. मन की व्याकुलता 9. विकार 10. यद्यपि 11. अनादिकाल से

कैफ़ भोपाली

(1917–1991)

(1)

दाग़ दुनिया ने दिये, ज़ख़्म ज़माने से मिले
हमको तुहफ़े ये तुम्हें दोस्त बनाने से मिले
हम तरसते ही तरसते ही तरसते ही रहे
वो फलाने से फलाने से फलाने से मिले
ख़ुद से मिल जाते तो चाहत का भरम रह जाता
क्या मिले आप जो लोगों के मिलाने से मिले
माँ की आगोश में कल, मौत की आगोश में आज
हमको दुनिया में ये दो वक़्त सुहाने से मिले
कभी लिखवाने गये ख़त, कभी पढ़वाने गये
हम हसीनों से इसी हीले-बहाने से मिले
इक नया ज़ख़्म मिला, एक नयी उम्र मिली
जब किसी शहर में कुछ यार पुराने से मिले
एक हम ही नहीं फिरते हैं लिये क़िस्स-ए-ग़म
उनके ख़ामोश लबों पर भी फ़साने-से मिले
कैसे मानें कि उन्हें भूल गया तू ऐ 'कैफ़'
उनके ख़त आज हमें तेरे सिरहाने से मिले

(2)

दरो-दीवार पे शक्लें सी बनाने आई
फिर ये बारिश मिरी तन्हाई चुराने आई
ज़िंदगी बाप के मानिंद सज़ा देती है
रहमदिल माँ की तरह मौत बचाने आई
आजकल फिर दिले-बर्बाद की बातें हैं वही
हम तो समझे थे कि कुछ अक्ल ठिकाने आई
दिल में आहट-सी हुई, रूह में दस्तक गूँजी
किसकी ख़ुशबू ये मुझे मेरे सिरहाने आई
मैंने जब पहले-पहल अपना वतन छोड़ा था
दूर तक मुझको इक आवाज़ बुलाने आई
तिरी मानिंद तिरी याद भी ज़ालिम निकली
जब भी आई है मिरा दिल ही दुखाने आई

'त्रिलोचन'

(1917–2007)

(1)

अपना समझ के मैंने तुम्हें दिल दिखा दिया
क्या तुमने भेद इसका विश्व को बता दिया
वसुधा कुटुंब है, अजी कहने की बात है
आपस की दुश्मनी ने मुझे यह पता दिया
तुमने कहा, हम लोग अब अच्छे हैं, भले हैं
इंसान को कहाँ से कहाँ, देखो, ला दिया
वे लाभ उठा रहे हैं, तो ग़म क्यों हो किसी को
आख़िर उन्होंने बार बार भी बना दिया
दिखलाई नहीं देते आजकल क्यों 'त्रिलोचन'
मैंने सवाल उनका उन्हीं को सुना दिया

(2)

न मेरी बात में आओ, न उनकी बात में आओ
लगाने लेप ममता का कभी आघात में आओ
गरज़ के बावले सब हैं, कहाँ पहले थे जो अब हैं
जो हलचल देखना चाहो तो तुम उत्पात में आओ
तुम्हें मैंने बुलाया था, बुला कर कह सुनाया था
जो धीरज देखना चाहो तो तुम पविपात में आओ
प्रदर्शन है दिखाऊँ क्या, दिखावट में सिखाऊँ क्या
सहज को देखना हो, तो ठहर कर रात में आओ

कहाँ क्या क्या दिखाना है, कहाँ क्या क्या सुनाना है
मनुज को जान लोगे तुम जो यातायात में आओ
मनुज मिट मिट के बनता है, कभी बन बन के तनता है
सच्चाई देख पाओगे जो वज्राघात में आओ
अ दिन में जो जगे अब तक, वही व्रत में लगे अब तक
'त्रिलोचन' यह समझना हो तो झंझावात में आओ

(3)

कोई दिन था जबकि हमको भी बहुत कुछ याद था
आज वीराना हुआ है, पहले दिल आबाद था
अपनी चर्चा से शुरू करते हैं अब तो बात सब
और पहले यह विषय आया, तो सबके बाद था
गुल गया, गुलशन गया, बुलबुल गया, फिर क्या रहा
पूछते हैं अब वो ठहरा किस जगह सैयाद था
मारे मारे फिरते हैं उस्ताद अब तो, देख लो
मर्म जो समझे, कहे, पहले वही उस्ताद था
मन मिला तो मिल गये, और मन हटा तो हट गये
मन की इन मौजों पे' कोई भी नहीं मतवाद था
रंग कुछ ऐसा रहा और मौज कुछ ऐसी रही
आपबीती भी मिरी वो समझे कोई वाद था
अन्न-जल की बात है, हमने 'त्रिलोचन' को सुना
आजकल काशी में है, कुछ दिन इलाहाबाद था

मो. जैनुल हक़ 'असीर'

(1918–मृत्यु : अज्ञात)

(1)

यह बात नहीं है कि मुझे चाह नहीं है
जलता है जिगर, लब पे मगर आह नहीं है
क्यों दिल में बसा बैठा हूँ अरमानों की दुनिया
क्यों मुझको भी मेरी कोई पर्वाह नहीं है
मैं तुझको सुनाता हूँ इक ग़मनाक कहानी
पर क्या करूँ तू दर्द से आगाह नहीं है
तुम मुझको झँझोड़ो, मेरी ग़ैरत को भी कोसो
मैं क्या करूँ, दिल में हविसे-जाह[1] नहीं है
अब दिल के तक़ाज़े हैं भुलाये नहीं जाते
अब रन से रिहाई की कोई राह नहीं है
दर पर्दा 'असीर' इसको शिकायत न समझिए
यह बात नहीं है, नहीं, वल्लाह नहीं है

---

(1) 1. पद या प्रतिष्ठा की लालसा

जगन्नाथ 'आज़ाद'

(1918–2004)

(1)

मिरी चश्मे – तमाशा[1] अब जहाँ है
तजल्ली[2] कारवाँ दर कारवाँ है
यक़ीं है आख़िरी मंज़िल गुमाँ की
यक़ीं की आख़िरी मंज़िल गुमाँ है
वो मुझ से दूर तो इतने नहीं हैं
फ़क़त यक बे यक़ीनी दरमियाँ है
ये राज़ अहले – फ़ुग़ाँ[3] पर फ़ाश कर दो
ख़मोशी भी इक अंदाज़े – फ़ुग़ाँ है
ये मेरे कारवाँ से कोई कह दे
कि मैं हूँ और तलाशे – कारवाँ है

(2)

ख़याले-यार जब आता है बेताबाना आता है
कि जैसे शम्अ की जानिब कोई पर्वाना आता है
तसव्वुर[1] इस तरह आता है तेरा महफ़िले-दिल में
मिरे हाथों में जैसे ख़ुद-ब-ख़ुद पैमाना आता है
ख़िरद वालो[2] ख़बर भी है कभी ऐसा भी होता है
जुनूँ की जुस्तजू में आप ही वीराना आता है
कभी क़स्दे-हरम[3] को जब क़दम अपना उठाता हूँ
मिरे हर इक क़दम पर इक नया बुतख़ाना आता है
दरे-जानाँ[4] से आता हूँ तो लोग आपस में कहते हैं

---

(1) 1. कौतुकपूर्ण दृष्टि 2. प्रकाश, आभा 3. रोते हुए लोग (2) 1. ध्यान 2. दिमाग़दारों, बुद्धिमानों 3. देवालय जाने के लिए 4. प्रेमिका के दरवाज़े से

फ़क़ीर आता है और बा शौक़ते-शाहाना आता है
वही ज़िक्रे-दकन है और वही फ़ुर्क़त की बातें हैं
तुझे 'आज़ाद' कोई और भी अफ़साना आता है

(3)

इतना भी शोर तो न ग़मे-सीना चाक कर
इश्क़ इक लतीफ़ सहला है उसको न ख़ाक कर
ऐ दिल हुज़ूरे - दोस्त ब सद एहतराम[1] जा
दामन को चाक कर न गरेबाँ को चाक कर
दौरे - ग़मे - फ़िराक़ की तारीकियों को धो
जल्वों से उनके अपना जहाँ ताबनाक कर
डर है कहीं मैं शौक़े-फिरावाँ[2] से मर न जाऊँ
ऐ जज़्ब-ए-तरब[3] न मुझे यूँ हलाक कर
'आज़ाद' इस से पहले कि उनकी नज़र पड़े
अश्कों से धो के अपनी निगाहों को पाक कर

(4)

नशे में हूँ मगर आलूद-ए-शराब[1] नहीं
ख़राब हूँ मगर इतना भी मैं ख़राब नहीं
कहीं भी हुस्न का चेहरा तहे-नक़ाब नहीं
ये अपना दीद-ए-दिल है कि बे हिजाब नहीं
वो इक बशर है कोई नूरे-आफ़ताब नहीं
मैं क्या करूँ कि मुझे देखने की ताब नहीं
ये जिसने मेरी निगाहों में उँगलियाँ भर दीं
तो फिर ये क्या है अगर ये तिरा शबाब नहीं
मिरे सुरूर से अंदाज़ - ए - शराब न कर
मिरा सुरूर ब अंदाज़ - ए - शराब नहीं

---

(3) 1. इज़्ज़त 2. बेपनाह प्रेम 3. आनन्द विभोर (4) 1. शराब में सराबोर

(5)

फिर लौट कर गये न कभी दश्तो-दर से हम
निकले बस एक बार कुछ इस तरह घर से हम
कुछ दूर तक चले ही गये बे ख़बर से हम
ऐ बेख़ुदी-ए-शौक़, ये निकले किधर से हम
आज़ाद बे नियाज़ थे अपनी ख़बर से हम
पलटे कुछ इस तरह से दकन के सफ़र से हम
ऐ काश, ये सदा भी कभी कान में पड़े
उट्ठूँ कि लौट आये हैं अपने सफ़र से हम
दिल का चमन है कैफ़े-बहाराँ[1] लिये हुए
गुज़रे थे एक बार तिरी रहगुज़र से हम
आता है इक सितारा नज़र चाँद के क़रीब
जब देखते हैं ख़ुद को तुम्हारी नज़र से हम
इससे ज़ियादा दर्दे - जुनूँ की ख़बर नहीं
कुछ बेख़बर से आप थे कुछ बेख़बर से हम
जितनी भी रह गई थी कमी दिल के दर्द में
उतना ही लुट गये हैं मता-ए-नज़र[2] से हम

(5) 1. वसंत का नशा 2. नज़र रूपी पूँजी

'फ़ारिग़' बुख़ारी

(1918–1997)

(1)

अपने ख़्वाबों की जो ख़ुश्बू से बिछड़ जाते हैं
रतजगे उनको मनाने के लिये आते हैं
कभी दिल में हो चराग़ाँ[1] तो मेरे कानों में
किसी अनदेखी सी दुनिया के पयाम[2] आते हैं
कितने ऐसे भी ख़यालात हैं जो ज़ेहनों में
पैदा होने से बहुत पहले ही मर जाते हैं
देखता हूँ तेरे ज़ख़्मों को जो महबूब वतन
ग़म मुझे दर्द की दीवार में चुन जाते हैं
ऐसे पत्थर हुए अहबाब[3] के चेहरे 'फ़ारिग़'
अब मुरव्वत की[4] हँसी को भी तरस जाते हैं

(2)

मौसमों के रंग सारे दिल के अंदर रह गये
ख़ुश्क होकर उमड़ी आँखों के समंदर रह गये
अपने साये से लिपट कर सो गया हर एक पेड़
रहगुज़र की ठोकरें खाने को पत्थर रह गये
इब्ने - आदम ने[1] सजा रक्खे हैं मक़्तल[2] हर तरफ़
अम्न का पैग़ाम देने को कबूतर रह गये
दस्तकें देने से 'फ़ारिग़' कोई दर खुलता नहीं
वो कभी अंदर नहीं आये, जो बाहर रह गये

---

(1) 1. रौशन, ३ ज़ोकित 2. सन्देश 3. दोस्त 4. औपचारिक, लिहाज़ की (2) 1. आदम के बेटे यानी इन्सान 2. कत्लगाह

(3)

हमें सलीक़ा न आया जहाँ में जीने का
कभी किया न कोई काम भी क़रीने का
तुम्हारे साथ ही उसको भी डूब जाना है
ये जानता है मुसाफ़िर तिरे सफ़ीने[1] का
कुछ उससे साथ निभाना मुहाल[2] था यूँ भी
हमारा अपना था अंदाज़ एक जीने का
सख़ावतों ने[3] गुहरसाज़[4] कर दिया है उन्हें
कोई सदफ़[5] नहीं मोहताज आबगीने[6] का
जो अपने इल्म का फ़ैज़ान आम कर न सके[7]
वो अहले - फ़न[8] भी फ़क़त नाग है दफ़ीने का[9]

(4)

मुहब्बतों के सफ़र में जतन किये हैं बहुत
हवा की हमक़दमी में भी हम चले हैं बहुत
मुसाफ़िरों के लिये मंज़िलें उदास न हों
अभी जुनूँ की मुसाफ़त में[1] काफ़िले हैं बहुत
वो मोड़, लफ़्ज़ जहाँ साथ छोड़ जाते हैं
जुनूने - इश्क़ में हमने भी तै किये हैं बहुत
भटक भी जाएँ मुसाफ़िर तो खो नहीं सकते
कि तेरे प्यार की मंज़िल के रास्ते हैं बहुत
अभी तो वक़्त की मुट्ठी में इतने जुगनू हैं
अभी तो चेहरे उगाने को आइने हैं बहुत
सभी से यूँ तो दिले - ज़ार[2] को शिकायत है
तुम्हारी कम निगाही से मगर गिले हैं बहुत

---

(3) 1. नौका 2. मुश्किल 3. दानशीलता 4. मोती बनाने वाला 5. सीपी 6. शीशे का पात्र, बोतल 7. जो अपने ज्ञान से सर्वसाधारण को लाभान्वित न कर सका 8. विद्वान, ज्ञानी 9. ज़मींदोज़ खज़ाने पर कुंडली मारे बैठा नाग (4) 1. जुनूनी सफ़र में 2. दुर्बल हृदय

'मज्जरूह' सुल्तानपुरी

(1919–2000)

(1)

मसर्रतों को[1] ये अहले-हवस[2] न खो देते
जो हर ख़ुशी में तेरे ग़म को भी समो देते
कहाँ वो शब कि तेरे गेसुओं के साये में
ख़याले – सुबह से हम आस्तीं भिगो देते
बहाने और भी होते जो ज़िंदगी के लिये
हम एक बार तेरी आर्ज़ू भी खो देते
बचा लिया मुझे तूफ़ाँ की मौज ने[3], वर्ना
किनारे वाले सफ़ीना[4] मिरा डुबो देते
जो देखते मेरी नज़रों पे' बंदिशों के सितम[5]
तो ये नज़ारे मेरी बेबसी पे' रो देते
कभी तो यूँ भी उमँडते सरश्क़े – ग़म[6] 'मजरूह'
कि मेरे ज़ख़्मे – तमन्ना[7] के दाग़ धो देते

(2)

मुझे सहल हो गईं मंज़िलें, वो हवा के रुख़ भी बदल गये
तेरा हाथ हाथ में आ गया कि चिराग़ राह में जल गये
वो लजाए मेरे सवाल पर, कि उठा सके न झुका के सर
उड़ी ज़ुल्फ़ चेहरे पे इस तरह कि शबों के राज़ मचल गये
वही बात जो न वो कह सके, मेरे शे'रो–नग़मा में आ गई
वही लब न मैं जिन्हें छू सका क़दहे-शराब में[1] ढल गये

---

(1) 1. खुशियों को 2. वासना-लोलुप लोग 3. तूफ़ान की लहर ने 4. नौका 5. पाबंदियों के अत्याचार 6. दुख के आँसू 7. अभिलाषा का घाव (2) 1. शराब के प्याले में

तुझे चश्मे-मस्त पता भी है कि शबाब[2] गर्मिए-बज़्म[3] है
तुझे चश्मे-मस्त ख़बर भी है कि सब आबगीने[4] पिघल गये
मेरे काम आ गईं आख़िरश यही काविशें[5], यही गर्दिशें[6]
बढ़ीं इस क़दर मेरी मंज़िलें कि क़दम के ख़ार[7] निकल गये

(3)

जो समझाते भी आकर वाइज़े-बरहम[1] तो क्या करते
हम इस दुनिया के आगे उस जहाँ का ग़म तो क्या करते
हरम से मैकदे तक मंज़िले-यक उम्र[2] थी साक़ी
सहारा गर न देती लग़्ज़िशे-पैहम[3], तो क्या करते
जो मिट्टी को मिज़ाजे-गुल अता कर दें[4] वो ऐ वाइज़
ज़मीं से दूर फ़िक्रे-जन्नते-आदम[5] तो क्या करते
सवाल उनका जवाब उनका सुकूत[6] उनका ख़िताब[7] उनका
हम उनकी अंजुमन में[8] सर न करते ख़म[9] तो क्या करते
जहाँ 'मजरूह' दिल के हौसले टूटें निगाहों से
वहाँ करते भी मर्गे-शौक़ का मातम[10] तो क्या करते

(4)

जब हुआ इफ़ॉं[1] तो ग़म आरामे-जाँ बनता गया
सोज़े - जानाँ[2] दिल में सोज़े - दीगराँ[3] बनता गया
रफ़्ता रफ़्ता मुन्क़लिब[4] होती गई रस्मे-चमन
धीरे-धीरे नग़्म - ए - दिल भी फ़ुग़ाँ[5] बनता गया
मैं अकेला ही चला था जानिबे-मंज़िल[6] मगर
लोग साथ आते गये और कारवाँ बनता गया
मैं तो जब मानूँ कि भर दे साग़रे-हर ख़ासो-आम[7]
यूँ तो जो आया वही पीरे-मुग़ाँ[8] बनता गया

---

(2) 2. जवानी 3. महफ़िल की गर्मी 4. पतले काँच की नाज़ुक सुराहियाँ 5. कोशिशें 6. संघर्ष 7. पाँवों के काँटे (3) 1. क्रोधाविष्ट धर्मोपदेशक 2. उम्र-भर की मंज़िल 3. निरन्तर डगमगाहट 4. फूल का स्वभाव प्रदान करें 5. आदम के स्वर्ग की चिन्ता 6. खामोशी 7. सम्बोधन 8. सभा में 9. झुकाते 10. प्रेम की मृत्यु का शोक (4) 1. ज्ञान 2. प्रेमिका के लिये तपिश 3. अन्यों के लिये तपिश 4. बदलती गई 5. आर्तनाद 6. मंज़िल की तरफ़ 7. खास और आम सभी लोगों के प्याले 8. बुज़ुर्ग पिलानेवाला

जिस तरफ़ भी चल पड़े हम आब्ला पायाने-शौक़[9]
ख़ार से गुल और गुल से गुलिस्ताँ बनता गया
शरहे-ग़म[10] तो मुख़्तसर[11] होती गई उसके हुज़ूर[12]
लफ़्ज़ जो मुँह से न निकला दास्ताँ बनता गया
दहर में[13] 'मजरूह' कोई जाविदाँ मज़्मूँ[14] कहाँ
मैं जिसे छूता गया वो जाविदाँ बनता गया

(5)

आ निकल के मैदाँ में दोरुख़ी के ख़ाने से
काम चल नहीं सकता अब किसी बहाने से
अहदे - इंक़लाब[1] आया, दौरे-आफ़ताब[2] आया
मुंतज़िर थीं[3] ये आँखें जिसकी इक ज़माने से
अब ज़मीन गायेगी हल के साज़ पर नग़्मे
वादियों में नाचेंगे हर तरफ़ तराने से
अहले - दिल उगाएँगे ख़ाक से महो - अंजुम[4]
अब गुहर सुबक होगा[5] जौ के एक दाने से
मनचले बुनेंगे अब रंगो - बू के पैराहन[6]
अब सँवर के निकलेगा हुस्न कारख़ाने से
आम होगा अब, हमदम, सब पे फ़ैज़ फ़ितरत का[7]
भर सकेंगे अब दामन हम भी इस ख़ज़ाने से
सुनते हम तो क्या सुनते इक बुज़ुर्ग की बातें
सुबह को इलाक़ा[8] क्या शाम के फ़साने से
मैं कि एक मेहनतकश, मैं कि तीरगी-दुश्मन[9]
सुबहे - नौ[10] इबारत है[11] मेरे मुस्कराने से

---

(4) 9. तलवों में प्रेम-पथ के छाले लिये हुए 10. दुख की व्याख्या 11. संक्षिप्त 12. सम्मुख 13. दुनिया में 14. शाश्वत विषय (5) 1. क्रांति-काल 2. सूरज का ज़माना 3. इंतज़ार कर रही थीं 4. चाँद-तारे 5. अब मोती सस्ता और सहज सुलभ होगा 6. रंग और खुश्बू की पोशाकें 7. स्वभाव की कृपा 8. सम्बन्ध 9. अँधेरे का दुश्मन 10. नयी सुबह 11. लिखी जाती है

ख़ुदकशी ही रास आई देख बदनसीबों को
ख़ुद से भी गुरेजाँ हैं[12] भाग कर ज़माने से
अब जुनूँ पे वो साअत आ पड़ी[13] कि ऐ 'मजरूह'
आज ज़ख़्मे-सर[14] बेहतर दिल पे चोट खाने से

(6)

दुश्मन की दोस्ती है अब अहले-वतन के साथ[1]
है अब ख़िज़ाँ[2] चमन में नयी पैरहन[3] के साथ
सर पर हवा-ए-ज़ुल्म[4] चले सौ जतन के साथ
अपनी कुलाह कज है[5] उसी बाँकपन के साथ
बह कर ज़मीं पे है अभी गर्दिश में[6] ख़ूँ मेरा
क़तरे[7] वो फूल बनते हैं ख़ाके-वतन के साथ
किसने कहा कि टूट गया ख़ंजरे-फ़रंग[8]
सीने पे ज़ख़्मे-नौ[9] भी है दाग़े-कुहन[10] के साथ
झोंके जो लग रहे हैं नसीमे-बहार के[11]
जुंबिश में है क़फ़स भी असीरे-चमन के साथ[12]
'मजरूह' देख टूट गई जंगजू की तेग़[13]
अबरू-ए-एशिया की फ़क़त इक शिकन के साथ[14]

---

(5) 12. उदासीन हैं 13. अब उन्माद का वह क्षण आ पहुँचा है 14. सिर पर चोट
(6) 1. देशवासियों के साथ 2. पतझड़ 3. नयी पोशाक 4. अत्याचारों का वातावरण 5. टोपी टेढ़ी है 6. भंवरों में 7. बूंदें 8. फ़िरंगी (अंग्रेज़ों) की तलवार 9. नये ज़ख़्म 10. पुराने दागों के साथ 11. वसंती हवा के 12. बाग यानी वतन के कैदियों के साथ पिंजरा भी डावाँडोल है 13. जंगखोर की तलवार 14. एशिया की भौंह पर पड़े सिर्फ़ एक बल के साथ

क़तील शिफ़ाई

(1919–2001)

(1)

तूने ये फूल जो ज़ुल्फ़ों में सजा रक्खा है
इक दीया है जो अँधेरे में जला रक्खा है
जीत ले जाए मुझे कोई नसीबों वाला
ज़िंदगी ने मुझे दाँवों पे लगा रक्खा है
जाने कब दिल में कोई झाँकने को आ जाए
इसलिये मैंने गरेबान खुला रक्खा है
इम्तिहान और मिरे ज़ब्त का तुम क्या लोगे
मैंने धड़कन को भी सीने में छिपा रक्खा है
दिल था इक शोला, मगर बीत गये दिन वो 'क़तील'
अब कुरेदो न इसे, राख में क्या रक्खा है

(2)

ये किसने कहा तुम कूच करो, बातें न बनाओ इंशाजी
ये शह्र तुम्हारा अपना है, इसे छोड़ न जाओ इंशाजी
जितने भी यहाँ के वासी हैं, सबके सब तुमसे प्यार करें
क्या इनसे भी मुँह फेरोगे, ये ज़ुल्म न ढाओ इंशाजी
क्या सोच के तुमने सींची थी, ये केसर-क्यारी चाहत की
तुम जिनको हँसाने आये थे, उनको न रुलाओ इंशाजी
तुम लाख सयाहत[1] के हो धनी, इक बात हमारी भी मानो
कोई जाके जहाँ से आता नहीं, उस देस न जाओ इंशाजी
बिखराते हो सोना हर्फ़ों का तुम चाँदी जैसे काग़ज़ पर
फिर इनमें अपने ज़ख्मों का मत ज़हर मिलाओ इंशाजी

---

(2) 1. पर्यटन

इक रात तो क्या, वो हश्र तलक रक्खेगी खुला दरवाज़े को
कब लौट के तुम घर आओगे, सजनी को बताओ इंशाजी!

(3)

ढल गया चाँद, गई रात, चलो सो जाएँ
हो चुकी उनसे मुलाक़ात, चलो सो जाएँ
दूर तक गूँज नहीं है किसी शहनाई की
लुट गई आस की बारात, चलो सो जाएँ
लोग इक़रारे-वफ़ा करके भुला देते हैं
ये नहीं कोई नई बात, चलो सो जाएँ
शाम होती तो किसी जाम से जी बहलाते
बंद है अब तो ख़राबात[1], चलो सो जाएँ
इतने छींटों से भी धोया न गया दाग़े-अलम[2]
क्या कहेगी हमें बरसात, चलो सो जाएँ
जो है बेदार यहाँ, उसपे है जीना भारी
मार डालेंगे ये हालात, चलो सो जाएँ
हमने क्या कुछ न सरे-शाम कहा तुमसे 'क़तील'
आख़िरे-शब न मलो हाथ, चलो सो जाएँ

(4)

मिल-जुल के बरहना[1] जिसे दुनिया ने किया है
उस दर्द ने अब मेरा बदन ओढ़ लिया है
मैं रेत के दरिया पे खड़ा सोच रहा हूँ
इस शहर में पानी तो यज़ीदों ने[2] पिया है
ऐ गोरकुनो[3], क़ब्र का देकर मुझे धोका
तुमने तो ख़लाओं[4] में मुझे गाड़ दिया है
मैं साहिबे - इज़्ज़त हूँ[5], मेरी लाश न खोलो
दस्तार के पुर्ज़ों से[6] कफ़न मैंने सिया है
फैला है तिरा कर्ब[7] 'क़तील' आधी सदी पर
हैरत है कि तू इतने बरस कैसे जिया है!

---

(3) 1. मदिरालय 2. दुखों का दाग (4) 1. नंगा 2. एक क्रूर-निष्ठुर धार्मिक सम्प्रदाय के लोग 3. कब्र खोदने वालों 4. शून्य 5. इज़्ज़तदार आदमी 6. पगड़ी की चिंदियों से 7. पीड़ा

कैफ़ी आज़मी

(1919–2002)

(1)

मैं ढूँढता हूँ जिसे वह जहाँ नहीं मिलता
नयी ज़मीन नया आसमाँ नहीं मिलता
नयी ज़मीन नया आसमाँ भी मिल जाए
नये बशर[1] का कहीं-कुछ निशाँ नहीं मिलता
वो तेग़ मिल गई जिससे हुआ है क़त्ल मिरा
किसी के हाथ का उस पर निशाँ नहीं मिलता
वो मेरा गाँव है, वो मेरे गाँव के चूल्हे
कि जिनमें शोले तो शोले, धुआँ नहीं मिलता
जो इक ख़ुदा नहीं मिलता तो इतना मातम क्यों
यहाँ तो कोई मेरा हमज़बाँ नहीं मिलता
खड़ा हूँ कब से मैं चेहरों के एक जंगल में
तुम्हारे चेहरे का कुछ भी यहाँ नहीं मिलता

(2)

वो कभी धूप, कभी छाँव लगे
मुझे क्या क्या न मेरा गाँव लगे
किसी पीपल के तले जा बैठें
अब भी अपना जो कोई दाँव लगे,
एक रोटी के तअक़्क़ुब[1] से चला हूँ इतना
कि मेरा पाँव किसी और ही का पाँव लगे
रोटी-रोज़ी की तलब जिसको कुचल देती है
उसकी तलवार भी इक सहमी हुई म्याँन लगे
जैसे देहात में लू लगती है चरवाहों को
बम्बई में यूँ ही तारों की हसीं छाँव लगे

---

(1) 1. नये आदमी (2) 1. पीछे-पीछे

बलबीर सिंह 'रंग'

(1919–1984)

(1)

हमने तन्हाई में ज़ंजीर से बातें की हैं
अपनी सोई हुई तक़दीर से बातें की हैं
तेरे दीदार की क्या ख़ाक तमन्ना होगी
ज़िंदगी भर तिरी तस्वीर से बातें की हैं
मौत के डर से मैं ख़ामोश रहूँ, लानत है
जबकि जल्लाद की शमशीर से बातें की हैं
क़ैस की लैला या फ़रहाद की शीरीं कह लो
हम नहीं राँझा, मगर हीर से बातें की हैं
'रंग' का रंग ज़माने ने बहुत देखा है
क्या कभी आपने 'बलबीर' से बातें की हैं!

(2)

ज़माना आ गया रुस्वाइयों तक, तुम नहीं आये
जवानी आ गई तन्हाइयों तक, तुम नहीं आये
धरा पर थम गई आँधी, गगन में काँपती बिजली
घटाएँ आ गईं अमराइयों तक, तुम नहीं आये
नदी के हाथ निर्झर की मिली पाती समंदर को
सतह भी आ गई गहराइयों तक, तुम नहीं आए
किसी को देखते ही आपका आभास होता है
निगाहें आ गईं परछाइयों तक, तुम नहीं आये
समापन हो गया नभ में सितारों की सभाओं का
उदासी आ गई अँगड़ाइयों तक, तुम नहीं आये
न शम्मा है न पर्वाने, ये क्या है 'रंग' महफ़िल का
कि मातम आ गया शहनाइयों तक, तुम नहीं आये

(3)

आइए, मरुभूमि में उद्यान की चर्चा करें
ध्वंस के संदर्भ में निर्माण की चर्चा करें

निर्झरों, नदियों, तड़ागों की प्रगति को साधुवाद
सिंधु में उठते हुए तूफ़ान की चर्चा करें
यज्ञ के उपरोहितों के पास सामग्री अपार
पूर्ण आहुति दे, उसी यजमान की चर्चा करें
बादलों के अट्टहासों से घिरे वातावरण में
बिजलियों सी कौंधती मुस्कान की चर्चा करें
देव-दैत्यों की कथाएँ तो पुरानी पड़ गईं
'रंग' जैसे आज के इंसान की चर्चा करें

(4)

सारा जीवन गँवाया तुम्हारे लिए
तुमको अपना बनाया तुम्हारे लिए
भेंट कर तुमको गीतों की भागीरथी
आँसुओं में नहाया तुम्हारे लिए
धूलिकण जड़ दिये व्योम के भाल पर
स्वर्ग धरती पे' लाया तुम्हारे लिए
दर्द की दिल में दुनिया बसाये हुए
उम्र भर मुस्कुराया तुम्हारे लिए
चाहे मानो न मानो, तुम्हारी ख़ुशी
'रंग' महफ़िल में आया तुम्हारे लिए

(5)

साथ तुमने दिया, दिया न दिया
यह अनुग्रह किया, किया न किया
हम भी सुकरात के सहोदर थे
विष का प्याला पिया, पिया न पिया
निर्वसन और को नहीं रक्खा
अपना दामन सिया, सिया न सिया
प्राक्कथन, जैसा लोग लिखते हैं
वैसा जीवन जिया, जिया न जिया
'रंग' ने क्या नहीं दिया, लेकिन
अपन ने लिया, लिया न लिया

ज़हीर कश्मीरी

(1920–1996)

(1)

हिज्रो-विसाल की[1] सर्दी-गर्मी सहता है
दिल दरवेश है फिर भी राज़ी रहता है
फूल से इतना रब्त[2] बढ़ाना ठीक नहीं
क़तरए-शबनम उड़ते-उड़ते कहता है
इस कुटिया को ढाने वाले ग़ौर से सुन
इस कुटिया में तेरा ध्यान भी रहता है
हर आँसू में आतिश की आमेज़िश[3] है
दिल में शायद आग का दरिया बहता है
मुझसे बिछड़ के पहरों रोया करता था
वो जो मेरे हाल पे हँसता रहता है

(2)

क्या ज़ीस्त[1] की बुनियाद फ़सानों पे रहेगी
ये धुंध सी अब कितने ज़मानों पे रहेगी
हर एक मकीं[2] जाए-अमाँ[3] ढूँढ रहा है
कब तक ये कड़ी धूप मकानों पे' रहेगी
हर संगे-सियह दिल[4] को जला देगी मेरी आँख
सूरज की किरन बन के चटानों पे' रहेगी
हर शहर में, हर दश्त में ज़र[5] आन बसा है
अब ज़िंदगी जँगल में मचानों पे रहेगी

---

(1) 1. बिछोह और मिलन की 2. सम्बन्ध 3. आग की मिलावट (2) 1. ज़िंदगी 2. रहवासी 3. सुरक्षित जगह 4. काले पत्थर जैसे दिल 5. दौलत

मेहनत का हुनर जानने वाले ही इधर आएँ
ये बात रक़म[6] खेत के दानों पे रहेगी
ऐ माहे-शबे-तार[7] मुझे इतना बता दे
क्या चाँदनी उन चंद घरानों पे' रहेगी?
जब हश्र तलक वस्ल के आसार न होंगे
उफ़्ताद[8] बड़ी सोख़्ताजानों पे'[9] रहेगी
अब तीर ही काम आयेंगे इस दश्ते-दग़ा[10] में
अब आख़िरी तदवीर[11] कमानों पे' रहेगी

(3)

लौहे-मज़ार[1] देख के जी दंग रह गया
हर एक सर के साथ फ़क़त संग[2] रह गया
बदनाम होके इश्क़ में हम सुर्ख़रू[3] हुए
अच्छा हुआ कि नाम गया नंग रह गया
होती न हमको सायए-दीवार की तलाश
दामाने - हुस्ने - यार[4] बहुत तंग रह गया
सीरत[5] न हो तो आरिज़ो-रुख़सार[6], सब ग़लत
ख़ुश्बू उड़ी तो फूल फ़क़त रंग रह गया
कितने ही इंक़लाब[7] शिकन दर शिकन[8] मिले
आज अपनी शक्ल देख के मैं दंग रह गया
अपने गले में अपनी ही बाँहों को डालिए
जीने का अब तो एक यही ढंग रह गया

---

(2) 6. अंकित, लिखी हुई 7. अँधेरी रात के चाँद 8. मुसीबत 9. दिलजले, प्रेमियों पर 10. छल के जंगल 11. उपाय (3) 1. क़ब्र पर लगी तख्ती 2. सिर्फ़ पत्थर 3. कामयाब 4. प्रियतमा का सुन्दर-बदन 5. चरित्र 6. कपोल 7. बदलाव, परिवर्तन 8. झुर्री-झुर्री पर

'होश' तिरमिज़ी

(1920–मृत्यु : अज्ञात)

(1)

कभी आहें, कभी नाले, कभी आँसू निकले
उनसे आग़ाज़े-सुख़न के[1] कई पहलू निकले
यूँ भी वो बज़्मे-तसव्वुर से[2] निकल जाते हैं
जैसे लय साज़ से या फूल से ख़ुश्बू निकले
है इस उमीद पे सैकल[3] हुनरे-तेशाज़नी[4]
सीनए-संग से[5] शायद कोई गुलरू निकले
क़िस्सा-ए-दारो-रसन[6] ही सही, कुछ बात करो
किसी उन्वाँ से[7] तो ज़िक्रे-क़दो-गेसू[8] निकले
ग़मे-दौराँ ने किया अहले-तमन्ना का वो हाल
दश्त से जैसे हिरासाँ[9] कोई आहू[10] निकले
हम जिन्हें 'होश' तजाहुल से ख़ता[11] समझे थे
नावके-नाज़[12] वो सब दिल में तराज़ू निकले

(2)

यादें चलीं, ख़याल चला, अश्के-तर चले
लेकर पयामे - शौक़[1] कई नामाबर[2] चले
दिल को सँभालते रहे हर हादिसे पे हम
अब क्या करें कि ख़ुद तेरे गेसू बिखर चले
हर गाम पर शिकस्त ने यूँ हौसला दिया
जिस तरह साथ - साथ कोई हमसफ़र चले

---

(1) 1. बात शुरू करने के 2. ध्यान की सभा 3. चमकदार, जोशीली 4. कुदाल चलाने का हुनर 5. पत्थर के सीने से 6. सूली और रस्सी की दास्तान 7. शीर्षक से 8. कद और केशों का उल्लेख 9. भयभीत 10. हिरन 11. जानबूझ कर अनजान से हुई गलती 12. नाज़ भरे तीर (2) 1. चाहत का सन्देश 2. सन्देशवाहक

शौक़े-तलब[3] न हो, कोई बाँगे-जरस[4] तो हो
आख़िर कोई चले तो किस उम्मीद पर चले
अब क्या करोगे सैरे-समन-ज़ारे-आर्ज़ू[5]
रुत जा चुकी, चढ़े हुए दरिया उतर चले
राहों में 'होश' संग बरसते हैं हर तरफ़
लेकर ये कारवाने-तमन्ना[6] किधर चले?

(3)

लायेगा रंग ज़ब्ते-फ़ुग़ाँ[1], देखते रहो
फूटेगी हर कली में ज़ुबाँ, देखते रहो
बर्पा सरे - हयात है इक हश्रे - दारो - गीर[2]
देता है कौन किसको अमाँ,[3] देखते रहो
दम भर को आस्ताने - तमन्ना पे है हुजूम[4]
जाए बिछड़ के कौन कहाँ, देखते रहो
मिलने को है ख़मोशिए-अहले-जुनूँ[5] की दाद
उठने को है ज़मीं से धुआँ, देखते रहो
महफ़िल में उनकी शम्मा जली है कि जानो-दिल
खुलता है कब ये राज़े-निहाँ[6] देखते रहो
हैं बर्गे-गुल को बुर्रिशे मिक़राज़ के पयाम[7]
तर्ज़े - तपाके - अहले - जहाँ[8], देखते रहो
आई निगारे - ग़म[9] की सदा 'होश', हम चले
तुम इम्तियाज़े - सूदो - ज़ियाँ[10] देखते रहो

---

(2) 3. माँगने की चाहत 4. ऊँटों की घंटियों की आवाज़ 5. उम्मीद और कामना के बाग की सैर 6. इच्छाओं, आकांक्षाओं का क़ाफ़िला (3) 1. चीखने यानी आर्तनाद पर पाबंदी 2. पकड़-धकड़ की अफरातफरी 3. सुरक्षा 4. अभिलाषाओं के दरवाज़े पर भीड़-भाड़ 5. दीवानों की ख़ामोशी 6. गुप्त रहस्य 7. फूलों की पंखुड़ियों को कतरे जाने का सन्देश 8. लोगों का आवभगत का ढंग 9. दुख की मूरत 10. नफा-नुकसान का भेद

'साहिर' लुधियानवी

(1921–1980)

(1)

मोहब्बत तर्क की[1] मैंने, गरेबाँ सी लिया मैंने
ज़माने अब तो ख़ुश हो, ज़हर ये भी पी लिया मैंने
अभी ज़िंदा हूँ लेकिन सोचता रहता हूँ ख़ल्वत में[2]
कि अब तक किस तमन्ना के सहारे जी लिया मैंने
उन्हें अपना नहीं सकता मगर इतना भी क्या कम है
कि कुछ मुद्दत हसीं ख़्वाबों में खोकर जी लिया मैंने
बस अब तो दामने-दिल छोड़ दो बेकार उम्मीदो
बहुत दुख सह लिए मैंने, बहुत दिन जी लिया मैंने

(2)

तंग आ चुके हैं कशमकशे-ज़िंदगी से हम
ठुकरा न दें जहाँ को कहीं बेदिली से हम
मायूसिए - मआले - मोहब्बत[1] न पूछिए
अपनों से पेश आए हैं बेगानगी से हम
लो आज हमने तोड़ दिया रिश्तए - उमीद[2]
लो अब कभी गिला न करेंगे किसी से हम
उभरेंगे एक बार अभी दिल के वलवले
गो दब गये हैं बारे - ग़मे - ज़िंदगी से[3] हम

(1) 1. त्याग दी, छोड़ दी 2. अकेले या एकांत में (2) 1. प्रेम के परिणाम की निराशा 2. आशा की डोर 3. ज़िंदगी के दुख के बोझ से

गर ज़िंदगी में मिल गये फिर इत्तिफ़ाक़ से
पूछेंगे अपना हाल तेरी बेबसी से हम
अल्लाह रे फ़रेबे – मशीयत[4] की आज तक
दुनिया के जुल्म सहते रहे, ख़ामुशी से हम

(3)

भड़का रहे हैं आग लबे-नग़मागर से[1] हम
ख़ामोश क्या रहेंगे ज़माने के डर से हम
कुछ और बढ़ गये जो अँधेरे तो क्या हुआ
मायूस तो नहीं हैं तुलू – ए – सहर से[2] हम
ले दे के अपने पास फ़क़त इक नज़र तो है
क्यों देखें ज़िंदगी को किसी की नज़र से हम
माना कि इस ज़मीं को न गुलज़ार कर सके
कुछ ख़ार[3] कम तो कर गये, गुज़रे जिधर से हम

---

(2) 4. नियति का छलावा (3) 1. गायक के होंठों से 2. भोर के आगमन से 3. कांटे

'हफ़ीज़' मेरठी

(1922–2000)

(1)

बेसहारों का इंतिज़ाम करो
यानी, एक और क़त्ले-आम करो
ख़ैरख़्वाहों का मश्वरा ये है
ठोकरें खाओ और सलाम करो
दबके रहना हमें नहीं मंज़ूर
ज़ालिमों, आओ अपना काम करो
ख़्वाहिशें जाने किस तरफ़ ले जायँ
ख़्वाहिशों को न बेलगाम करो
मेज़बानों में हो जहाँ अनबन
ऐसी बस्ती में मत क़याम करो
ये हुनर भी बडा ज़रूरी है
कितना झुककर किसे सलाम करो
साँप आपस में कह रहे हैं 'हफ़ीज़'
आस्तीनों का इंतिज़ाम करो

(2)

अजीब लोग हैं, क्या ख़ूब मुंसिफ़ी की है
हमारे क़त्ल को कहते हैं ख़ुदकुशी की है
ये बाँकपन है हमारा कि ज़ुल्म पर हमने
बजाय नालाओ-फ़रियाद, शायरी की है

ज़रा से पाँव भिगोये थे जाके दरिया पर
ग़रूर ये है कि हमने शनाबरी[1] की है
कहीं चमन में नई पौध को जगह न मिले
य' सोच असल में अहसासे - कमतरी की है
इसी लहू में तुम्हारा सफ़ीना[2] डूबेगा
य' क़त्ले - आम नहीं, तुमने ख़ुदकुशी की है
हमारी क़द्र करो चौदहवीं के चाँद हैं हम
ख़ुद अपने दाग़ दिखाने को रौशनी की है
उदासियों को 'हफ़ीज़' आप अपने घर रक्खें
कि अंजुमन[3] को ज़रूरत शिगुफ़्तगी[4] की है

---

(2) 1. तैराकी 2. नौका 3. सभा, समाज 4. खिलावट

'फ़ना' निज़ामी कानपुरी

(1922–1988)

(1)

चेहरए-सुब्ह नज़र आया रुख़े-शाम के बाद
सब को पहचान लिया गर्दिशे-अय्याम[1] के बाद
मिल गई राहे-यक़ीं[2] मंज़िले-औहाम[3] के बाद
जल्वे ही जल्वे नज़र आये दरो-बाम[4] के बाद
चाहिए अहले-मोहब्बत को कि दीवाना बने
कोई इल्ज़ाम न आयेगा इस इल्ज़ाम के बाद
इम्तिहाने - तलब - ए - ख़ाम[5] लिया साक़ी ने
जामे-लबरेज़[6] दिया दुर्दे-तहे-जाम[7] के बाद
हाय क्या चीज़ है ये लुत्फ़े - शिकस्तापाई[8]
हौसले और बढ़ा कोशिशे-नाकाम के बाद
ज़िंदगी नाम है इक जुहदे-मुसल्सल का[9] 'फ़ना'
राहरौ और भी थक जाता है आराम के बाद

(2)

दिल से अगर कभी तिरा अरमान जायेगा
घर को लगा के आग ये मेहमान जायेगा
सब होंगे उससे अपने तअर्रूफ़[1] की फ़िक्र में
मुझ को मिरे सुकूत[2] से पहचान जायेगा
इस कुफ़्रे-इश्क़[3] से मुझे क्यूँ रोकते हो तुम

---

(1) 1. समय का फेर 2. भरोसेमंद राह 3. भटकन 4. दरवाज़ा और छत 5. अनुभवहीन ख़्वाहिश की परीक्षा 6. छलकता हुआ जाम 7. तलछट 8. लाचारी का लुत्फ़ 9. निरन्तर प्रयत्न करने का (2) 1. परिचय 2. ख़ामोशी 3. प्रेम रूपी गुनाह

ईमान वालो मेरा ही ईमान जायेगा
आज उससे मैंने शिकवा किया था शरारतन
किसको ख़बर थी इतना बुरा मान जायेगा
अब इस मुक़ाम पर हैं मेरी बेक़रारियाँ
समझाने वाला होके पशेमान[4] जायेगा
दुनिया में ऐसा वक़्त पड़ेगा कि एक दिन
इंसान की तलाश में इंसान जायेगा

(3)

ग़म हरेक आँख को छलकाये ज़रूरी तो नहीं
अब्र[1] उट्ठे और बरस जाये ज़रूरी तो नहीं
बर्क़[2] सैयाद[3] के घर पर भी तो गिर सकती है
आशियानों पे ही लहराये, ज़रूरी तो नहीं
राहबर राह मुसाफ़िर को दिखा देता है
वही मंज़िल पे पहुँच जाये ज़रूरी तो नहीं
नोके–हर–ख़ार[4] खतरनाक तो होती है मगर
सब के दामन से उलझ जाये ज़रूरी तो नहीं
ग़ुंचे[5] मुर्झाते हैं और शाख़ से गिर जाते हैं
हर कली फूल ही बन जाये ज़रूरी तो नहीं

---

(2) 4. निराश, हताश (3) 1. बादल 2. बिजली 3. ज़ालिम, अत्याचारी 4. हरेक कांटे की नोक 5. कली

विमल कृष्ण 'अश्क'

(1923–1982)

(1)

मेरी भी मान, मेरा अक्स मत दिखा मुझको
मैं रो पड़ूँगा, मेरे सामने न ला मुझको
मैं बंद कमरे की मजबूरियों में लेटा रहा
पुकारती फिरी बाज़ार में हवा मुझको
तू सामने हो तो आवाज़ कौन सुनता है
जो हो सके तो कहीं दूर से बुला मुझको
तू अक्स बन के मिरे आइने में बैठ रहा
तमाम उम्र कोई देखता फिरा मुझको
कहीं ये हाथ मिरे ही गले तक आ पहुँचें
कभी तो आस के पर्दे से देख जा मुझको
ख़ुदा तो अब भी है वो, 'अश्क' क्या बिगड़ जाता
अगर वो और तरीक़े से सोचता मुझको

(2)

होंठ उसके झलमला गये माज़ी[1] की छाँवों तक
इक ज़हर सा उतर गया बालों से पाँवों तक
काँटे निकालते रहे लफ़्ज़ों के पाँवों से
चूमे थे फूल ग़ुंचा[2] लबों की सदाओं[3] तक
ज़ानू से[4] सर उठा के सफ़र पर निकल पड़े
मंज़िल का रंग कौंध गया नंगे पाँवों तक

---

(2) 1. विगत, अतीत 2. कली 3. पुकारों 4. घुटने से

अम्बर तलाश करता फिरे है धनुष के रंग
धरती की बास फैल गई फ़ाख़्ताओं तक
नीली रगों में नुक़्रई नाक़ूस[5] बज उठा
चिनगारियाँ सदा की गईं देवताओं तक
फिर 'अश्क' रोम-रोम बदन काँपने लगा
फिर आग सरसराने लगी सर से पाँवों तक

(3)

मन में जोत जगाने वाले त्याग गये ये डेरा जोगी
उत्तर दक्खिन पूरब पच्छिम, चारों ओर अँधेरा जोगी
द्वारे द्वारे अलख जगाने को तो सारी उमर पड़ी है
सेज सजी दो-चार घड़ी को कर ले रैनबसेरा जोगी
उस घर में इक कोरा आँचल रोते रोते भीग चला है
भूले ही से सही; कभी तो मार उधर भी फेरा जोगी
पाँव-पाँव मुड़ती पगडंडी आँख झपकते डस लेती है
जीवन की नागिन किसके बस, उसका कौन सपेरा जोगी
ये भभूत किसकी पलकों, किसके बालों की परछाईं है
तेरे साफ़-सफ़ेद जिस्म पर किसने रंग बिखेरा जोगी
कान में कुंडल, कड़ा हाथ में, लम्बे बाल घूँघरों वाले
तेरे तन के चार छुपेरे किस जोगिन का डेरा जोगी
जिसने मुझको घर बख़्शा है और आवारागर्दी तुझको
उसकी राहगुज़र किस घर से, किस रस्ते पर डेरा जोगी
हर रुख़ पर परछाईं किसी की, हर चेहरे पर अक्स किसी का
चलते - फिरते बाज़ारों में क्या तेरा - क्या मेरा जोगी!

---

(2) 5. चाँदी की-सी चमक वाला शंख

'पयाम' फतेहपुरी

(1923–मृत्यु : अज्ञात)

ऐसे भी आस्माँ ने हमें दिन दिखाये हैं
हमने भरी बहार में आँसू बहाये हैं
कैसी हवा चली है, ये कैसी है फ़स्ले-गुल
क्या बात है कि लोग लहू में नहाये हैं
कितना लतीफ़ तंज़[1] है फ़स्ले-बहार पर
लोगों ने आज काँटों से दामन सजाये हैं
है ग़म की तेज़ धूप यहाँ, लौट जाइए
क्यों आप ऐसी धूप में जलने को आये हैं
आँसू जले, चिराग़ जले, दाग़े-दिल जले
कितने चिराग़ हमने शबे-ग़म जलाये हैं
थोड़ी सी ज़िंदगी के लिये हमने ऐ 'पयाम'
क्या कहिए कितने नाज़े-मसीहा[2] उठाये हैं

---

1. मधुर व्यंग्य 2. मसीहा के नखरे

कुमार पाशी

(1924–1992)

(1)

ख़्वाहिशों ने बुना वो जाल अब के
बच निकलना हुआ मुहाल[1] अब के
डूब जाऊँगा शब के साथ कहीं
देखना तुम मिरा कमाल अब के
मैं नहीं तीरः खाकदाँ[2] में कहीं
दिल में आया ये क्या ख़याल अब के
यादे - माज़ी न ख़्वाबे - मुस्तक़बिल[3]
यूँ हुआ है मिरा ज़वाल[4] अब के
छूटे जाते हैं हाथ से पतवार
मुझको मौजे - रवाँ[5] सँभाल अब के

(1) 1. मुश्किल 2. दुनिया, मृत्युलोक 3. बीते वक्त की यादें न भविष्य के सपने 4. पतन, ह्रास 5. बहती हुई लहर

नासिर काज़मी

(1925–1972)

(1)

होती है तेरे नाम से वहशत[1] कभी-कभी
बरहम[2] हुई है यूँ भी तबीअत कभी-कभी
ऐ दिल किसे नसीब ये तौफ़ीक़े-इज़्तिराब[3]
मिलती है ज़िंदगी में ये राहत कभी-कभी
तेरे करम से ऐ अल्मे-हुस्न आफ़रीं[4]
दिल बन गया है दोस्त की ख़िलवत[5] कभी-कभी
जोशे-जुनूँ में दर्द की तुग़ियानियों[6] के साथ
अश्कों में ढल गई तिरी सूरत कभी-कभी
तेरे क़रीब रह के भी दिल मुतमइन[7] न था
गुज़री है मुझ पे' ये भी क़यामत कभी-कभी
कुछ अपना होश था, न तुम्हारा ख़याल था
यूँ भी गुज़र गई शबे-फ़ुर्क़त[8] कभी-कभी
ऐ दोस्त, हमने तर्के-मुहब्बत के बावजूद[9]
महसूस की है तेरी ज़रूरत कभी-कभी

(2)

दिन ढला, रात फिर आ गई, सो रहो, सो रहो
मंज़िलों छा गई ख़ामुशी, सो रहो, सो रहो
सारा दिन तपते सूरज की गर्मी में जलते रहे
ठंडी-ठंडी हवा फिर चली, सो रहो, सो रहो

---

(1) 1. उलझन 2. अस्त-व्यस्त 3. अंतर्वेदना को सहने की ताकत 4. खूबसूरत दुख 5. जागीर 6. तेज़ लहरों 7. आश्वस्त, संतुष्ट 8. विरह की रात 9. प्रेम-विरक्ति के बावजूद

गर्म सुनसान क़रियों की[1] धरती महकने लगी
खाक़े - रश्के - इरम[2] बन गई, सो रहो, सो रहो
रज़्मगाहे - जहाँ बन गई जामे - अम्नो - अमाँ[3]
है यही वक़्त की रागनी, सो रहो, सो रहो
कैसे सुनसान हैं आस्माँ, चुप खड़े हैं मकाँ
है फज़ा अजनबी - अजनबी, सो रहो, सो रहो
थक गये नाक़ओ - सारबाँ[4], थम गये कारवाँ
घंटियों की सदा सो गई, सो रहो, सो रहो
चाँदनी और धुएँ के सिवा दूर तक कुछ नहीं
सो गई शह्‌र की हर गली, सो रहो, सो रहो
गर्दिशे - वक़्त की लोरियाँ रात की रात हैं
फिर कहाँ ये हवा में नमी, सो रहो, सो रहो
सारी बस्ती के लोग इस मधुर लै में खोये गये
दूर बजने लगी बाँसुरी, सो रहो, सो रहो
दूर शाख़ों के झुरमुट में जुगनू भी गुम हो गये
चाँद में सो गई चाँदनी, सो रहो, सो रहो
घर के दीवारो - दर राह तक-तक के शल[5] हो गये
अब न आयेगा शायद कोई, सो रहो, सो रहो
सुस्त रफ़्तार तारे भी आँखें झपकने लगे
ग़म के मारो घड़ी दो घड़ी, सो रहो, सो रहो
मुँह अँधेरे ही 'नासिर' किसे ढूँढने चल दिये
दूर है सुब्हे - रौशन अभी, सो रहो, सो रहो

(3)

गा रहा था कोई दरख़्तों में
रात नींद आ गई दरख़्तों में

---

(2) 1. गाँवों की 2. ऐसी धरती जिस पर स्वर्ग भी ईर्ष्या करे 3. दुनिया की रणभूमि शान्ति और सुरक्षा का जाम बन गयी 4. ऊँट और ऊँटवान 5. निढाल, थक कर चूर-चूर

चाँद निकला उफ़ुक़ के ग़ारों से[1]
आग सी लग गई दरख़्तों में
मेंह बरसा तो बर्गरेज़ों ने[2]
छेड़ दी बाँसुरी दरख़्तों में
ये हवा थी कि ध्यान का झोंका
किसने आवाज़ दी दरख़्तों में
हम इधर घर में हो गये बेचैन
दूर आँधी चली दरख़्तों में
लिये जाती है मौसमों की पुकार
अजनबी – अजनबी दरख़्तों में
कितनी आबादियाँ शहर से दूर
जाके देखो कभी दरख़्तों में
नीले पीले सफ़ेद लाल हरे
रंग देखो सभी दरख़्तों में
ख़ुश्बुओं की उदास शहज़ादी
रात मुझको मिली दरख़्तों में
देर तक उसकी तेज़ आँखों से
रोशनी सी रही दरख़्तों में
चलते – चलते डगर उजालों की
जाने क्यूँ मुड़ गई दरख़्तों में
सहमे – सहमे थे रात अहले – चमन
था कोई आदमी दरख़्तों में

(4)

दिल में और तो क्या रक्खा है
तेरा दर्द छुपा रक्खा है

(3) 1. क्षितिज की गुफ़ाओं से 2. पत्तों के टूटे टुकड़ों ने

इतने दुखों की तेज़ हवा में
दिल का दीप जला रक्खा है
धूप से चेहरों ने दुनिया में
क्या अंधेर मचा रक्खा है
इस नगरी के कुछ लोगों ने
दुख का नाम दवा रक्खा है
वादा - ए - यार की[1] बात न छेड़ो
ये धोखा भी खा रक्खा है
भूल भी जाओ बीती बातें
इन बातों में क्या रक्खा है
चुप-चुप क्यों रहते हो 'नासिर'
ये क्या रोग लगा रक्खा है

(5)

अपनी धुन में रहता हूँ
मैं भी तेरे जैसा हूँ
ओ पिछली रुत के साथी
अब के बरस मैं तन्हा हूँ
तेरी गली में सारा दिन
दुख के कंकर चुनता हूँ
मुझसे आँख मिलाये कौन
मैं तेरा आईना हूँ
मेरा दीया जलाये कौन
मैं तिरा ख़ाली कमरा हूँ
तेरे सिवा मुझे पहने कौन
मैं तिरे तन का कपड़ा हूँ

---

(4) 1. यार यानी प्रियतमा के वादे की

तू जीवन की भरी गली
मैं जंगल का रस्ता हूँ
आती रुत मुझे रोयेगी
जाती रुत का झोंका हूँ
अपनी लहर है अपना रोग
दरिया हूँ और प्यासा हूँ

(6)

वो साहिलों पे गाने वाले क्या हुए
वो कश्तियाँ चलाने वाले क्या हुए
वो सुबह आते आते रह गई कहाँ
जो काफ़िले थे आने वाले क्या हुए
मैं उनकी राह देखता हूँ रात भर
वो रोशनी दिखाने वाले क्या हुए
ये कौन लोग हैं मिरे इधर-उधर
वो दोस्ती निभाने वाले क्या हुए
वो दिल में खुभने वाली आँखें क्या हुईं
वो होंठ मुस्कुराने वाले क्या हुए
इमारतें तो जल के राख हो गईं
इमारतें बनाने वाले क्या हुए
अकेले घर से पूछती है बेबसी
तिरा दीया जलाने वाले क्या हुए
ये आप हम तो बोझ हैं ज़मीन के
ज़मीं का बोझ उठाने वाले क्या हुए

सरशार सिद्दीक़ी

(1926–2008)

मुझे गर इश्क़ का अरमान होता
तो घर में 'मीर' का दीवान होता
किसी तक़रीब का सामान होता
कि हमसाया मिरा मेहमान होता
तो फिर मैं किससे पाता वस्ल की दाद
जो तू भी कमसिनो - नादान होता
न होते फ़ासलों के शहर में हम
तो फिर मिलना बहुत आसान होता
अगर सब लोग होते मुझसे छोटे
तो मैं सबसे बड़ा इंसान होता
जिसे भी सौंप देते हम ख़ुदाई
वही फ़िरऔने - बेसामान[1] होता
हुए लौहो - क़लम[2] ईजाद, वर्ना
अभी तक आदमी हैवान होता
न अपनी ज़ात से बाहर निकलते
न अपनी ज़ात का इर्फ़ान[3] होता
तिरी महफ़िल में आकर सोचता हूँ
न आता तो बहुत नुक़सान होता
ख़ुदा पर, आदमी पर, या सनम पर
किसी पर तो तेरा ईमान होता

---

1. घमंडी, अत्याचारी और काफ़िर 2. तख़्ती और कलम 3. ज्ञान

अगर मैं भाग जाता ज़िंदगी से
तो गौतम की तरह निर्वान होता
लहू से ढालते खुर्शीद[4] कोई
तो शायद सुबह का इम्कान[5] होता
मैं अपने सामने आईना रखता
फिर अपने अक्स पर क़ुर्बान होता
जो मिलती रिज़्क के[6] धंधों से फ़ुर्सत
तो लिख मरने का कुछ इम्कान होता
जो मैं सच्ची ग़ज़ल लिखता, तो 'सरशार'
वही हर शे'र का उन्वान[7] होता

---

4. सूर्य 5. संतोष 6. रोज़मर्रा ज़िंदगी के 7. शीर्षक

इब्ने इंशा (शेर मोहम्मद ख़ाँ)

(1927–1978)

(1)

देख हमारे माथे पर यह दश्ते-तलब की[1] धूल मियाँ
हम से अजब तेरा दीद का नाता, देख हमें मत भूल मियाँ
अहले-वफ़ा से बात न करना, होगा तिरा उसूल मियाँ
हम क्यों छोड़ें उन गलियों के फेरों का मामूल[2] मियाँ
यूँ ही तो नहीं दश्त में पहुँचे, यूँ ही तो नहीं जोग लिया
बस्ती बस्ती काँटे देखे, जंगल जंगल फूल मियाँ
यह तो बताओ इश्क़ किया है? जग में हुए हो रुस्वा[3] भी?
इसके सिवा हम कुछ भी न पूछें, बाक़ी बात फ़ुज़ूल मियाँ
नसब करें महराबे-तमन्ना, दीदा-ओ-दिल को फ़र्श करें
सुनते हैं वो कूए-वफ़ा में आज करेंगे नुजूल[4] मियाँ
सुन तो लिया किसी नार की ख़ातिर काटा कोह[5], निकाली नहर
एक ज़रा से क़िस्से को अब देते क्यों हो तूल मियाँ
खेलने दें उन्हें इश्क़ की बाज़ी, खेलेंगे तो सीखेंगे
क़ैस की या फ़र्हाद की ख़ातिर खोलेंगे क्या इस्कूल मियाँ
अब तो हमें मंजूर है ये भी, शहर से निकलें, रुस्वा हों
तुझको देखा, बातें कर लीं, मेहनत हुई वसूल मियाँ
इंशाजी क्या उज्र है तुमको, नक़दे-दिलो-जाँ नज्र करो[6]
रूपनगर के नाके पर यह लगता है महसूल मियाँ

---

(1) 1. याचना का ज .त 2. दस्तूर 3. बदनाम 4. आना, रुकना 5. पहाड़ 6. दिल और जा‌न की दौलत भेंट करो

(2)

झुकी झुकी पलकों के नीचे नमनाकी[1] का नाम न था
ये काँटा जो हमें चुभा है, काश तुझे भी चुभता चाँद
रोशनियों की पीली किरचें, पूरब-पच्छिम फैल गईं
तूने किस शै[2] के धोखे में पत्थर पर दे पटका चाँद
हमने तो दोनों को देखा, दोनों ही बेदर्द कठोर
धरती वाला, अम्बर वाला, पहला चाँद और दूजा चाँद
चाँद किसी का हो नहीं सकता, चाँद किसी का होता है
चाँद की ख़ातिर ज़िद नहीं करते, ऐ मेरे अच्छे इंशा चाँद

(2) 1. आर्द्रता, गीलापन 2. चीज़, वस्तु

फ़रीद जावेद

(1927–1977)

(1)

आज सुकूँ में ढल गया, दिल का तमाम इज़्तिराब[1]
तिश्ना लबी[2] के बावजूद, अब नहीं ख़्वाहिशे-शराब
जामो-सुबू[3] का खेल था, कैसे सँभालता शबाब
कोशिशे-एहतियात से और छलक गई शराब
कश्मकशे-हयात से[4] ये भी हुआ कि बारहा[5]
उनके पयामे-नाज़ का[6] बन न पड़ा कोई जवाब
नक़्शो-निगारे-आरज़ू[7], कोई फरेबे - नौ[8] नहीं
भूल गया हूँ देखकर ऐसे कई हसीन ख़्वाब
जलवा फ़िशाँ था आफ़ताब[9], आपका इंतज़ार था
आपका इंतज़ार है, डूब रहा है आफ़ताब

(2)

ग़मे - मंज़िल[1] न रहा हो जैसे
क़ाफ़िला ठहर गया हो जैसे
इस तरह भूलते जाते हैं तुझे
सिलसिला टूट चला हो जैसे
दिल से आवाज़ तो आती है, मगर
कोई दरमाँदा सदा[2] हो जैसे

---

(1) 1. बेचैनी 2. प्यास 3. जाम और घड़ा 4. जीवन-संघर्ष से 5. बार-बार, अक्सर 6. घमंड भरे सन्देश का 7. ख़्वाहिशों के हसीन सपने 8. नया धोखा 9. सूरज चमक रहा था (2) 1. मंज़िल का ग़म 2. बेसहारा आवाज़

अब तो मंज़िल ही नहीं है कोई
घर कहीं छूट गया हो जैसे
बहका बहका सा है अंदाज़े - ख़याल
याद कुछ भी न रहा हो जैसे
दिल के सँभले हुए अंदाज़ में भी
बहकी बहकी सी अदा हो जैसे
दुख तो पहले भी बहुत थे लेकिन
आज कुछ दर्द नया हो जैसे
सुबह होते ही सँभल जाते हैं
रात को दिल न दुखा हो जैसे

(3)

भोर सुहानी मधुर हवा है
मन है मगन, जग जाग रहा है
नई है धरती, गगन नया है
मैंने फिर से जनम लिया है
आज मिरे जीवन आँगन में
छिटके हैं तारे, चाँद उतरा है
सरस्वती की छाँव है मुझ पर
भाग्य में मेरे सुन्दरता है
जगमग जगमग दीप जले हैं
पग पग जीवन उजियारा है
समय की ये रचना है सारी
समय है किरपा, समय दया है

सर्वेश्वर दयाल सक्सेना

(1927–1983)

(1)

अपना दुश्मन ही सही, आपने कुछ माना तो
फेर ली आँख तो क्या, आपने पहचाना तो
कोई रिश्ता न सही, फिर भी य' रिश्ता तो है
ख़ाली रक्खा है मेरे नाम का पैमाना तो
कौन कहता है, मुझे आपसे कुछ भी न मिला
ठोकरों ने ही सिखाया है सँभल जाना तो
याद आये न सही जलता गुलिस्ताँ मेरा
याद आयेगा परिंदों का गुज़र जाना तो
नाम मेरा कभी भूले भी न लोगे, माना
लेकिन अपनों को सुनाओगे ये फ़साना तो
हम तो कुछ आपसे कहने के क़ाबिल न रहे
पर सुनोगे तो, अगर कुछ कहे ज़माना तो
तेरी नफ़रत में अभी इतनी क़शिश बाक़ी है
लम्हे लम्हे को पुकारे है चले जाना तो
मेरे क़दमों के निशाँ आप ही मिट जायेंगे
अपने दिल से जो मिटा लो मेरा ठिकाना, तो

(2)

कुछ देर ज़रा बैठो, दिल का मौसम ये बदल तो जाने दो
फूलों को उठा लेने दो सिर, तारों को निकल तो आने दो
देखो तो ज़रा इस मोड़ पे' ही, ये कितना पुराना पेड़ गिरा
बाक़ी है फ़साना उसका अभी, पूरा तो उसे हो जाने दो
आँधी आई, पानी बरसा, बादल गरजे, बिजलियाँ गिरीं
ये किसकी इनायत थी मुझपर, इतना तो समझ में आने दो

अहमद हम्दानी

(1927–मृत्यु : अज्ञात)

(1)

ये वफ़ाएँ सारे धोके, फिर ये धोके भी कहाँ
चंद दिन की बात है, फिर लोग हम से भी कहाँ
तुमको आना था न आये, वक़्त लेकिन कट गया
मुज़्महिल[1] होते हो क्यों, हम रात सोये भी कहाँ
पेड़ ये सूखे हुए, कुछ ये ज़मीं तपती हुई
चलते चलते आज ठहरे हम, तो ठहरे भी कहाँ
आज तो वो देर तक बैठे रहे ख़ामोश से
रफ़्ता – रफ़्ता बिन कहे हालात पहुँचे भी कहाँ
चंद यादें, चंद आँसू, चंद शिकवे और उम्र
इश्क़ तो था किया, पर अब ये सलीक़े भी कहाँ
दिल लहू होता था, यारो, बात ये आसाँ नहीं
लहज़ा लहज़ा रोते गुज़री, और रोये भी कहाँ

(2)

न आरज़ू न तमन्ना, कहाँ चले आये
थकन से दूर, ये तन्हा कहाँ चले आये
रुकी रुकी सी हवाएँ, घुटा घुटा माहौल
ये रात रात अँधेरा, कहाँ चले आये
घरोंदा एक बनाया था हमने ख़्वाबों का
गिरा के ख़ुद वो घरोंदा, कहाँ चले आये
यहाँ तो दिल को भी दुखना न आ सके शायद
यहाँ का दर्द भी झूठा, कहाँ चले आये
कि इक चिराग़ सा जलता है आज भी ये दिल
अरे, हवा का ये झोंका, कहाँ चले आये

---

(1) 1. परेशान, दुखी

हबीब जालिब

(1928–1993)

(1)

शे'र से, शायरी से डरते हैं
कम नज़र रौशनी से डरते हैं
लोग डरते हैं दुश्मनी से तेरी
हम तेरी दोस्ती से डरते हैं
दहर में आहे - बेकसाँ के सिवा[1]
और हम कब किसी से डरते हैं
हमको ग़ैरों से डर नहीं लगता
अपने अहबाब[2] ही से डरते हैं
दावरे - हश्र बख़्श दे शायद[3]
हाँ, मगर मौलवी से डरते हैं
रूठता है तो रूठ जाये जहाँ
उनकी हम बेरुख़ी से डरते हैं
हर क़दम पर हैं मुहतसिब[4] 'जालिब'
अब तो हम चाँदनी से डरते हैं

(1) 1. अपने युग में मजबूरों की आह के सिवा 2. मित्र, सगे 3. कयामत के वक्त इन्साफ़ करने वाला अर्थात् ईश्वर शायद माफ़ कर दे 4. निगरानी रखने, डंडा खड़काने वाले

(2)

बहुत मैंने सुनी है आपकी तक़रीर मौलाना
मगर बदली नहीं अब तक मिरी तक़दीर, मौलाना
खुदारा शुकर की तलक़ीन[1] अपने पास ही रक्खें
ये लगती है मेरे सीने पे' बन के तीर, मौलाना
नहीं मैं बोल सकता झूठ इस दर्जा ढिठाई से
यही है जुर्म मेरा और यही तक़सीर[2], मौलाना
ज़मीनें हों वडेरों की, मशीनें हों लुटेरों की
ख़ुदा ने लिख के दी है ये तुम्हें तहरीर, मौलाना
करोड़ों क्यों नहीं मिल कर फ़िलिस्तीं के लिए लड़ते
दुआ से ही फ़क़त कटती नहीं ज़ंजीर मौलाना

---

(2) 1. खुदा के वास्ते नसीहत 2. दोष, खराबी

नरेश कुमार 'शाद'

(1928–1969)

(1)

एक धोखा है ये सब रंग, सबेरा क्या है
ये उजाला है उजाला, तो अँधेरा क्या है
तू मिरे ग़म में न हँसती हुई आँखों को रुला
मैं तो मर मर के भी जी सकता हूँ, मेरा क्या है
ज़र्रे - ज़र्रे में धड़कती है कोई शै जैसे
तेरी नज़रों ने फ़ज़ाओं में बखेरा क्या है
दर-ओ-दुनिया की तड़प दिल में मिरे रहने दे
तू तो आँखों में भी रह सकती है, तेरा क्या है
तंग है 'शाद', मेरे ज़ौक़ की वुसअत[1] के लिए
हल्क़-ए-ज़ुल्फ़ है, आफ़ाक़ का घेरा[2] क्या है

(2)

डूब कर पार उतर गये हैं हम
लोग समझे कि मर गये हैं हम
ऐ ग़मे - दहर[1] तिरा क्या होगा
ये अगर सच है मर गये हैं हम
ख़ैर मक़दम किया हवादिस ने[2]
ज़िंदगी में जिधर गये हैं हम
या बिगड़ कर उजड़ गये हैं लोग
या बिगड़ कर सँवर गये हैं हम

---

(1) 1. आनन्द का विस्तार या फैलाव 2. संसार का घेरा (2) 1. वक्त या समय के दुख
2. दुर्घटनाओं ने स्वागत किया

हाय क्या शै है नश्श-ए-मै भी
फ़र्श से अर्श पर गये हैं हम
आर्ज़ूओं की आग में तप कर
और भी कुछ निखर गये हैं हम
जब भी हमको किया गया महबूस[3]
मिस्ले – नकहत[4] बिखर गये हैं हम
शादमानी[5] के रंगमहलों में
'शाद' बा चश्मेतर[6] गये हैं हम

(3)

फिर इस दुनिया से उम्मीदे-वफ़ा है
तुझे ऐ ज़िंदगी क्या हो गया है
बड़ी ज़ालिम, निहायत बे वफ़ा है
ये दुनिया फिर भी कितनी ख़ुशनुमा है
कोई देखे तो बज़्मे-ज़िंदगी में
उजालों ने अँधेरा कर दिया है
ख़ुदा से लोग भी ख़ालिफ़[1] कभी थे
मगर लोगों से अब ख़ालिफ़ ख़ुदा है
मज़े पूछो कुछ उससे ज़िंदगी के
हवादिस में जिसे जीना पड़ा है
मिरे पहलू में दिल है तो यक़ीनन
अज़ल[2] से ही मगर टूटा हुआ है
ज़बानो-फ़न से मैं वाक़िफ़ नहीं हूँ
मगर वज्दान[3] मेरा रहनुमा है
मिरे नक़्क़ाद[4], मेरी शायरी तो
मिरे टूटे हुए दिल की सदा है
कहाँ हूँ 'शाद', मैं तो शाद सा हूँ
वो शादे – ख़ुशनवा तो मर चुका है

---

(2) 3. कैद, बंदी 4. खुश्बू की तरह 5. खुशियों के 6. रोते हुए (3) 1. f छड़े हुए
2. अनादि काल से 3. काव्य-विवेक 4. आलोचक

ज़ेब ग़ौरी

(1928–1985)

(1)

आलम से फ़ुज़ूँ[1] तेरा आलम नज़र आता है
हर हुस्न मुक़ाबिल में कुछ कम नज़र आता है
चमका है मुक़द्दर क्या इस तीरा नसीबी का[2]
सूरज भी शबे-ग़म का पर्चम नज़र आता है
है तेरी तमन्ना का बस एक भरम क़ायम
अब वर्ना मिरे दिल में क्या दम नज़र आता है
तन्हा नहीं रह पाता सहरा में भी दीवाना
जब ख़ाक उड़ाता है, आलम नज़र आता है
ऐ 'ज़ेब' मुझे तेरी तख़ईल की मौजों में[3]
हुशियारी ओ मस्ती का संगम नज़र आता है

(2)

अक्से-फ़लक पर आईना है रौशन अब्र ज़ख़ीरों[1] का
गर्मे-सफ़र है क़ाज़े-क़ाफ़िला[2] सैले-रवाँ है तीरों का[3]
कटे हुए खेतों की मुँडेरों पर अबरक की जंगारी[4]
थकी हुई मिट्टी के सहारे ढेर लगा है हीरों का
तेज़ क़लम किरनों ने बनाये हैं क्या-क्या हैरत पैकर[5]
झील के ठहरे हुए पानी पर नक़्श उतरा तस्वीरों का
क्या कुछ दिल की ख़ाकिस्तर पर[6] लिख के गई है मौजे-हवा
पढ़ने वाला कोई नहीं है इन मिटती तहरीरों का[7]
रेगे-नफ़स[8] का ज़ायका मुँह में, गर्दे-माहो-साल आँखों में
मैं हूँ 'ज़ेब' और चारों तरफ़ इक सहरा है ताबीरों का[9]

---

(1) 1. बढ़ कर, बहुत ज़्यादा 2. अंधी किस्मत, बदकिस्मती 3. कल्पना की तरंगों में
(2) 1. मेघ-समूहों का 2. काफ़िले का हंस 3. बाणों की बाढ़ 4. अबरक के जैसा रंग 5. शक्लें, आकृतिय. 6. राख पर 7. लिखावटों, मज़मूनों 8. लम्हों यानी पलों की रेत 9. स्वप्नफलों के रेगिस्तान का

रघुवीर सहाय

(1929–1990)

(1)

कुछ बात नहीं बनती है, जब कुछ बात बनाई जाती है
गिन गिन तारों के दीप, मिलन की रात मनाई जाती है
निखरी शय्या पर की हर एक कली खिल कर बिखरी पड़ती
मेरे दुख पर मुस्का मुस्का कर वह मुरझाई जाती है
चलते-चलते जग से, प्राणी फिर कर पीछे देखा करता
जो दिन सपनों में देखे थे उनकी स्मृति आई जाती है
सच है मुझको आशाएँ थीं, मन में थे कुछ अरमान बड़े
पर यह भी सच है आशा बस आशा कहलाई जाती है
मेरा पागलपन है अपने मन की बातों को कह देना
प्राणों में बल खाती पीड़ा चुपचाप भुलाई जाती है

(2)

तुम्हारे हृदय में हृदय बन रहूँगा
तुम्हारे हृदय से हृदय की कहूँगा
सुना है तुम्हारे हृदय में अनल है
हुआ भी करे, मैं ख़ुशी से दहूँगा
निखिल विश्व से आज आँखें चुरा कर
तुम्हारे नयन के निशाने सहूँगा
मुझे याद करता जगत है निरन्तर
उसे याद अपनी भुलाकर रहूँगा
नहीं सुन सका जग, न समझा जिसे वह
वही सुख कथा आज तुमसे कहूँगा
छिपा लो मुझे, सत्य आता उमड़ता
नहीं, इस लहर में नहीं मैं बहूँगा

जावेद कमाल (वाजिद अली ख़ाँ)*

(1930–1978)

(1)

हर गली कूचे में उफ़्ताद[1] पड़ी हो जैसे
ज़िंदगी मौत की राहों में खड़ी हो जैसे
सहमे सहमे से अजब तरह खड़े हैं कुछ लोग
सर पे साये की जगह धूप कड़ी हो जैसे
वक़्त वो आन पड़ा है कि गुमाँ[2] होता है
हर घड़ी रोज़े-क़यामत की घड़ी हो जैसे
अब तो महसूस ये होता है कि इंसाँ के सिवा
और हर चीज़ ज़माने की बड़ी हो जैसे

(2)

ढल चुकी रात मुलाक़ात कहाँ, सो जाओ
सो गया सारा जहाँ सारा जहाँ, सो जाओ
सो गये वहमो - गुमाँ[1] वहमो - गुमाँ, सो जाओ
सो गया दर्दे - निहाँ दर्दे - निहाँ, सो जाओ
कब तलक दीद-ए-नम[2], दीद-ए-नम, दीद-ए-नम
कब तलक आहो - फ़ुग़ाँ[3] आहो - फ़ुग़ाँ, सो जाओ
आह अब टूट चला टूट चला टूट चला
आह ये रिश्त -ए- जाँ[4] रिश्त -ए- जाँ, सो जाओ
उठ चले दिल के मकीं[5], दिल के मकीं, दिल के मकीं
लुट गया सारा मकाँ[6] सारा मकाँ, सो जाओ

---

* (जावेद कमाल साहब पैदा रामपुर में हुए, ज़्यादातर ज़िंदगी अलीगढ़ में गुज़री और आखिरी साँस दिल्ली में एक अस्पताल में ली)

(1) 1. मुसीबत 2. अन्दाज़ा (2) 1. सन्देह और अंदेशे 2. गीली आँखें 3. रोना-धोना 4. जीवन की डोर 5. दिल में रहने वाले 6. मकान

(3)

तुम से देखे न गये, हमसे दिखाए न गये
हाय वो ज़ख्म जो इस दिल से छुपाये न गये
कर लिया यूँ तो हर इक रंज गवारा लेकिन
आज तक दिल से तेरी याद के साये न गये
हमने चाहा भी नहीं, हमने भुलाया भी नहीं
दिल ने चाहा भी मगर दिल से भुलाये न गये
राह दर राह निकलती गई कूचे से तेरे
वर्ना इस राह पे हम आप से आये न गये
नक़्शे-पा[1] बनके जहाँ मिट भी गया नक़्शे-उम्मीद[2]
हम उसी राह पे बैठे हैं उठाये न गये

(4)

आप अपने को रू-ब-रू[1] करते
शर्म आती है अपनी ख़ू[2] करते
दामने - दिल ही चाक चाक रहा
चाक दामाँ[3] को क्या रफ़ू करते
ज़िंदगी, तेरी ज़िंदगी के लिए
उम्र गुज़री है आर्ज़ू करते
वक़्त आया था अब की फ़ुर्सत से
बैठ कर दिल की गुफ़्तगू करते
कुछ तग़ज़्ज़ुल[4] की ढूँढते राहें
कुछ मज़ामीं[5] को जुस्तजू[6] करते
हम भी इन शायरों के हल्क़े में
आज अपने को सुर्ख़रू करते[7]

---

(3) 1. पद-चिह्न 2. आशा की किरण (4) 1. आमना-सामना 2. प्रशंसा 3. फटा हुआ दामन 4. ग़ज़ल कहने की 5. विषय 6. खोज 7. प्रशंसा पाते

राजनारायण 'राज़'

(1930–1998)

(1)

बाहम[1] सुलूके-ख़ास[2] का इक सिलसिला भी है
इक शख़्स साथ साथ है, लेकिन जुदा भी है
बर्गे – ख़िज़ाँ की ज़र्द सी तहरीर है[3] मगर
दस्ते – शफ़क़[4] में फूल सुनहरा खिला भी है
पानी में इक चिराग़ की लौ नम, गुदाज़, सुर्ख़
पानी में कोई अक्स अजब ज़र्द सा भी है
इक नश्शा, ख़्वाब, धूप, शफ़क़, चाँदनी, सराब[5]
खिड़की गुमाँ की, सामने मंज़र नया भी है
आओ बनायें किश्तियाँ काग़ज़ की चल के 'राज़'
पुर्वा चली है, झूम के बादल उठा भी है

(2)

क्या बात थी कि जो भी सुना, अनसुना हुआ
दिल के नगर में शोर है कैसा मचा हुआ
सोया था एक पल को, कि दुनिया बदल गई
उट्ठा तो सोचता हूँ, ये दुनिया को क्या हुआ
क्या जाने क्या सवाल था जिसके जवाब में
हर शख़्स देखता था मुझे घूरता हुआ
इक साया कल मिला था, तिरे घर के आसपास
हैरान, खोया खोया सा, कुछ सोचता हुआ
तुम छुप गये थे जिस्म की दीवार के परे
इक शख़्स फिर रहा था तुम्हें ढूँढता हुआ
भटका हुआ ख़याल हूँ वादी में ज़ेहन की
अल्फ़ाज़ के नगर का पता पूछता हुआ

---

(1) 1. परस्पर, आपस में 2. विशिष्ट व्यवहार 3. पतझड़ के पत्तों की पीली यानी बदरंग सी लिखावट 4. भोर या शाम की लालिमा 5. छलावा, मृग-मरीचिका

मुस्तफ़ा ज़ैदी

(1930–1970)

(1)

किसी और ग़म में इतनी ख़लिश निहाँ नहीं है[1]
ग़मे-दिल, मेरे रफ़ीक़ो, ग़मे-रायगाँ[2] नहीं है
कोई हमनफ़स[3] नहीं है, कोई राज़दाँ नहीं है
फक़त एक दिल था अब तक, सो वो मिहर्बां नहीं है
मिरी रूह की हक़ीक़त मेरे आँसुओं से पूछो
मिरा मजलिसी तबस्सुम[4], मेरा तर्जुमाँ नहीं है
किसी आँख को सदा दो, किसी ज़ुल्फ़ को पुकारो
बड़ी धूप पड़ रही है, कोई सायबाँ नहीं है
इन्हीं पत्थरों पे चलकर अगर आ सको तो आओ
मेरे घर के रास्ते में कोई कहकशाँ[5] नहीं है

(2)

जिस दिन से अपना तर्ज़े - फ़क़ीराना छुट गया
शाही तो मिल गई, दिले - शाहाना छुट गया
कोई तो ग़मगुसार था, कोई तो दोस्त था
अब किसके पास जायें कि वीराना छुट गया
दुनिया तमाम छुट गई पैमाने के लिए
वो मैकदे में आए तो पैमाना छुट गया
क्या तेज़ पा[1] थे दिन की तमाज़त[2] के क़ाफ़िले
हाथों से रिश्तए - शबे - अफ़साना[3] छुट गया

---

(1) 1. इतनी टीस छिपी नहीं है 2. व्यर्थ का दुख 3. अंतरंग 4. सार्वजनिक मुस्कान 5. आकाशगंगा (2) 1. तेज़ चलने वाले 2. धूप की तपन से बेपरवाह 3. कहानियों वाली रातों का रिश्ता

ऐसे सनम फ़रोश[4] भी थे जिनके अहद[5] में
काबा क़रीब आ गया, बुतख़ाना छुट गया
इक दिन हिसाब होगा कि दुनिया के वास्ते
किन साहिबों का मस्लके-रिंदाना[6] छुट गया

(3)

नगर नगर मेले को गये, कौन सुनेगा तेरी पुकार
ऐ दिल, ऐ दीवाने दिल, दीवारों से सिर दे मार
रूह के इस वीराने में, तेरी याद ही सब कुछ थी
आज तो वो भी यूँ गुज़री, जैसे ग़रीबों का त्योहार
पल पल सदियाँ बीत गईं, जाने किस दिन बदलेगी
एक तेरी आहिस्तारवी[1], एक ज़माने की रफ़्तार
पिछली फ़सल में जितने भी अहले-जुनूँ थे, काम आये
कौन सजायेगा तेरी मश्क़ का सामाँ[2] अबकी बार
सुबह के निकले दीवाने अब क्या लौट के आयेंगे
डूब चला है शहर में दिन, फैल चला है साय-ए-दार[3]

(4)

वो अहद[1], अहद ही क्या है, जिसे निभाओ भी
हमारे वादा-ए-उल्फ़त[2] को भूल जाओ भी
भला, कहाँ के हम ऐसे गुमान वाले हैं
हज़ार बार हम आएँ, हमें भुलाओ भी
बिगड़ चला है बहुत रस्मे-ख़ुदकुशी[3] का चलन
डराने वालो, किसी रोज़ कर दिखाओ भी
नहीं कि अर्ज़े - तमन्ना[4] पे' मान ही जाओ
हमें उस अहदे - तमन्ना[5] में आज़माओ भी
फ़ुग़ाँ[6] कि क़िस्सा-ए-दिल सुन के लोग कहते हैं
ये कौन सी नयी उफ़्ताद[7] है, हटाओ भी
तुम्हारी नींद में डूबी हुई नज़र की क़सम
हमें यह ज़िद है कि जागो भी और जगाओ भी

---

(2) 4. मूर्तियों या बुतों के सौदागर 5. वक्त या दौर 6. ढालने या पीने का तरीका (3) 1. धीमी चाल 2. अभ्यास का सामान 3. सूली की परछाईं (4) 1. वचन, प्रतिज्ञा 2. प्रेम का वादा 3. आत्महत्या की रस्म 4. अभिलाषा की प्रार्थना 5. अभिलाषा का वचन 6. आर्तनाद 7. मुसीबत

मज़हर इमाम

(1930–2012)

(1)

काश, अब अपनी तमन्ना का ख़ुदा हो जाऊँ
वो हमागोश[1] है, बे सोतो-सदा[2] हो जाऊँ
ख़ाक अपनी मैं उड़ाता फिरूँ साहिल साहिल
तेरे दरियाओं से गुज़रूँ तो हवा हो जाऊँ
तू वो दौलत, कि जिसे ख़र्च न होना आया
मैं हूँ इक क़र्ज़, अगर तुझसे अदा हो जाऊँ
इस दोराहे पे खड़ा सोच रहा हूँ कब से
तुझसे बिछडूँ कि ज़माने से जुदा हो जाऊँ
उससे पहली-सी इनायत की तवक़्क़ो[3] न रखूँ
अपनी सहराओं पे ख़ुद बरसूँ, घटा हो जाऊँ

---

(1) 1. सारे जिस्म से सुनना 2. बे आवाज़ 3. उम्मीद

हिमायत अली शायर

(1930–मृत्यु : अज्ञात)

(1)

जब तक ज़मीं पे रेंगते साये रहेंगे हम
सूरज का बोझ सर पे उठाये रहेंगे हम
खुल कर बरस ही जाएँ, कि ठंडी हो दिल की आग
कब तक ख़ला में[1] पाँव जमाये रहेंगे हम
झाँकेगा आईनों से कोई और जब तलक
हाथों में संगो - ख़िश्त[2] उठाये रहेंगे हम
इक नक़्शे - पा[3] की तरह सही, इस ज़मीन पर
अपनी भी एक राह बनाये रहेंगे हम
जब तक न शाख़ शाख़ के सिर पर हो ताजे-गुल[4]
काँटों का ताज सिर पे सजाये रहेंगे हम

(2)

उसके ग़म को, ग़मे-हस्ती तो मेरे दिल न बना
ज़ीस्त[1] मुश्किल है, इसे और भी मुश्किल न बना
तू भी महदूद[2] न हो, मुझको भी महदूद न कर
अपने नक़्शे-कफ़े-पा[3] को मिरी मंज़िल न बना
और बढ़ जायेगी विरानि-ए-दिल, जाने-जहाँ
मेरी ख़ल्वत-गहे-ख़ामोश को[4] महफ़िल न बना

---

(1) 1. अंतरिक्ष में 2. पत्थर 3. पद-चिह्न 4. फूलों का ताज (2) 1. ज़िंदगी 2. सीमित, संकुचित 3. पाँवों के तलवों के निशान 4. एकांत चिंतन-स्थल

दिल के हर खेल में होता है बहुत जाँ का ज़िआँ[5]
इश्क़ को इश्क़ समझ, मश्ग़ला-ए-दिल[6] न बना
फिर मिरी आस बँधा कर मुझे मायूस न कर
हासिले-ग़म को ख़ुदारा ग़मे-हासिल न बना[7]

(3)

हर क़दम पर नित नये साँचे में ढल जाते हैं लोग
देखते ही देखते, कितने बदल जाते हैं लोग
किसलिए कीजे किसी गुमगश्ता जन्नत[1] की तलाश
जबकि मिट्टी के खिलौनों से बहल जाते हैं लोग
कितने सादा दिल हैं अब भी, सुनके आवाज़े-जरस[2]
पेशो-पस से बेख़बर, घर से निकल जाते हैं लोग
अपने साये साये सिर न्योढ़ाये, अहिस्ता ख़राम[3]
जाने किस मंज़िल की जानिब[4] आजकल जाते हैं लोग
शमा के मानिंद अहले-अंजुमन से बे नियाज़[5]
अक्सर अपनी आग में चुपचाप जल जाते हैं लोग
'शायर', उनकी दोस्ती का अब भी दम भरते हैं आप
ठोकरें खाकर तो, सुनते हैं, सँभल जाते हैं लोग

---

(2) 5. दिल का नुकसान 6. दिल का मामला 7. ईश्वर के लिए, गम या दुख के परिणाम को परिणाम के बतौर मिला दुख न बना, अर्थात् यह न कह कि मेरी किस्मत में ही दुख है (3) 1. लापता स्वर्ग 2. घंटियों की आवाज़ 3. धीरे-धीरे 4. तरफ़, ओर 5. महफ़िल में बैठे लोगों से बेपरवाह शमा की भाँति

अहमद फ़राज़

(1931–2008)

(1)

दुख फ़साना नहीं, कि तुझसे कहें
दिल भी माना नहीं, कि तुझसे कहें
आज तक अपनी बेकली का सबब[1]
ख़ुद भी जाना नहीं, कि तुझसे कहें
बेतरह हाले - दिल है, और तुझसे
दोस्ताना नहीं, कि तुझसे कहें
एक तू हर्फ़ आश्ना[2] था, मगर
अब ज़माना नहीं, कि तुझसे कहें
क़ाफ़ला हम फ़क़ीर लोगों का
इक ठिकाना नहीं, कि तुझसे कहें
ऐ ख़ुदा, दर्दे-दिल है बख़्शिशे-दोस्त
आबो - दाना[3] नहीं, कि तुझसे कहें
अब तो अपना भी उस गली में 'फ़राज़'
आना जाना नहीं, कि तुझसे कहें

(2)

चलो, उसी से कहें दिल का हाल, जो भी हो
वो चारागर[1] तो है, उसको ख़याल, जो भी हो
उसी के दर्द से मिलते हैं सिलसिले जाँ के
उसी के नाम लगा दो मलाल[2], जो भी हो

---

(1) 1. कारण 2. जाना-पहचाना अक्षर 3. अन्न-जल (2) 1. इलाज करने वाला 2. पछतावा

मरे न हार के हम क़ैसो-कोहकन की तरह[3]
अब आशिक़ी में हमारी मिसाल जो भी हो
यह रहगुज़र पे जो शमएँ दमकती जाती हैं
उसी का क़ामते-ज़ेबा[4] है, चाल जो भी हो
'फ़राज़' उसने वफ़ा की, कि बेवफ़ाई की
जो - अबदा[5] तो हम ही हैं, सवाल जो भी हो

(3)

क़ुर्बत[1] भी नहीं, दिल से उतर भी नहीं जाता
वो शख़्स कोई फ़ैसला कर भी नहीं जाता
आँखें हैं कि ख़ाली नहीं रहती हैं लहू से
और ज़ख्मे-जुदाई है कि भर भी नहीं जाता
वो राहते-जाँ है, मगर इस दरबदरी में
ऐसा है कि अब ध्यान उधर भी नहीं जाता
हम दोहरी अज़ीयत[2] के गिरफ़्तार मुसाफ़िर
पाँवों में हैं शल[3], शौक़े-सफ़र भी नहीं जाता
दिल को तेरी चाहत पे भरोसा भी बहुत है
और तुझसे बिछड़ जाने का डर भी नहीं जाता
पागल हुए जाते हो 'फ़राज़', उससे मिले क्या
इतनी सी ख़ुशी से कोई मर भी नहीं जाता

(4)

दिल गिरफ़्ता ही सही, बज़्म[1] सजा ली जाए
यादे - जानाँ से कोई शाम न ख़ाली जाए
रफ़्ता रफ़्ता यही ज़िंदाँ[2] में बदल जाते हैं
अब किसी शहर की बुनियाद न डाली जाए

---

(2) 3. मजनूं और फर्हाद की तरह 4. फबीली कद-काठी 5. इच्छा-द्वीप (3) 1. क्लेश, दुख 2. तकलीफ़ 3. पत्थर (4) 1. महफ़िल 2. क़ैदखाने में

वह मुरौवत से मिला है तो झुका दूँ गर्दन
मेरे दुश्मन का कोई वार न ख़ाली जाए
बेनवा[3] शहर का साया है मेरे दिल पे 'फ़राज़'
किस तरह से मेरी आशुफ़्ता ख़याली[4] जाए

(5)

अबके हम बिछुड़े तो शायद कभी ख़्वाबों में मिलें
जिस तरह सूखे हुए फूल किताबों में मिलें
ढूँढा उजड़े हुए लोगों में वफ़ा के मोती
ये ख़ज़ाने तुझे मुमकिन है ख़राबों में मिलें
ग़मे - दुनिया में ग़मे - यार भी शामिल कर लो
नश्शा बढ़ता है, शराबें जो शराबों में मिलें
तू ख़ुदा है, न मिरा इश्क़ फ़रिश्तों जैसा
दोनों इंसाँ हैं तो क्यों इतने हिजाबों[1] में मिलें
अब न वह मैं, न वह तू है, न वह माज़ी[2] है 'फ़राज़'
जैसे दो साये तमन्ना के सराबों[3] में मिले

---

(4) 3. बेवफा 4. घटिया या मिथ्या कल्पना (5) 1. पर्दों में 2. गुज़रा ज़माना 3. इच्छाओं के छलावों में

अतहर नफ़ीस

(1932–1980)

(1)

सुकूते-शब से[1] इक नग़मा सुना है
वही कानों में अब तक गूँजता है
ग़नीमत है कि अपने ग़मज़दों[2] को
वो हुस्ने-ख़ुद निगर[3] पहचानता है
जिसे खोकर बहुत मग़मूम[4] हूँ मैं
सुना है, उसका ग़म मुझसे सिवा है
कुछ ऐसे ग़म भी हैं जिनसे अभी तक
दिले - ग़म आश्ना[5], ना आश्ना है
बहुत छोटे हैं मुझसे मेरे दुश्मन
जो मेरा दोस्त है मुझसे बड़ा है
मुझे हर आन कुछ बनना पड़ेगा
मेरी हर साँस मेरी इब्तिदा[6] है

(2)

लम्हों के अज़ाब[1] सह रहा हूँ
मैं अपने वुजूद की सज़ा हूँ
ज़ख्मों के गुलाब खिल रहे हैं
ख़ुशबू के हुजूम में खड़ा हूँ

---

(1) 1. रात के सन्नाटे से 2. दुखीजनों को 3. मतलबपरस्त प्रेमिका 4. दुखी 5. दुखी मन 6. शुरुआत (2) 1. दुख, वेदना

इस दश्ते-तलब में[2] एक मैं भी
सदियों की थकी हुई सदा हूँ
इस शहरे - तरब के[3] शोरोगुल में
तस्वीरे - सुकूत[4] बन गया हूँ
बे नामो - नुमूद[5] ज़िंदगी का
इक बोझ उठाये फिर रहा हूँ
शायद न रिहाई मिल सके अब
यादों का असीर[6] हो गया हूँ
इक ऐसा चमन है जिसकी ख़ुश्बू
साँसों में बसाये फिर रहा हूँ
इक ऐसी ज़मीं है जिसको छूकर
तक़दीसे - हरम[7] से आश्ना हूँ
इक ऐसी गली है जिसके ख़ातिर
दर्मांदाए - कू - ब - कू रहा हूँ[8]
ऐ मुझको फ़रेब देने वाले
मैं तुझ पर यक़ीन कर चुका हूँ
मैं तेरे क़रीब आते आते
कुछ और भी दूर हो गया हूँ

---

(2) 2. इच्छाओं के जंगल में 3. आनंदित शहर 4. खामोशी की तस्वीर 5. अर्थहीन जीवन 6. कैदी, बंदी 7. मन्दिर की पवित्रता 8. गली गली में दुखी हुआ हूँ

मीनाकुमारी

(1932–1972)

(1)

चाँद तन्हा है, आस्माँ तन्हा
दिल मिला है कहाँ कहाँ तन्हा
बुझ गई आस, छुप गया तारा
थरथराता रहा धुआँ तन्हा
ज़िंदगी क्या इसी को कहते हैं
जिस्म तन्हा है और जाँ तन्हा
हमसफ़र कोई 'गर मिले भी कहीं
दोनों चलते रहे यहाँ तन्हा
जलती बुझती सी रौशनी के परे
सिमटा सिमटा सा इक मकाँ तन्हा
राह देखा करेगा सदियों तक
छोड़ जायेंगे हम जहाँ तन्हा

(2)

आबला पा[1] कोई इस दश्त में[2] आया होगा
वर्ना आँधी में दीया किसने जलाया होगा
ज़र्रे - ज़र्रे पे जड़े होंगे कुँआरे सिजदे[3]
एक इक बुत को ख़ुदा उसने बनाया होगा
प्यास जलते हुए काँटों की बुझाई होगी
रिसते पानी को हथेली पे सजाया होगा
मिल गया होगा अगर कोई सुनहरी पत्थर
अपना टूटा हुआ दिल याद तो आया होगा
ख़ून के छींटे कहीं पूछ न लें रहरौ[4] से
किसने वीराने को गुलज़ार बनाया होगा

---

(2) 1. फफोलों वाले पैरों से 2. जंगल, वीराने में 3. आराधना में झुके हुए मस्तक 4. राहगीर, मुसाफ़िर

दुष्यंत कुमार

(1933–1975)

(1)

कहीं पे' धूप की चादर बिछाके बैठ गये
कहीं पे' शाम सिरहाने लगाके बैठ गये
जले जो रेत में तलवे तो हमने ये देखा
बहुत से लोग वहीं छटपटा के बैठ गये
खड़े हुए थे अलावों की आँच लेने को
सब अपनी अपनी हथेली जला के बैठ गये
दुकानदार तो मेले में लुट गये, यारो,
तमाशबीन दुकानें लगाके बैठ गये
लहूलुहान नज़ारों का ज़िक्र आया, तो
शरीफ़ लोग उठे, दूर जाके बैठ गये
ये सोच कर, कि दरख़्तों में छाँव होती है
यहाँ बबूल के साये में आके बैठ गये

(2)

य' सारा जिस्म झुककर बोझ से दुहरा हुआ होगा
मैं सजदे में नहीं था, आपको धोखा हुआ होगा
यहाँ तक आते आते सूख जाती हैं कई नदियाँ
मुझे मालूम है, पानी कहाँ ठहरा हुआ होगा
ग़ज़ब ये है कि अपनी मौत की आहट नहीं सुनते
वो सब के सब परीशाँ हैं, वहाँ पर क्या हुआ होगा
तुम्हारे शहर में ये शोर सुन सुन कर तो लगता है
कि इंसानों के जंगल में कोई हाँका हुआ होगा

कोई फ़ाक़े बिताकर मर गया, जो उसके बारे में
वो सब कहते हैं अब, ऐसा नहीं, ऐसा हुआ होगा
यहाँ तो सिर्फ़ गूँगे और बहरे लोग बसते हैं
ख़ुदा जाने यहाँ पर किस तरह जलसा हुआ होगा
चलो, अब यादगारों की अँधेरी कोठरी खोलें
कम अज़ कम एक वो चेहरा तो पहचाना हुआ होगा

(3)

नज़र – नवाज़ नज़ारा[1] बदल न जाय कहीं
ज़रा सी बात है, मुँह से निकल न जाय कहीं
वो देखते हैं तो लगता है नींव हिलती है
मेरे बयान को बंदिश निगल न जाय कहीं
यूँ मुझको ख़ुद पे' बहुत ऐतबार है, लेकिन
ये बर्फ़, आँच के आगे, पिघल न जाय कहीं
चले हवा तो किवाड़ों को बंद कर लेना
ये गर्म राख शरारों में[2] ढल न जाय कहीं
तमाम रात तेरे मैकदे में[3] मै पी है
तमाम उम्र नशे में निकल न जाय कहीं
कभी मचान पे चढ़ने की आरज़ू उभरी
कभी ये डर कि ये सीढ़ी फिसल न जाय कहीं
ये लोग होमो–हवन में यक़ीन रखते हैं
चलो, यहाँ से चलें, हाथ जल न जाय कहीं

(3) 1. आँखों को आनन्द देने वाला दृश्य 2. चिनगारियों में 3. मदिरालय में

फ़ज़ल ताबिश

(1933–मृत्यु : अज्ञात)

(1)

शबों को, ख़ैर, पैमाने में रखिए
मगर दिल कौन से ख़ाने में रखिए
उसे बस्ती अभी भी काटती है
उसी को बस्तियाँ ढाने में रखिए
यहाँ हर शख़्स ख़ुद का आदमी है
हमारा शहर बीराने में रखिए
वही इक बे तअल्लुक़ बेख़बर है
उसे हम सब को समझाने में रखिए
सलीक़ा सीख ले उस मौत दिन तक
उसे बस आने और जाने में रखिए

(2)

दर - ओ - दीवार को वीरानी नहीं दी जाए
ये हवा शहर के बाहर कहीं रखी जाए
माँगने वालों से हँस कर नहीं मिलते, न मिलो
फिर भी ख़ैरात घरों में न दबा ली जाए
कैसे दरवाज़े पे दस्तक सुनें, ख़ामोश रहें
इससे बेहतर है कि लाइट ही बुझा दी जाए
यूँ नहीं होता कि हर बात ही चिल्ला के कहें
ये भी कब होता है हर बार ज़ुबाँ सी जाए
गालियाँ सुनते हुए उम्र हुई है 'ताबिश'
अब बुरे काम करें और दुआ ली जाए

(3)

ये सन्नाटा बहुत महँगा पड़ेगा
उसे भी फूट कर रोना पड़ेगा
वही दो - चार चेहरे अजनबी से
उन्हीं को फिर से दोहराना पड़ेगा
कोई घर से निकलता ही नहीं है
हवा को थक के सो जाना पड़ेगा
यहाँ सूरज भी काला पड़ गया है
कहीं से दिन भी मँगवाना पड़ेगा
वो अच्छे थे जो पहले मर गये हैं
हमें कुछ और पछताना पड़ेगा

शाज़ तमकनत

(1933–1985)

(1)

ये तो मुमकिन नहीं चुपचाप फ़ना हो जाऊँ
मैं वो सन्नाटा हूँ बिखरूँ तो सदा हो जाऊँ
एक दुनिया मुझे मिल जाय, मगर शर्त ये है
एक दुनिया की निगाहों में बुरा हो जाऊँ
तू मुहब्बत है, ज़माने को ज़रूरत है तिरी
मैं तो इक रस्मे - मुहब्बत हूँ, अदा हो जाऊँ
दश्त का माजरा काँटों की ज़ुबाँ बन के कहूँ
कुंज में जाऊँ तो फूलों की क़बा[1] हो जाऊँ
सब ख़ुदा हैं कोई इंसाँ तो मिले 'शाज़' मुझे
मैं तो पत्थर भी नहीं हूँ कि ख़ुदा हो जाऊँ

---

(1) 1. लिबास, चोगा

'शिकेब' जलाली (सैयद हसन रिज़वी)

(1934–1966)

(1)

जहाँ तलक भी ये सहरा दिखाई देता है
मिरी तरह से अकेला दिखाई देता है
न इतनी तेज़ चले, सरफिरी हवा से कहो
शजर[1] पे' एक ही पत्ता दिखाई देता है
बुरा न मानिए लोगों की ऐबजोई का
उन्हें तो दिन का भी साया दिखाई देता है
य' एक अब्र[2] का टुकड़ा कहाँ-कहाँ बरसे
तमाम दश्त[3] ही प्यासा दिखाई देता है
वहीं पहुँच के गिराएँगे बादबाँ[4] अपने
वो दूर कोई जज़ीरा[5] दिखाई देता है
वो अलविदा का मंज़र, वो भीगती पलकें
पसे - ग़ुबार[6] भी क्या - क्या दिखाई देता है
मिरी निगाह से छुपकर कहाँ रहेगा कोई
कि अब तो संग भी शीशा दिखाई देता है
सिमट के रह गए आख़िर पहाड़ से क़द भी
ज़मीं से हर कोई ऊँचा दिखाई देता है
खिली है दिल में किसी के बदन की धूप 'शिकेब'
हरेक फूल सुनहरा दिखाई देता है

---

(1) 1. दरख़्त 2. बादल 3. जंगल 4. पाल 5. द्वीप, टापू 6. धूल के पीछे

(2)

फिर सुन रहा हूँ गुज़रे ज़माने की चाप को
भूला हुआ था देर से मैं अपने आप को
रहते हैं कुछ मलूल से[1] चेहरे पड़ोस में
इतना न तेज़ कीजिए ढोलक की थाप को
अश्कों की एक नहर थी जो ख़ुश्क हो गई
क्यूँकर मिटाऊँ दिल से तेरे ग़म की छाप को
कितना ही बे किनार[2] समुंदर हो, फिर भी दोस्त
रहता है बेक़रार नदी के मिलाप को
पहले तो मेरी याद से आई उन्हें हया
फिर आइने में चूम लिया अपने आप को
तारीफ़ क्या हो क़ामते-दिलदार[3] की 'शिकेब'
तज्सीम[4] कर दिया है किसी ने अलाप को

(3)

किनारे-आब खड़ा ख़ुद से कह रहा है कोई
गुमाँ गुज़रता है, यह शख़्स दूसरा है कोई
हवा ने तोड़ के पत्ता ज़मीं पे' फेंका है
कि शब की झील में पत्थर गिरा दिया है कोई
बटा सके है पड़ोसी किसी का दर्द कभी
यही बहुत है कि चेहरे से आश्ना[1] है कोई
दरख़्त राह बताएँ हिला हिला कर हाथ
कि क़ाफ़िले से मुसाफ़िर बिछड़ गया है कोई
छुड़ा के हाथ बहुत दूर बह गया है चाँद
किसी के साथ समंदर में डूबता है कोई

---

(2) 1. दुखी, ग़मगी 2. खुला, फैला 3. प्रिय की देह-यष्टि यानी बनावट 4. मूर्त, साकार
(3) 1. परिचित

ये आसमान से टूटा हुआ सितारा है
कि दश्ते-शब में[2] भटकती हुई सदा[3] है कोई
मकान और नहीं है बदल गया है मकीं[4]
उफ़ुक़[5] वही है मगर चाँद दूसरा है कोई
फ़सीले-जिस्म[6] पे' ताज़ा लहू के छींटे हैं
हदूदे-वक़्त[7] से आगे निकल गया है कोई
'शिकेब' दीप से लहरा रहे हैं पलकों पर
दयारे-चश्म में[8] क्या आज रतजगा है कोई

(4)

मुर्झा के काली झील में गिरते हुए भी देख
सूरज हूँ मेरा रंग मगर दिन ढले भी देख
हरचंद[1] राख होके बिखरना है राह में
जलते हुए परों से उड़ा हूँ, मुझे भी देख
आलम में जिसकी धूम थी उस शाहकार[2] पर
दीपक ने जो लिखे कभी, वो तब्सरे[3] भी देख
तूने कहा न था कि मैं कश्ती पे' बोझ हूँ
आँखों को अब न ढाँप मुझे डूबते भी देख
बिछती थीं जिसकी राह में फूलों की चादरें
अब उसकी ख़ाक घास के पैरों तले भी देख
क्या शाख़ बा समर[4] है जो तकता है फ़र्श को
नज़रें उठा 'शिकेब', कभी सामने भी देख

(5)

गले मिला न कभी चाँद, बख़्त[1] ऐसा था
हरा भरा बदन अपना दरख़्त ऐसा था

---

(3) 2. रात के जंगल में 3. पुकार, आवाज़ 4. रहवासी 5. क्षितिज 6. देह की दीवार 7. समय-सीमा 8. आँखों के घर में (4) 1. हर हाल में 2. अमूल्य और श्रेष्ठ कलाकृति 3. ब्यौरे, वृत्तान्त 4. फलों से लदी डाल (5) 1. भाग्य, किस्मत

सितारे सिसकियाँ भरते थे, ओस रोती थी
फ़सान - ए - जिगरे - लख़्त लख़्त[2] ऐसा था
ज़रा न मोम हुआ प्यार की हरारत से
चटख़ के टूट गया, दिल का सख़्त ऐसा था
ये और बात, कि वो लब थे फूल से नाज़ुक
कोई न सह सके, लहज़ा करख़्त[3] ऐसा था
कहाँ की सैर न की तौसने-तख़य्युल पर[4]
हमें तो यह भी सुलेमाँ के तख़्त ऐसा था
इधर से गुज़रा था मुल्के-सुख़न[5] का शहज़ादा
कोई न जान सका साज़ो-रख़्त[6] ऐसा था

(पागलख़ाने में रची गई, आख़िरी ग़ज़ल)

---

(5) 2. टुकड़े-टुकड़े जिगर का फ़साना 3. कठोर, लट्ठमार 4. कल्पना के घोड़े पर 5. काव्य-देश 6. साज़-सामान

जान एलिया

(1936–2002)

(1)

नया इक रिश्ता पैदा क्यूँ करें हम
बिछड़ना है तो झगड़ा क्यूँ करें हम
ख़मोशी से अदा हो रस्मे-दूरी
कोई हंगामा बर्पा क्यूँ करें हम
ये काफ़ी है कि हम दुश्मन नहीं हैं
वफ़ादारी का दावा क्यूँ करें हम
वफ़ा इख़्लास[1] क़ुर्बानी[2] मुहब्बत
अब इन लफ़्ज़ों का पीछा क्यूँ करें हम
हमारी ही तमन्ना क्यूँ करो तुम
तुम्हारी ही तमन्ना क्यूँ करें हम
किया था अहद[3] जब लम्हों में हमने
तो सारी उम्र ईफ़ा[4] क्यूँ करें हम
नहीं दुनिया को जब पर्वा हमारी
तो फिर दुनिया की पर्वा क्यूँ करें हम
ये बस्ती है मुसलमानों की बस्ती
यहाँ कारे-मसीहा[5] क्यूँ करें हम

(2)

ज़िंदगी क्या है, इक कहानी है
ये कहानी नहीं सुनानी है

---

(1) 1. सच्चा प्रेम 2. बलिदान 3. इकरार, प्रतिज्ञा 4. प्रतिज्ञा–पालन 5. मसीहाई, मसीहा का काम

है ख़ुदा भी अजीब, यानी जो
न ज़मीनी न आसमानी है
है मिरे शौक़े-वस्ल[1] को ये गिला
उसका पहलू सरा-ए-फ़ानी[2] है
अपनी तामीरे-जानो-दिल के लिए[3]
अपनी बुनियाद हमको ढानी है
ये है लम्हों का एक शहरे-अजल[4]
याँ की हर बात नागहानी[5] है
चलिए, ऐ जाने-शाम, आज तुम्हें
शम्अ इक क़ब्र पर जलानी है
रंग की अपनी बात है, वर्ना
आख़िरश ख़ून भी तो पानी है
इक अबस का उजूद[6] है जिससे
ज़िंदगी को मुराद पानी है
शाम है, और सेहन में दिल के
इक अजब हुज़्ने-आसमानी[7] है

(3)

हमारे ज़ख्मे - तमन्ना पुराने हो गये हैं
कि उस गली में गये अब ज़माने हो गये हैं
तुम अपने चाहने वालों की बात मत सुनियो
तुम्हारे चाहने वाले दीवाने हो गये हैं
वो ज़ुल्फ़[1], धूप में फ़ुर्क़त की[2], आई है जब याद
तो बादल आये हैं और शामियाने हो गये हैं
जो अपने तौर से हमने कभी गुज़ारे थे
वो सुब्हो - शाम तो जैसे फ़साने हो गये हैं

---

(2) 1. मिलन, प्रेम 2. नाशवान, क्षणिक 3. भावनाओं को आकार देने के लिए 4. मौत का शहर 5. आकस्मिक 6. व्यर्थता का अस्तित्व 7. आसमानी रंग, आकाशीय संताप
(3) 1. केश, बालों की लट 2. वियोग की धूप में

अजब महक थी मिरे गुल तिरे शबिस्ताँ[3] की
सो बुलबुलों के यहाँ आशियाने[4] हो गये हैं
हमारे बाद जो आयें उन्हें मुबारक हो
जहाँ थे कुंज[5], वहाँ कारख़ाने हो गये हैं

(4)

अभी फ़र्मान[1] आया है वहाँ से
कि हट जाऊँ मैं अपने दरमियाँ से
ख़बर क्या दूँ मैं शहरे - रफ़्तगाँ[2] की
कोई लौटे तो शहरे - रफ़्तगाँ से
यहाँ जो है वो साँसों में ही .गुम है
परिंदे उड़ रहे हैं शाख़े - जाँ[3] से
नहीं मालूम वो किसका गुमाँ है
कि हूँ मौजूद मैं जिसके गुमाँ से
यही अंजाम क्या तुझको हवस था
कोई पूछे तो मीरे - दास्ताँ से
ज़माना था वो दिल की ज़िंदगी का
तिरी फ़ुर्क़त[4] के दिन लाऊँ कहाँ से
था अब तक मार्का[5] बाहर का दरपेश
अभी तो घर भी जाना है यहाँ से
दरीचा बाज़ से यादों का और मैं
हवा सुनता हूँ पेड़ों की जुबाँ से

---

(3) 3. शयनागार 4. नीड़, घोंसला 5. एकांत कोने (4) 1. आदेश 2. पिछला शहर 3. जीवन डाली 4. वियोग 5. हंगामा, झगड़ा

शहरयार

(1936–2011)

(1)

इस जगह ठहरूँ या वहाँ से सुनूँ
मैं तिरे जिस्म को कहाँ से सुनूँ
मुझको आग़ाज़े – दास्ताँ है अज़ीज़[1]
तेरी ज़िद है कि दरमियाँ से सुनूँ
तीर ने आज क्या शिकार किया
उसकी तफ़्सील[2] मैं कहाँ से सुनूँ
रात क्या कुछ ज़मीन पर गुज़री
पहले तुझसे फिर आस्माँ से सुनूँ
कितनी मासूम – सी तमन्ना है
नाम अपना तिरी ज़बाँ से सुनूँ

(2)

ये चाहती है हवा उसको आज़माऊँ न मैं
कोई चिराग़ कहीं भी, कभी जलाऊँ न मैं
सुकूते-साया[1] रहे इस ज़मीन पर हरदम
कोई सदा, कोई फ़रयाद लब पे लाऊँ न मैं
यूँ ही भटकता रहूँ उम्र भर उदास-उदास
सुराग़ बिछड़े हुओं का कहीं भी पाऊँ न मैं
सफ़र ये मेरा किसी तौर मुख़्तसर[2] हो जाय
वो मोड़ आये कि जी चाहे आगे जाऊँ न मैं

---

(1) 1. मुझे दास्तान की शुरुआत पसन्द है 2. विवरण (2) 1. खामोशी या सन्नाटे का साया 2. संक्षिप्त, छोटा

भुला तो हूँ तेरे कहने पे तुझको दिल से मैं
मगर ये शर्त है तुझको भी याद आऊँ न मैं

(3)

कटेगा देखिए दिन जाने किस अज़ाब[1] के साथ
कि आज धूप नहीं निकली आफ़ताब के साथ
तो फिर बताओ समंदर सदा को[2] क्यों सुनते
हमारी प्यास का रिश्ता था जब सराब[3] के साथ
बड़ी अजीब महक साथ लेके आई है
नसीम[4], रात बसर की किसी गुलाब के साथ
फ़िज़ा में दूर तलक मरहबा के[5] नारे हैं
गुज़रने वाले हैं कुछ लोग याँ से ख़्वाब के साथ
ज़मीन, तेरी कशिश खींचती रही हमको
गये ज़रूर थे कुछ दूर माहताब के साथ

(4)

महफ़िल में बहुत लोग थे, मैं तन्हा गया था
हाँ, तुझको वहाँ देख के कुछ डर सा गया था
ये हादसा किस वक़्त, कहाँ, कैसे हुआ था
प्यासों के तआक़ुब में[1], सुना दरिया गया था
आँखें हैं कि बस रौज़ने-दीवार[2] हुई हैं
इस तरह तुझे पहले कभी देखा गया था!
ऐ ख़ल्क़े-ख़ुदा तुझको यक़ीं आये न आये
कल धूप तहफ़्फ़ुज़[3] के लिए साया गया था
वह कौन-सी साअत थी, पता हो तो बताओ
यह वक़्त शबो-रोज़[4] में जब बाँटा गया था

---

(3) 1. यातना 2. पुकार को 3. मरीचिका 4. प्रात: समीर 5. धन्य-धन्य के (4) 1. पीछे-पीछे 2. झरोखा 3. हिफ़ाज़त 4. रात और दिन

(5)

अब वक़्त जो आने वाला है, किस तरह गुज़रने वाला है
वह शक्ल तो कब से ओझल है, यह ज़ख़्म भी भरने वाला है
दुनिया से बग़ावत करने की उस शख़्स से उम्मीदें कैसी
दुनिया के लिए जो ज़िंदा है, दुनिया से जो डरने वाला है
आदम की तरह आदम से मिले, कुछ अच्छे सच्चे काम करे
यह इल्म अगर हो इंसाँ को, कब कैसे मरने वाला है
दरिया के किनारे पर इतनी यह भीड़ यही सुन कर आई
इक चाँद बिना पैराहन के[1] पानी में उतरने वाला है

(6)

दोस्त अहबाब की नज़रों में बुरा हो गया मैं
वक़्त की बात है, क्या होना था, क्या हो गया मैं
दिल के दर्वाज़े को वा[1] रखने की आदत थी मुझे
याद आया नहीं, कब किससे जुदा हो गया मैं
कैसे तू सुनता, बड़ा शोर था सन्नाटों का
दूर से आती हुई ऐसी सदा[2] हो गया मैं
क्या सबब इसका था, ख़ुद मुझको भी मालूम नहीं
रात ख़ुश आ गई, और दिन से ख़फ़ा हो गया मैं
भूले-बिसरे हुए लोगों में कशिश अब भी है
उनका ज़िक्र आया कि फिर नग़्मा - सरा[3] हो गया मैं

---

(5) 1. बिना कपड़ों के, निर्वसन (6) 1. खुला 2. पुकार 3. गीत गुनगुनाने लगा

शलभ श्रीराम सिंह

(1938–2000)

(1)

नाम पे मेरे हामी भर थी, पर हामी से जल गये लोग
काश कि मैं बदनाम न होता, बदनामी से जल गये लोग
बज़्मे-जहाँ की वुस्अत[1] तौबा, कोना कोना छाने कौन
मैं नाकाम थका बैठा था, नाकामी से जल गये लोग
होती मुझमें ख़ूबी, तो फिर ख़ूबी की मैं सोचता, ख़ैर
मैं तो ख़ामी ख़ामी भर हूँ, पर ख़ामी से जल गये लोग
ख़ासुलख़ास के चर्चे हर सू ख़ूब हैं यारो, बज़्मे-आम
ख़ासी ठंडी सीरत वाले यक आमी से[2] जल गये लोग
कू-ए-बुताँ में ज़ेरे-अदालत[3] सुबह 'शलभ' की पेशी थी
मुंसिफ़ की क्या बात करो हो, आसामी से जल गये लोग

(2)

आपकी नज़रों तक हम पहुँचे कुछ मख़्सूस[1] ख़यालों से
लोग तो दिल तक आ जाते हैं चल कर चंद सवालों से
ख़ैर हो उनकी जिनके लब तक उन हाथों से जाम गये
जिन हाथों ने फूल चुने हैं पेड़ से बिछड़ी डालों से
आँख में पानी, मन में बादल, होंठ पे चुप्पी बैठी है
दिल से दिल की बात हुई है दो हिलते रूमालों से

---

(1) 1. दुनिया की महफ़िल का फैलाव 2. ठंडे स्वभाव वाले एक मामूली आदमी से 3. हसीनाओं की गली में लगी अदालत में (2) 1. विशिष्ट, ख़ास

जिनके घर की छत से होकर सूरज रोज़ गुज़रता था
उन तक कोई किरन न पहुँची पिछले अनगिन सालों से
चाँद पहाड़ी के पिछवाड़े मुँह लटका कर बैठ गया
रूठ गया हो जैसे कोई अपने ही घर वालों से
बे दस्तक बेजान घरों के दरवाज़े मुँह खोल न दें
आज तो कमरों की तस्वीरें उलझी हैं दीवालों से
साबित चेहरा लेकर कैसे आज 'शलभ' तुम घूम रहे
झाँक रहे टूटे आईने घर के सारे आलों से

परवीन शाकिर

(1952–1996)

(1)

अक्से-ख़ुशबू हूँ[1], बिखरने से न रोके कोई
और बिखर जाऊँ तो मुझको न समेटे कोई
काँप उठती हूँ मैं यह सोच के तन्हाई में
मेरे चेहरे पे' तेरा नाम न पढ़ ले कोई
जिस तरह ख़्वाब मेरे हो गये रेज़ा रेज़ा
इस तरह से न कभी टूट के बिखरे कोई
मैं तो उस दिन से हिरासाँ[2] हूँ कि जब हुक्म मिले
ख़ुश्क फूलों को किताबों में न रक्खे कोई
अब तो इस राह से वो शख़्स गुज़रता ही नहीं
अब किस उम्मीद पे दर्वाज़े से झाँके कोई
कोई आहट, कोई आवाज़, कोई चाह नहीं
दिल की गलियाँ बड़ी सुनसान हैं, आये कोई

(2)

सुकूँ भी ख़्वाब हुआ, नींद भी है कम कम फिर
क़रीब आने लगा दूरियों का मौसम फिर
बना रही है तिरी याद मुझको सिल्के-गुहर[1]
पिरो गई मेरी पलकों में आज शबनम फिर
वो नर्म लहज़े में कुछ कह रहा है फिर मुझसे
छिड़ा है प्यार के कोमल सुरों में मद्धम फिर

---

(1) 1. सुगन्ध की परछाईं हूँ 2. डरी हुई (2) 1. मोतियों की लड़ी

तुझे मनाऊँ, कि अपनी अना[2] कि बात सुनूँ
उलझ रहा है मेरे फ़ैसलों का रेशम फिर
मैं उसकी बात न समझूँ न वो मेरी नज़रें
मुआमलाते-ज़बाँ हो चले हैं मुबहम फिर[3]
यह आने वाला नया दुख भी इसके सर ही गया
चटख़ गया मिरी अंगुश्तरी[4] का नीलम फिर
वो एक लम्हा कि जब सारे रंग एक हुए
किसी बहार ने देखा न ऐसा संगम फिर
बहुत अज़ीज़[5] हैं आँखें मिरी उसे, लेकिन
वो जाते-जाते इन्हें कर गया है पुरनम[6] फिर

(3)

तराश कर मेरे बाज़ू, उड़ान छोड़ गया
हवा के पास बरहना[1] कमान छोड़ गया
रफ़ा क़तों का[2] मेरी, उसको ध्यान कितना था
ज़मीन ले ली, मगर आसमान छोड़ गया
अजीब शख़्स था, बारिश का रंग देख के भी
खुले दरीचे पे इक फूलदान छोड़ गया
जो बादलों से भी मुझको छुपाये रखता था
बढ़ी है धूप, तो बे सायबान[3] छोड़ गया
निकल गया कहीं अनदेखे पानियों की तरफ़
ज़मीं के नाम खुला बादबान[4] छोड़ गया
उक़ाब[5] को भी ग़रज़ फ़ाख़्ता पकड़ने से
जो गिर गई तो यूँ ही नीमजान[6] छोड़ गया

---

2. अहं 3. बातचीत के विषय फिर अस्पष्ट हो चले हैं 4. अँगूठी 5. प्रिय 6. आर्द्र, गीली
(3) 1. नंगी 2. दोस्तियों का 3. बिना छाँव 4. जहाज़ का पाल 5. बाज़ 6. अधमरा

न जाने कौन-सा आसेब[7] दिल में बसता है
कि जो भी ठहरा वो आख़िर मकान छोड़ गया
अक़्ब में[8] गहरा समुंदर है, सामने जंगल
किस इंतेहा पे[9] मेरा मिहरबान छोड़ गया!

(4)

धनक-धनक मेरी पोरों के ख़्वाब कर देगा
वो लम्स[1] मेरे बदन को गुलाब कर देगा
क़बा-ए-जिस्म के[2] हर तार से गुज़रता हुआ
किरन का प्यार मुझे आफ़ताब कर देगा
जुनूँ - पसंद[3] है दिल, और तुझ तक आने में
बदन को नाव, लहू को चिनाब कर देगा
मैं सच कहूँगी, मगर फिर भी हार जाऊँगी
वो झूठ बोलेगा और लाजवाब[4] कर देगा
अनापरस्त[5] है इतना, कि बात से पहले
वो उठ के बंद मिरी हर किताब कर देगा
सुकूते-शहरे-सुख़न में[6] वो फूल सा लहज़ा
समाअतों की फ़ज़ा[7] ख़्वाब ख़्वाब कर देगा
इसी तरह से अगर चाहता रहा पैहम[8]
सुख़नवरी में मुझे इंतिख़ाब कर देगा[9]
मिरी तरह से कोई है, जो ज़िंदगी अपनी
तुम्हारी याद के नाम इंतिसाब[10] कर देगा!

(5)

तमाम लोग अकेले थे, राहबर ही न था
बिछड़ने वालों में इक मेरा हमसफ़र ही न था

---

(3) 7. रूह, आत्मा 8. पीछे 9. छोर पर (4) 1. छुवन, स्पर्श 2. देह के चोले के 3. पागलपन को पसंद करने वाला 4. निरुत्तर 5. अहंकारी 6. वार्तालाप की खामोशी में 7. सुन सकने का माहौल 8. लगातार, निरन्तर 9. शायरी में मुझे चुन देगा 10. समर्पित

बरहना[1] शाख़ों का जंगल गड़ा था आँखों में
वो रात थी कि कहीं चाँद का गुज़र ही न था
तुम्हारे शहर की हर छाँव मेहरबाँ थी, मगर
जहाँ पे धूप कड़ी थी, वहाँ शजर[2] ही न था
समेट लेती शिकस्ता[3] गुलाब की ख़ुश्बू
हवा के हाथ में ऐसा कोई हुनर ही न था
मैं इतने साँपों को रस्ते में देख आई थी
कि तेरे शहर में पहुँची तो कोई डर ही न था
कहाँ से आती किरन ज़िंदगी के ज़िंदाँ में[4]
वो घर मिला था मुझे जिसमें कोई डर ही न था
बदन में फैल गया सुर्ख़ बेल की मानिंद
वो ज़ख़्म सूखता क्या, जिसका चारागर[5] ही न था
हवा के लाये हुए बीज फिर हवा को गये
खिले थे फूल कुछ ऐसे कि जिनमें ज़र[6] ही न था
क़दम तो रेत पे साहिल ने भी न रखने दिया
बदन को जकड़े हुए सिर्फ़ इक भँवर ही न था

(6)

बिछड़ा है जो इक बार, तो मिलते नहीं देखा
इस ज़ख़्म को हमने कभी सिलते नहीं देखा
इक बार जिसे चाट गई धूप की ख़्वाहिश
फिर शाख़ पे उस फूल को खिलते नहीं देखा
यकलख़्त[1] गिरा है तो जड़ें तक निकल आईं
जिस पेड़ को आँधी में भी हिलते नहीं देखा

---

(5) 1. नंगी 2. दरख्त 3. टूटे हुए 4. क़ैदखाने में 5. इलाज करने वाला 6. खुश्बू और रंग की दौलत (6) 1. यकबारगी, अचानक

काँटों में घिरे फूल को चूम आयेगी, लेकिन
तितली के परों को कभी छिलते नहीं देखा
किस तरह मेरी रूह हरी कर गया आख़िर
वो ज़हर जिसे जिस्म में खिलते नहीं देखा

(7)

टूटी है मेरी नींद, मगर तुमको इससे क्या
बजते रहें हवाओं से दर[1] तुमको इससे क्या
तुम मौज-मौज[2] मिस्ले-सबा[3] घूमते रहो
कट जाएँ मेरी सोच के पर, तुमको इससे क्या
औरों के हाथ थामो, उन्हें रास्ता दिखाओ
मैं भूल जाऊँ अपना ही घर, तुमको इससे क्या
अब्रे-गुरेज़-पा[4] को बरसने से क्या ग़रज़
सीपी में बन न पाये गुहर[5], तुमको इससे क्या
ले जाएँ मुझे माले-ग़नीमत[6] के साथ उदू[7]
तुमने तो डाल दी है सिपर[8], तुमको इससे क्या
तुमने तो थक के दश्त में[9] ख़ेमे लगा लिए
तन्हा कटे किसी का सफ़र, तुमको इससे क्या

---

(7) 1. दरवाज़े, किवाड़ 2. लहर-लहर पर 3. सुबह की हवा की तरह 4. भागते-छँटते हुए बादलों को 5. मोती 6. लूटे हुए माल के साथ 7. दुश्मन 8. ढाल 9. जंगल में

परिशिष्ट 1

बादशाहों की कही शायरी

मध्यकालीन भारतीय इतिहास में अनेक ऐसे शासक हुए, जो शे'रो-शायरी में दिलचस्पी रखते थे। दकन के मोहम्मद क़ुली क़ुतुबशाह, अन्तिम मुग़ल बादशाह बहादुरशाह 'ज़फ़र' और अवध के अन्तिम नवाब वाजिद अली शाह बाक़ायदा शायर थे। उनका कलाम इस संचयन में यथास्थान दिया गया है। कुछ शासक शौक़िया तौर पर कभी-कभी शे'र कह लिया करते थे। उनकी शायरी की झलक यहाँ दी जा रही है:

शाह आलम

मुगल शासन के अन्तिम दौर के शासक
(शासनकाल: 1759–1806)

मुग़ल साम्राज्य के अन्तिम, उतार वाले दौर के एक बादशाह, जिनकी आँखें एक रुहेले सरदार ने निकाल कर अंधा कर दिया था। मराठा शासकों और ईस्ट इंडिया कम्पनी के रहमोकरम पर बुढ़ापा कटा। सौदा, इंशा, दर्द, मीर आदि शायर इन्हीं के समय हुए।

सुबह तो जाम से गुज़रती है
शब दिलाराम[1] से गुज़रती है
आक़बत[2] की ख़बर ख़ुदा जाने
अब तो आराम से गुज़रती है

शाह आलम: 1. दिल को सुख देने वाला, यानी कोई परी चेहरा प्रेमिका 2. अन्तकाल यानी मृत्यु

आसफ़ुद्दौला 'आसफ़'

अवध के नवाब शुजाउद्दौला के पुत्र और उत्तराधिकारी।
(शासनकाल: 1775-1797)

जहाँ तेग़[1] उसकी अलम[2] देखते हैं
वहीं अपना सर हम क़लम[3] देखते हैं
जो जल्वा सनम तुझमें हम देखते हैं
ख़ुदा की ख़ुदाई में[4] कम देखते हैं
गुज़रते हैं सौ-सौ ख़याल अपने दिल में
किसी का जो नक़्शे-क़दम[5] देखते हैं
बुतों की गली में शबो-रोज़ 'आसफ़'
तमाशा ख़ुदाई का[6] हम देखते हैं

वज़ीर अली ख़ाँ 'वज़ीर'

अंग्रेज़ों से बगावत करने वाला नवाब आसफ़ुद्दौला का बेटा

नवाब आसफ़ुद्दौला का बेटा, जो 1797 ई. में गद्दीनशीन हुआ, किन्तु अंग्रेज़ों के ख़िलाफ़ बग़ावत करने और बनारस में अंग्रेज़ रेज़ीडेंट का क़त्ल करने के जुर्म में क़ैद करके फोर्टविलियम भेज दिया गया। नवाब वज़ीर कुल दो-ढाई महीने ही गद्दीनशीन रह पाये। उनके बाद सआदत अली ख़ाँ को अवध की राजगद्दी पर बिठाया गया। उनके कुछ शे'र यहाँ-वहाँ बिखरे मिलते हैं।

ज्यूँ सब्ज़ा[1], रूँदे उगते ही पैरों के तले हम
इस गर्दिशे-अफ़लाक से[2] फूले न फले हम

'आसफ़': 1. तलवार 2. उठी या तनी हुई 3. कटा हुआ 4. ईश्वर की सृष्टि में 5. पदचिह्न 6. दुनिया का **'वजीर'**: 1. हरियाली, बूटी 2. सुबह की रोशनी के साथ ही आ घिरे दुर्भाग्य से

हम वो न क़लम थे किसी माली के लगाये
नरगिस के निहालों में थे 'आसफ़' के पले हम

नसीरुद्दीन हैदर

नवाब गाज़िउद्दीन हैदर का बेटा, जो 1827 से 1838 तक अवध की राजगद्दी पर आसीन रहा।

(शासनकाल: 1827-1838)

य' किस मस्त के आने की आर्ज़ू है
कि साक़ी लिये साग़रे-मुश्क बू है[1]
समाया है जब से तू आँखों में मेरी
जिधर देखता हूँ उधर तू ही तू है
गुलिस्ताँ में जाके हरेक गुल को देखा
न तेरी सी रंगत, न तेरी सी ख़ू[2] है

नसीरुद्दीन हैदर: 1. साक़ी, यानी शराब परोसने वाले के हाथ में कस्तूरी की खुश्बू से महमहाता प्याला है 2. खूबी

परिशिष्ट 2

महलसरा से फूटते ग़ज़ल के सुर

इतिहास के जिस दौर में दिल्ली के फ़ारसी के शायरों ने हिंदवी, रेख़्ता या उर्दू, जो भी कहें, में शायरी का अभ्यास शुरू किया, ठीक उसी दौर में शाही और ऊँचे मुसलमान घरानों की ख़ातूनों ने भी इस जानिब रुख किया और शेरगोई की पहली मिसाल मुग़ल बादशाह औरंगज़ेब की बड़ी बेटी ज़ेबुन्निसा बेगम 'मख़्फ़ी' बनी।

पिछले तीन सौ सालों के दरमियान, अरबी रस्मुलख़त में, औरतों द्वारा की गई शायरी, ख़ासतौर पर ग़ज़ल, का इतिहास ख़ासा बड़ा है और एक अलग किताब की मांग करता है। उर्दू में मौलाना अब्दुलबारी 'आसी' ('तज़किरा तुलख़्वातीन'), मुहम्मद जमील अहमद एम.ए. ('तज़किरा शाअराते उर्दू') और हिंदी में रामनाथ 'सुमन' ('उर्दू गुलिस्ताँ की बुलबुलें') ने इस दिशा में, बुनियादी स्तर का बहुत महत्त्वपूर्ण काम किया है। इन्हीं स्रोतों के आधार पर शाही और कुछेक बहुत मशहूर अमीरों के परिवारों की औरतों द्वारा की गई ग़ज़लगोई के नमूने यहाँ पेश किये जा रहे हैं।

ज़ेबुन्निसा 'मख़्फ़ी'

हिन्दुस्तान के बादशाह औरंगज़ेब की बेटी

(1638–1701)

मुग़ल सम्राट औरंगज़ेब की बड़ी बेटी। ज़ेबुन्निसा उसका पैतृक नाम था और 'मख़्फ़ी' तख़ल्लुस से शायरी करती थी। फारसी शायरी में उसका नाम बड़े आदर से लिया जाता है। कभी-कभी वह उर्दू में भी कुछ कह लिया करती थीं। उसके लिखे कुल तीन उर्दू शे'र अब तक बचे रह गये हैं। उनका ऐतिहासिक महत्त्व यह है कि मुस्लिम ख़ातूनों (महिलाओं) में

उर्दू शायरी की शुरुआत यहीं से मानी जाती है।

ज़ेबुन्निसा को यह घमंड क़तई नहीं था कि वह हिन्दुस्तान के बादशाह की दुख़्तर (बेटी) है। वह बहुत सादे फ़क़ीराना अन्दाज़ में अपनी ज़िंदगी बसर करती थी। अपने एक फ़ारसी शे'र में उसने कहा है: ''दुख़्तरे-शाहम वलेकिन रौ बफ़ुक़र आबर्दा अम। ज़ेबो-ज़ीनत बस हमीनम, नाम मन ज़ेबुन्निसास्त।'' (मैं शाह की बेटी ज़रूर हूँ, लेकिन मेरा तौर-तरीक़ा फ़क़ीरों का है। सुन्दरता और श्रृंगार मेरे लिए नहीं, हाँ मेरा नाम ज़ेबुन्निसा ज़रूर है।)
उसके ये उर्दू शे'र हैं:

जुदा हो मुझसे मिरा यार, यह ख़ुदा न करे
ख़ुदा किसी के तईं, दोस्त से जुदा न करे

कहते हो तुम न घर मेरे आया करे कोई
पर दिल न रह सके, तो भला क्या करे कोई

आकर हमारी लाश पे, क्या यार कर चले
ख़्वाबे-अदम से फ़ितने को बेदार कर चले[1]

बेगम

उर्दू के प्रसिद्ध शायर मीर तक़ी 'मीर' की बेटी
(1743–1800)

यह उर्दू शायरी में 'ख़ुदा-ए-सुख़न' के रूप में प्रतिष्ठित मीर तक़ी 'मीर' की बेटी थीं। 'बेगम' इनका पैतृक नाम भी था और शेरी तख़ल्लुस भी। इन्होंने बहुत थोड़ी उम्र पायी और शादी होने के कुछ ही साल बाद चल बसीं। बेटी के असामयिक निधन से 'मीर' इतने विचलित हुए कि उन्होंने एक शे'र कहा: ''अब आया ध्यान ऐ आरामे-जाँ, इस नामुरादी

'मख़्फ़ी': 1. परलोक के ख़्वाब से बगावत को उभार दिया

में। क़फ़न देना तुम्हें भूले थे हम असबाबे-शादी में।'' 'बेगम' की एक ग़ज़ल यहाँ दी जा रही है:

बरसों ख़मे-गेसू में[1] गिरफ़्तार तो रक्खा
अब कहते हो क्या, तुमने मुझे मार तो रक्खा
कुछ बे अदबी और शबे-वस्ल[2] नहीं की
हाँ, यार के रुख़सार[3] पे रुख़सार तो रक्खा
इतना भी ग़नीमत है, तेरी तर्फ़[4] से ज़ालिम
खिड़की न रखी, रौज़ने-दीवार[5] तो रक्खा
वो ज़िबह करे, या न करे, ग़म नहीं इसका
सर हमने तहे-ख़ंजरे-ख़ूँख़ार[6] तो रक्खा
इस इश्क़ की हिम्मत के मैं सदक़े हूँ[7] 'बेगम'
हर वक़्त मुझे मरने पे' तैयार तो रक्खा

'हया', हयातुन्निसा बेगम

मुग़ल बादशाह शाह आलम की बेटी
(18वीं सदी का उत्तरार्ध)

'हया' आख़िरी दौर के मुग़ल बादशाह शाह आलम की बेटी थीं। उस दौर के फ़ारसी और उर्दू के उस्ताद शायर शाह नसीर को उस्ताद बना कर उन्होंने शायरी का अभ्यास शुरू किया। 'हया' की कोई पूरी ग़ज़ल उपलब्ध नहीं है। सिर्फ़ ये दो शे'र ही मिलते हैं:

है मोतियों के हार में परतौ निगार का[1]
आबे-गुहर में[2] अक्स[3] नहाता है यार का
न क्यों हैरत हो या रब, वो ज़माना आ गया नाक़िस[4]
हया[5] ढूँढे नहीं मिलती, बराये-नाम[6] सौ-सौ कोस

'बेगम': 1. केशपाश, बालों की लटें 2. मिलन रात्रि में 3. गाल, कपोल 4. नज़र, आँख 5. मोखा, रौशनदान 6. खूँखार ख़ंजर के नीचे 7. क़ुर्बान, न्योछावर हूँ **'हया'**: 1. प्रेम पात्र की झलक 2. मोती के पानी में 3. परछाईं 4. खराब 5. लज्जा, शर्म 6. नाम को भी

'शोख', गन्ना बेगम

नवाब इमादुलमुल्क गाजिउद्दीन की पत्नी

(1750–1800)

18वीं सदी के मध्यकाल में दिल्ली की शासकीय उथल-पुथल में नवाब इमादुलमुल्क गाज़िउद्दीन का नाम ख़ासतौर से आता है। गन्ना बेगम उसी की पत्नी थीं और अपने शौहर के षड्यंत्रकारी स्वभाव व चरित्र से बिल्कुल उलट, बहुत भावनाप्रवण और सुरुचि सम्पन्न थीं। वह 'शोख' तख़ल्लुस से शायरी करती थीं।

(1)

जी तक भी अगर चाहो, तो बिस्वास नहीं है
कुछ और जो ढूँढो, तो मेरे पास नहीं है
अब ख़्वाब में ही वस्ल[1] तेरा होवे, तो होवे
ज़ाहिर में तो मिलने की हमें आस नहीं है

(2)

रक़ीबों से[2] वो जिस दम हँस रहे थे रूबरू[3] मेरे
मिरी हर मिज़ा[4], ऐ दर्दे-जिगर, मोती पिरोती थी
तिरे रुख़ की तजल्ली[5] देख कर कल रात हसरत से[6]
ज़मीं पर लोटती थी चाँदनी और शम्अ रोती थी

दुल्हन

'दुल्हन' तखल्लुस से शायरी करने वालीं नवाब आसिफ़ुद्दौला की बेगम

(1775-1797)

यह अवध के अत्यंत उदारहृदय नवाब आसिफ़ुद्दौला की बेगम थीं। 'दुल्हन' तख़ल्लुस से शायरी करती थीं। इनके कुछ शे'र ही बचे रह गये हैं।

'शोख': 1. मिलन 2. दुश्मनों से 3. सामने 4. पलक 5. मुख की आभा 6. लालसा से

बहा है फूट के आँखों से आब्ला दिल का[1]
तरी की राह से जाता है क़ाफ़िला दिल का
मत करो फ़िक्र इमारत की, कोई ज़ेरे-फ़लक[2]
ख़ानए-दिल[3] जो गिरा हो उसे आबाद करो

'क़मर', हैदरी बेगम

नवाब वाजिद अली शाह की बेगम
(1865 में मृत्यु)

यह नवाब वाजिद अली शाह की एक पत्नी थीं। मिर्ज़ा हुमायूँ बख़्श इनके पिता थे। पढ़ी-लिखी थीं और फ़ारसी व उर्दू में समान अधिकार से काव्य-रचना करती थीं। वाजिद अली शाह को अंग्रेज़ गिरफ़्तार करके मटियाबुर्ज (कलकत्ता) ले गये, तो ये भी उनके साथ गईं और वहीं इनका निधन हुआ।

(1)

गुले-सौदा शिगुफ़्ता हैं[1], य 'फ़ैज़े-अश्कबारी[2] है
नसीमे-आह[3] का झोंका यहाँ बादे-बहारी[4] है
न पूछ, ऐ हमनशीं, हमसे शबे-फ़ुर्क़त की बेताबी
अलम है, दर्दो-हसरत है, फ़ुग़ाँ है, आहोज़ारी है[5]
गिरे इतने सितारे कफ़्श से[6] तेरे महे-ताबाँ[7]
रविश गुलज़ार की हर एक फर्शे-ज़र-निगारी है[8]

(2)

मर के भी ख़ू[1] न गई बादाकशी की[2], ज़ाहिद[3]
हश्र में साक़िए-कौसर का न दामाँ छूटा[4]

दुल्हन: 1. दिल का फफोला 2. आसमान के नीचे 3. दिलरूपी घर **'क़मर':** (1) 1. दीवानगी के फूल खिले हैं 2. आँसुओं के बहने की कृपा 3. आहों की प्रातः समीर 4. वसंती हवा 5.दुख-दर्द, लालसा, निराशा, रोना और आहें भरना है 6. जूतियों से 7. रोशन चाँद 8. बाग की हर पगडंडी सोने की जड़ाऊ फ़र्श है (2) 1. आदत 2. शराब पीने की 3. धर्मोपदेशक 4. प्रलय के समय भी जन्नत के साकी का दामन न छूटा

रोज़ो-शब करती है बुलबुल यह क़फ़स में[5] फ़र्याद
हाय क्या फ़स्ले-बहारी में[6] गुलिस्ताँ छूटा
ले गया क़ैस पे भी फ़ौक़ तुम्हारा वहशी[7]
मर के भी दस्ते जुनूँ से[8] न गरेबाँ[9] छूटा

'सद्र', बेगम सद्र महल

निर्वासन में नवाब वाजिद अली शाह के साथ रहीं बेगम

(1877–मृत्यु : अज्ञात)

सद्र महल इनका नाम था और 'सद्र' तख़ल्लुस। यह भी नवाब वाजिद अली शाह की बेगमों में शुमार थीं, और शायद मटियाबुर्ज के निर्वासन काल में नवाब के साथ थीं। इनकी रची हुई 'बादशाहनामा' और 'नामाए-इस्म' नामक काव्यकृतियों का उल्लेख मिलता है। यहाँ प्रस्तुत उनकी रचना एक मुक़म्मल ग़ज़ल है:

जोशे-जुनूँ में[1] रात-दिन सबसे रहा अलग अलग
मैं हूँ जुदा अलग-अलग, लोग जुदा अलग अलग
मैंने बलाएँ लेने को हाथ बढ़ाये जब उधर
मुँह को फिरा के यार ने मुझसे कहा, अलग अलग
शम्अ जलाने आये हैं आज वो मेरी क़ब्र पर
चलियो ख़ुदा के वास्ते बादे-सबा[2] अलग अलग
ख़ाक हो ज़िंदगी भला तेरे मरीजे-इश्क़[3] की
मैं हूँ दवा से दूर-दूर, मुझसे दवा अलग अलग
हिज्र में ख़ूब ख़ाक उड़ाई, उनपे हुआ न कुछ असर
नाले[4] गये अलग अलग, आहे-रसा[5] अलग अलग
हसरत-ओ-आर्ज़ूए-वस्ल[6], दर्दो-मुसीबते-फ़िराक़[7]

---

(2) 5. पिंजरा में 6. वसंत-ऋतु में 7. तुम्हारा दीवाना मजनूं से भी बाज़ी मार ले गया 8. पागलपन के हाथों से 9. गला **'सद्र'**: 1. दीवानगी या जुनून के जोश में 2. प्रातः समीर 3. प्रेम रोगी 4. आर्तनाद 5. आह ले जाने वाला 6. मिलन की आकांक्षा और लालसा 7. प्रतीक्षा की तकलीफ़ और दर्द

सबका है लुत्फ़ अलग अलग, सबका मज़ा अलग अलग
'सद्र' वह कमनसीब हूँ, हिज्र में गर उठाऊँ हाथ
बाबे-क़ुबूल से[8] रहे मेरी दुआ अलग अलग

सुल्तान

नवाब मोतमुद्दौला बहादुर लखनवी की बेटी

(जन्म–मृत्यु : अज्ञात)

इनका घरेलू नाम सुल्तान बेगम था और 'सुल्तान' तख़ल्लुस से शे'र कहती थीं। इनके वालिद नवाब मोतमुद्दौला बहादुर लखनवी भी शे'रो-शायरी में गहरी दिलचस्पी रखते थे।

(1)

कब तक य' तेरे हिज्र के सदमे उठाये दिल
डर है यही कि जान से अपने न जाये दिल
क़ातिल ने कब कहा था कि आँखें लड़ाये दिल
आख़िर य' मेरी जान पर आई बला-ए-दिल
थी वो निगाह या कोई नावक का तीर था
मिलते ही आँख रह गई मैं कहके 'हाय दिल'
सीना अगर है दाग़ों से मा'मूर[1] क्या हुआ
ख़ाली है तेरे वास्ते इशरत सराये - दिल[2]
'सुलताँ' ग़ज़ल इक और, बदल कर रदीफ़, लिख
पर शर्त है कि लफ्ज़े-गुल आये बजाय दिल[3]

(2)

हम तो आशिक़ उसी के हो बैठे
दिल से सब्रो - क़रार खो बैठे
सूरत उसकी नज़र न आयेगी
दिल ही दिल में कुढ़ा करो बैठे

---

8. दुआ या प्रार्थना की स्वीकृति के द्वार से सुल्तानः (1) 1. भरा हुआ 2. दिल रूपी सराय 3. रदीफ़ में दिल की बजाय गुल यानी फूल शब्द आये

'शीरीं', नवाब शाहजहाँ बेगम

भोपाल रियासत की मलिका जो फारसी और उर्दू में शायरी करती थीं

(1838–मृत्यु : अज्ञात)

यह मध्य प्रदेश की भोपाल रियासत की मलिका थीं। 32 साल की उम्र में सन् 1870 में, तख़्तनशीन हुईं। यह फारसी और उर्दू दोनों में शायरी करती थीं। इनका पहला दीवान 1873 में प्रकाशित हुआ था।

आती है हवा सर्द, घटा उठती है घनघोर
मँगवाओ सुराही - ओ - मै - ओ - जाम हमारा
पहली सी रुकावट नहीं, अब है नज़रे - लुत्फ़
आग़ाज़ से बेहतर हुआ अंजाम हमारा
फ़ुर्क़त में तेरी साथ दिया, अपना इसी ने
काम आया बहुत ये दिले - नाकाम हमारा

'रुस्वा'

मिर्ज़ा मुहम्मद हादी रुस्वा जो अपने पति के तखल्लुस
'रुस्वा' से शायरी करती थीं

(1865–1931)

इनके वास्तविक घरेलू नाम का पता नहीं और इनका सामाजिक परिचय इनके तख़ल्लुस में ही छिपा है। ये उर्दू के महान अफ़साना निगार, शायर, रसायन शास्त्री और दार्शनिक विषयों के लेखक, जिनकी शोहरत 'उमरावजान अदा' जैसे अमर शाहकार के लेखक की है, मिर्ज़ा मुहम्मद हादी 'रुस्वा' की पत्नी थीं। ये अपने जीवनसाथी के तख़ल्लुस पर ही शायरी करती रहीं।

फ़ना होके मुझे लुत्फ़े-बक़ा मालूम होता है[1]
जिधर आँखें उठाता हूँ ख़ुदा मालूम होता है
बुला ले हाँ, बुला ले बेकसी गोरे-ग़रीबाँ की[2]
कोई मेरी लहद को[3] ढूँढता मालूम होता है
इलाही, ख़ैर, फिर मुझको किसी की याद आई है
जिगर में आज दर्द उठता हुआ मालूम होता है
अभी टूटी हुई उम्मीद में कुछ जान बाक़ी है
अभी ऐ हमनशीं, कुछ आसरा मालूम होता है
वही का'बा में है, 'रुस्वा', वही बुतख़ाना में भी है
हमें तो ज़र्रे-ज़र्रे में ख़ुदा मालूम होता है

'ज़ाहिदा'

खिलाफ़त आन्दोलन के राजनेता चौधरी ख़लीक़ुज़्ज़मा की पत्नी

(1915–मृत्यु : अज्ञात)

यह 1918–20 के दौरान उभरे खिलाफ़त आन्दोलन से जुड़े, उत्तर प्रदेश के प्रमुख मुस्लिम राजनेता चौधरी ख़लीक़ुज़्ज़मां की धर्मपत्नी थीं। ये ग़ज़लें और नज़्में, दोनों, लिखती थीं। यहाँ इनकी एक गज़ल दी जा रही है:

हूँ कुश्तए-नैरंगिए - दुनिया[1] कई दिन से
बेरंग है तस्वीरे - तमन्ना कई दिन से
फिर दिल के बनाने का है सौदा कई दिन से
करती हूँ बहम मुंतशिर अज़्ज़ा[2] कई दिन से
ख़ुद हायले-नज़्ज़ारा है नज़्ज़ारे की हसरत[3]
और हुस्न है खुद हुस्न का पर्दा कई दिन से

'रुस्वा': 1. मरने के बाद मुझे ज़िंदगी का आनन्द मालूम होता है 2. गरीब की क़ब्र 3. क़ब्र
'ज़ाहिदा': 1. दुनिया के बदलावों से आहत 2. अंगों को परस्पर विच्छिन्न 3. खुद देखने की इच्छा ही देखने में बाधक है

बढ़ती हुई वहशत में तड़पते नहीं बनता
कम हो गई क्या वुसअते-सहरा[4] कई दिन से
जल्वों ने तेरे, क़ीमते-दिल और बढ़ा दी
सिज्दे के लिए आता है का'बा कई दिन से
क़ाबू में दिल आँखों पे भरोसा नहीं, वर्ना
है जल्वानुमा हुस्ने-ख़ुदआरा[5] कई दिन से
ए' 'ज़ाहिदा', क्या कह दिया उस मस्त नज़र ने
दिल भी नज़र आता नहीं अपना कई दिन से

'शमीम' मलीहाबादी

प्रसिद्ध शायर जोश मलीहाबादी की भांजी थीं

(1920–मृत्यु : अज्ञात)

अदब की दुनिया में मलीहाबाद का रिश्ता शायरे इंक़लाब और पीरे-मुग़ाँ हज़रत जोश मलीहाबादी से सरनाम है। 'शमीम' भी इसी रिश्ते परवान चढ़ीं। वे जोश साहब की भांजी थीं और शे'रो-शायरी में भी अपने मामू के नक़्शे-क़दम पर चलीं।

(1)

गर है सुकूँ की आर्ज़ू, सू-ए-सुकूँ[1] कभी न देख
ख़ारों से ले ख़लिश का लुत्फ़[2], फूलों की ताज़गी न देख
टूटे दिलों की सुन सदा[3], नग़मए-ऐश[4] रोक कर
सू-ए-गदा[5] नज़र उठा, शाने-सिकंदरी न देख
सिर्फ़ अजल[6] ही ज़ीस्त[7] का करती है क़ाइम ए'तबार
शक्ले-अजल नज़र में रख, जानिबे-ज़िंदगी न देख

'ज़ाहिदा': 4. रेगिस्तान का फैलाव 5. बने-सँवरे व्यक्ति की खूबसूरती **'शमीम'**: (1) 1. सुकून यानी शान्ति की ओर 2. काँटों से चुभन और दर्द का स्वाद चख 3. पुकार, आवाज़ 4. आनन्दयुक्त गान 5. भिक्षुक यानी याचक की ओर 6. मृत्यु 7. ज़िंदगी

(2)

आयें मेरे ख़याल में वो बार-बार क्यूँ
ख़्वाबों में आके रोज़ करें बेक़रार क्यूँ
वह हस्रते - बहार न तूफ़ाने - ज़िंदगी
आता है फिर रुलाने को अब्रे-बहार[1] क्यूँ
आलामो-ग़म के तुंद हवादिस के वास्ते[2]
इतना लतीफ़[3] दिल मिरे पर्वरदिगार क्यों
रोना मुझे ख़िजाँ[4] का नहीं कुछ, मगर 'शमीम'
इसका गिला है आई चमन में बहार क्यूँ

(3)

शबे - तारीक से अनवारे - सहर[1] पैदा कर
ज़र्रे - ज़र्रे में नये शम्सो - क़मर[2] पैदा कर
कब से छाया है फज़ाओं में फलाकत[3] का ग़ुबार
हिंद की ख़ाक से फिर लालो-गुहर[4] पैदा कर

(4)

जिसे शैख़ो-बिरहमन ने अजब साँचे में ढाला है
वो शै[1] महसूस तो होती है, पहचानी नहीं जाती
किसी का नाम सुनकर, ज़ब्त के बावस्फ़[2] पहरों तक
मिरे बेनूर चेहरे की दरख़्शानी[3] नहीं जाती
मिरी फ़िक्रो-नज़र गर्मे-सफ़र है ऐसे आलम में[4]
जहाँ की वुसअतों तक[5] अक़्ले-इंसानी[6] नहीं जाती
मिरी बाग़ी तमन्नाएँ उलट देंगी ज़माने को
है जब तक ज़िंदगानी, शोला-सामानी[7] नहीं जाती

---

(2) 1. वसंत के बादल 2. शोक और दुख के तेज़ हादसों को बर्दाश्त करने के लिए 3. नाजुक, कोमल 4. पतझड़, उजाड़ (3) 1. अँधेरी रात से प्रभात की किरणें 2. सूर्य-चन्द्र 3. गरीबी, दरिद्रता 4. लाल और मोती (4) 1. चीज़, वस्तु 2. आत्मनियंत्रण या बर्दाश्त के बावजूद 3. चमक तेजी, उत्तेजना 4. मेरी सोच, मेरी नज़र ऐसे आलम में गतिमान है 5. विस्तार तक 6. इन्सानी दिमाग 7. चिनगारियाँ भड़काना

(5)

गुलिस्ताँ का हर फूल दिल बन के महके
अगर एक अश्के-तमन्ना[1] गिरा दूँ
अगर छेड़ दूँ साज़ ख़ल्वत[2] में तेरी
चिराग़ों को ताक़े-हरम से[3] गिरा दूँ
अजल भी[4] मेरे ग़म पे' आँसू बहाए
अगर नालए - ज़िंदगानी[5] सुना दूँ

'सईदा' ख़ातून

मशहूर लेखक शौकत थानवी की पत्नी जो
'सईदा' तखल्लुस से शायरी करती थीं

इनके जन्म और निधन के समय की जानकारी नहीं है। इनका जन्म बुंदेलखण्ड के ललितपुर कस्बे में हुआ और इनके वालिद का नाम हकीम मौलवी सज्जाद हुसैन था। इनका विवाह हास्य-रस के मशहूर लेखक जनाब शौक़त थानवी के साथ हुआ और बँटवारे के बाद पति-पत्नी दोनों पाकिस्तान चले गये। ये 'सईदा' और कभी-कभी 'शौ. कत दुल्हन' के तख़ल्लुस से लिखती थीं।

(1)

दम न निकला इंतज़ारे - यार में
नींद कैसी दीदए - बेदार[1] में
नब्ज़[2] नाहक देखते हो बार बार
जान भी बाक़ी है जिस्मे - ज़ार में?
खिंच गई मक्तल में[3] मुझको देख कर
आ गई नख़्वत[4] तिरी तलवार में
ऐ 'सईदा', गिर्या - ए - शबनम पे[5]' फूल
ता सहर[6] हँसते रहें गुलज़ार में

---

(5) 1. कामना का आँसू 2. एकांत शयनकक्ष में 3. ज़नानाखाना यानी अंतःपुर के आलों से 4. मृत्यु भी 5. ज़िंदगी का आर्तनाद **'सईदा' ख़ातूनः** (1) 1. बेचैन जागती आँखों में 2. नाड़ी 3. कत्लगाह में 4. घमंड 5. ओस के रुदन पर 6. सुबह तक

(2)

मेरे नालों से शाने-ज़ब्ते-ग़म मजरूह होती है[1]
नहीं तो मैं पलट देती निज़ामे-दहर[2] दम भर में
शबे-फ़ुर्क़त[3] की बेताबी से मैं वाक़िफ़ नहीं लेकिन
किसी ने कैसे काँटे रख दिये हैं आज बिस्तर में
तख़ैय्युल[4] है, कि वहशत[5] है, समझ ही में नहीं आता
ख़ुदा क्यों कर नज़र आता है हर ख़ामोश मंज़र[6] में
नहीं मालूम उसके बाद कितने इन्क़लाब आए
जुनूँ[7] के साथ इक सहरा[8] भी आया था मिरे घर में

'नज़्मा', शमशाद नज़्मा तसद्दुक

उच्च शिक्षा प्राप्त ख़ातून और पेशे से शिक्षिका

(1917–मृत्यु : अज्ञात)

'नज़्मा' का पैतृक नाम शमशाद नज़्मा तसद्दुक था और अविभक्त हिन्दुस्तान के पश्चिमी सीमांत क्षेत्र स्यालकोट में इनका जन्म हुआ। बहुत रूढ़िवादी परिवार में पैदा होने के बावजूद इन्होंने एम.ए., बी.टी. तक उच्च शिक्षा हासिल की और आजीविका के लिए शिक्षण क्षेत्र चुना। 'नज़्मा' किशोरावस्था से ही शायरी का अभ्यास करने लगी थीं और जीवन-भर शायरी का पल्ला नहीं छोड़ा। 'नज़्मा के सौ शे'र' और 'नजमस्तान' आदि उनके कई शेरी मज्मुए (काव्यकृतियाँ) प्रकाशित हैं।

(1)

अफ़सानए - निगाहे - मुहब्बत[1] न पूछिए
कहते हैं किसको हश्रे-मसर्रत[2] न पूछिए
वो मस्त मस्त रात, वो बादा ब दस्त[3] रात
उस मस्त मस्त रात की क़ीमत न पूछिए

---

(2) 1. मेरे आर्तनाद से दुख पर काबू पाने की शान ज़ख्मी होती है 2. दुनिया की व्यवस्था 3. विरह की रात 4. कल्पना 5. उन्माद 6. मौन, दृश्य, खामोशी नज़ारा 7. पागलपन 8. रेगिस्तान **'नज़्मा'**: (1) 1. प्रणय-दृष्टि का वृत्तान्त 2. खुशी की प्रलय 3. हाथ में शराब का प्याला

होती है दिल में एक ख़लिशे-बेक़रार सी
वल्लाह, उस नज़र की शरारत न पूछिए
रातों को कर रही हूँ सितारों से गुफ़्तगू
मुझसे मेरे जुनूँ की हिकायत[4] न पूछिए
क्या हो गया है आपकी 'नज्मा' को क्या कहूँ
हालत न पूछिए, मेरी हालत न पूछिए

(2)

उस निगाहे-मस्त से जब वज्द[1] में आती हूँ मैं
कैफ़ो-रंगो-नूर[2] की दुनिया पे' छा जाती हूँ मैं
क्या कहूँ, क्या है मुहब्बत का फ़रेबे-ख़ुद-निगर[3]
देखती हूँ जिस तरफ़, ख़ुद ही नज़र आती हूँ मैं
जाम गिर पड़ता है, साक़ी, थरथरा जाते हैं हाथ
तेरी आँखें देखकर नश्शे में आ जाती हूँ मैं
उनकी आँखें देर तक रहती हैं, रश्क़े-कहकशाँ[4]
जब कभी रातों को 'नज्मा' याद आ जाती हूँ मैं

(3)

ख़ुद को कुसूरवार बता कर चले गये
वो मुझको शर्मसार बना कर चले गये
अब वो नहीं, तो ढूँढती हूँ अपने आप को
मुझसे मुझी को आज छिपा कर चले गये
दिल से निकल के दिल ही में फिर जज़्ब[1] हो गये
तफ़रीक़े-क़ुर्बो-बुअद[2] मिटा कर चले गये
उनकी नज़र से देख लिया अपने आपको
मुझको मिरा ही जल्वा दिखा कर चले गये

---

(1) 4. दीवानगी की कहानी (2) 1. विह्वलता 2. मस्ती, रंगीली और खूबसूरती 3. खुद को देखने का धोखा 4. आकाशगंगा को लज्जित करने वाली (3) 1. घुलमिल गये 2. पास और दूर का भेद

'नज़्मा' ग़मो-निशात[3] में अब फ़र्क़ है मुहाल[4]
ऐसा वो दर्द दिल में उठाकर चले गये

(4)

कभी दुनिया के अंदर कुछ नज़र आता नहीं मुझको
कभी अपने ही अंदर एक दुनिया देख लेती हूँ
मिरी दोशीजगी[1] जब फूल बन के मुस्कुराती है
गुनाहे-इश्क़ का[2] दामन पे धब्बा देख लेती हूँ
किसी के डबडबाते आँसुओं में पिछली रातों को
मैं 'नज़्मा' अपनी क़िस्मत का सितारा देख लेती हूँ

❑❑❑

(3) 3. दुख और खुशी 4. मुश्किल (4) 1. किशोरावस्था 2. इश्क़ का गुनाह